A2 Divadlo Archa presents Stimul Festival

MERZBOW

godfather of noise

merzbow.net

guests

BIRDS BUILD NESTS UNDERGROUND
::: NAPALMED

A2
kulturní čtrnáctideník

 DIVADLO ARCHA

24 ::: 3 ::: 09

ARCHA theatre

www.stimul-festival.cz

www.sandstudio.cz

 MINISTERSTVO KULTURY

PRA HA / PRA GUE / PRA G

 his VOICE

 freemusic.cz

 stimul festival

Coma Berenices フォト・セッション, 2007

9 F30 S31 S01 M02 T

WH
F   E

sónar

2000

7º Festival Internacional de Música
Avanzada y Arte Multimedia de Barcelona

7th Barcelona International Festival
of Advanced Music and Multimedia Arts

Sónar, 2000

SYD.

BRI.

MEL.

²02 T03 W04 05 F06 S07 S08 M09 T10 W11 T12 F13 S14 S15 M16 T17 W18 T19 F20 S21 S22

WHAT IS MUSIC?

FEBRUARY MMIV

What is Music?, 2004

Merzbow, Balázs Pándi & Richard Pinhas with Lieko Shiga, Bipolar, 2022
Photo by Yoshikazu Inoue, Courtesy of Kyoto Experiment.

30settembre 27novembre
Romaeuropa
musicadanzateatro **Festival2005**

Red Book

Romaeuropa Festival, 2005

谷保天満宮, 2009

AUFABWEGEN PRÄSENTIERT:
GERAEUSCHWELTEN

11.11.2008
STADTGARTEN/SAAL --- KÖLN
MERZBOW/PINHAS
THE GODFATHER OF NOISE MEETS
THE GUITAR PHILOSOPHER
**DAS SYNTHETISCHE
MISCHGEWEBE**
49 ENTGLEISUNGEN IN STEREO, CAEN

Stadtgarten/Saal, 2008

Salzburg Biennale, 2009 photo by Wolfgang Lienbacher

Re:Flux, 2011

「わたしの菜食生活」フォト・セッション, 2004

鳩

MERZBOW IV

■ 2000 年

｜ベルゲンとブラック・メタル｜

………2000 年 3 月にベルゲン電子芸術センター（ＢＥＫ）[1] では、ＭＡＺＫによる二日間にわたってのワークショップ[2] が開催されており[3]、ジョン・ヘグレらが参加しています。

　3 月後半にノルウェーのベルゲンを訪問しました。直接の目的は前回のノルウェー・ツアーのコーディネーターだったヨルゲン・ラーソンが創設に関わったＢＥＫのオープニングに伴うワークショップにＭＡＺＫとして招かれたからです。まだ機材もあまり揃っていない新しいＢＥＫの施設で我々、主にカルコフスキーがコンピュータ・ミュージックやＤＴＭをワークショップの生徒たちに教えるという企画でした。数名の生徒の中にはマヤ・ソールヴェイ・シェストルプ・ラトシュもいました。みんなで音を出して録音し、最後にカルコフスキーが Pro Tools で編集して作品を完成させました。可視化されたファイルを見せながら、それをカットアップしたりランダムに並べ替えたりしてＤＴＭでの作曲方法を説明していました。

　ベルゲンを訪れるのは二度目でしたが、今回はベルゲンが北欧ブラック・メタルのメッカの一つであるという予備知識をしっかりと持っていました。ベルゲンを代表するブラック・メタル・バンドといえば、バーズム、イモータル、ゴルゴロス、エンスレイヴドなどがあります。バーズムのヴァルグ・ヴィーケネスは当時殺人と放火などの罪でまだ服役中でした。イモータルはＵＳツアー中で不在でした。私はヨルゲンの紹介で幸いにもゴルゴロスとエンスレイヴドに接触する機会を得ました。

　ゴルゴロスはちょうど新ドラマーを迎えてツアーのためのリハーサルを山の中のスタジオで行っていました。当時の彼らの最新アルバム「インキピット・サタン」[4] はブルータルながらインダストリアルやプログレッシブの要素もある彼らの新境地とも言えるアルバムです。彼らは小さなスタジオで何度もアルバムの楽曲を演奏していました。ギタリストはクラウス・シュルツェをよく聴いていると言っていました。

　エンスレイヴドはもともとヴァイキング・メタルと称されていたバンドでしたが、ここへ来て非常にプログレッシブな方向へ進化していました。確かピンク・フロイドのカバー[5] もやっていたと思います。当時の新作「マードラウム」[6] にはノイズだけのパート[7] もあります。エンスレイヴドのメンバーとはベルゲンの有名なメタル・バー「ガレージ」[8] で会いました。

　私は当時、ノルウェーの新しいブラック・メタルに非常に関心を持っていました。最初のきっかけはとにかくブラストが速いというので聴いたイモータルの「ピュア・ホロコースト」[9] や「バトルズ・イン・ザ・ノース」[10]、ドッドハイムスガードの「サタニック・アート」[11] というミニ・アルバムでした。しかし、何よりも衝撃的だったのは「ブラック・メタルのサージェント・ペパーズ」とも評されているサテリコンの「ネメシス・ディヴィーナ」[12] や「レベル・エクストラヴァガンザ」[13]、ドッドハイムスガードの「666 インターナショナル」[14] や、なぜかあまり評価は高くないメイヘムの「グランド・デクラレーション・オブ・ウォー」[15] などでした。これらのアルバムは実験的な要素が強く、エレクトロニカやインダストリアルのタッチもあり、ブラック・メタルの正統派ファンからはやや異色な作風かもしれません。しかし、私は非常に新鮮な驚きを感じたのです。

　もともと 1990 年代初頭からデス・メタルを聴いていた私は初期のブラック・メタルももちろん知ってはいました。しかし、当時テクニカルなデス・メタルを漁っていた私にとってブラック・メタルはあまりにもロウで、ダークスローンがデス・メタルからブラック・メタルに転向したときも意味が分かりませんでした。またキーボード入りブラック・メタルの抒情性やメロディ重視な傾向にもあまり馴染めませんでした。そういうわけでアブラプタムなどの例外

は除いてあまりブラック・メタルは聴いてきませんでしたが、とにかくブルータルで実験的になった2000年前後の
ブラック・メタルには新しい魅力があったのです。

　ベルゲンを後にした我々は3月25日にデンマークのオールボルグ[16]、4月2日にドイツ、ミュンヘン[17]でライブを
行っています。ミュンヘンではフローリアン・ヘッカーが一緒でした。ＭＡＺＫはカルコフスキーがミニマルな超低
音を出して私がノイズを出すといった構成でした。演奏は全て即興でした。

│国内でのライブ│

………2000年5月6日に秋田さんは新宿のロフトにメルツバウとして出演されており、さらにヌルさんもメンバー
だったレイテストＹＢＯ[2]（The Latest YBO²）にも秋田さんは参加しておられたようです。

　ロフトでＹＢＯ[2]に客演しメロトロンを演奏しました。メロトロンは北村昌士の私物です。メロトロンを演奏した
いと北村に言って持ってきてもらったのです。過去にメロトロンを演奏した経験はありません。その場で即興的に演
奏したのでうまく音が出せなかった記憶があります。メルツバウでの演奏はラップトップでした。北村に会ったのは
このときが最後になりました。

………2000年5月14日には大阪のベアーズでメルツバウのライブが行われており、記憶ではラップトップを使用
されていたと思います。1999年3月に開催された「Ｔｈｅ　Ａｒｋ」以降、メルツバウとしてのライブは一年ほど
行われていなかったのでしょうか。

　1999年4月には渋谷のアップリンク・ファクトリー[18]、12月には六本木のスペース・ケーキ[19]、2000年2月には
恵比寿のみるく[20]へ出演しています。ラップトップでのソロ演奏は、最初は手探りだったと思います。このときだっ
たかは定かではありませんが、手応えを感じたのはみるくでの演奏です。そのときはブラック・サバスの
「Snowblind」[21]をサンプルした曲を演奏しましたが、自分なりに満足のいく演奏でした。

│ Merzbox │

………2000年6月にはフェスティバル「フューチャーソニック」[22]と「ソナー2000」に参加されています。後者で
はバルセロナのＭＡＣＢＡ（Museum of Contemporary Art of Barcelona）の主催によるプログラム[23]に参加して
おられたようです。

　2000年6月8日に当時はマンチェスター[24]で開催されていた「フューチャーソニック」に参加しました。小さな
会場でしたが、いきなり爆音を出すと、「殺す気か？」と言われた覚えがあります。バルセロナで開催された「ソナ
ー2000」では、私は6月16日に「ソナーマクバ」という企画で二回演奏しています。一回目はフランシスコ・ロ
ペスとメゴ・ラップトップ・オーケストラとの共演で二回目はソロです。前々日にはカールハインツ・シュトックハ
ウゼンによる「ヒュムネン」の上演[25]がチボリ劇場で行われていました。シュトックハウゼンは客席の中央に設置し
たミキサー卓の前に座って操作していた印象があります。
　「Merzbox」[26]は「ソナー2000」でラウンチされました。「ソナー2000」の公式パンフレットのメルツバウ紹介欄
にも「Merzbox」の情報が載っています。オーストラリアからエクストリームのレーベル・オーナーのロジャー・リ
チャーズとスタッフ一人がやって来ていました。「ソナー2000」の会場の一画で、「Merzbox」に封入されたロング・
スリーブのＴシャツを着て販売していました。私も簡単なデモンストレーション演奏をやったように記憶しています。
　前にも言いましたが、「Merzbox」はもともとエクストリームの十周年を記念してリリース予定だったエクストリ
ームの最初のリリースであるメルツバウとS.B.O.T.H.I.による「Collaborative」[27]のリイシューというプランを大幅
に拡大して、五十枚組ＣＤという当時としては極端な企画を実現したものです。1997年頃から制作を開始し、過去

の代表的な音源を一通り網羅するという企画以外に、私としてはできるだけ新作を加えたいと考えました。その結果、五十枚のうち約半分は未発表、または新作という内容になりました。

………「Merzbox」にはＣＤだけでなく、ＣＤ−ＲＯＭも含まれています。秋田さんはテキストと音声と動画が閲覧できる百科事典のようなＣＤ−ＲＯＭではなく、ＣＤ−ＲＯＭでなければ実現しないメディアのための作品を作ろうとされていたのでしょうか。また「Merzbox」によって二十年近くのメルツバウの創作を網羅的に総括されることは、アナログからデジタルへの創作環境の転換を後押しするなど次のステップへと進む契機となりましたでしょうか。

　付属のＣＤ−ＲＯＭ「Merzrom」にはＣＤ五十枚全てから抜粋したと思われるサウンド・ファイルと十一本ほどのクイックタイム・ショート・ムービー、特製のスクリーン・セーバーなどが収録されています。サウンド・ファイルは自由にミックスして新たなトラックを作ることも可能です。
　ムービーには 1990 年前後の岩崎昇平氏とのライブだけでなく、1999 年の東京オペラシティでのライブなどが使われている点から、ＣＤ−ＲＯＭ自体の制作は発売間近になってからのことだと思います。ライブ映像の一部は音のみ後で付け加えたものもあります。ＣＤ−ＲＯＭに関しては何しろ５００ＭＢと情報量も少なく、まだデモ的なメディアだったのでＣＤ−ＲＯＭ特有の作品を制作するというアイディアまでは至らなかったと思います。
　「Merzbox」がアナログからデジタルへの創作環境の転換点になったかという点については、確かに私がコンピュータを導入するきっかけとなったのは「Merzbox」のアートワーク制作のためでした。しかし、まだ「Merzbox」ではマスター・テープにＤＡＴを使っており、アナログのミックスでコンピュータによる編集は行われていなかったし、音楽的には 1997 年までの作品までしかフォローしていない点で、やはりアナログからデジタルへの移行の直接的なモチベーションとなったのは「Merzbox」制作後の 1998 年以降の音楽活動そのものにあったと思います。

│島根県立美術館│

………2000 年 8 月には島根県立美術館において、秋田さんによるアートワークの展示[28]とライブ[29]が行われています。パリの展示と島根での展示は別のものだったのでしょうか。

　島根大学客員教授のチャバ・トス氏[30]の推薦で、島根県立美術館でメルツバウのコンサートとインスタレーションが行われました。インスタレーションは「Merzbox」のＣＤの鑑賞とアートワークの展示だったと思います。コンピュータによる意図的にドットの粗いローテックな新作アートワークのプロジェクションも行ったと思います。

│ＩＣＭＣ／CinemaTexas│

………2000 年後半の海外でのフェスティバルについてお話しいただけますか。

　ベルリンで 8 月 27 日から 9 月 1 日にかけてＩＣＭＣ[31]が開催されました。私はこの国際会議における「off − ICMC」というプログラムに、メルツバウ[32]、ＭＡＺＫ[33]、サタン・トルネード[34]で参加しました。会場はポーデウィルでほかの出演者には、カーステン・ニコライ、センサー・バンド、マーカス・シュミックラー、ファーマーズ・マニュアル、クリストフ・シャルル、ベルンハルト・ギュンター、ピタ、アトム・ハートらがいました。
　米オースティン・テキサスで開催された第五回のインターナショナル・ショート・フィルム＋ビデオ・フェスティバル「シネマテキサス 5」に招聘されて、ＵＴＣという場所で演奏[35]しました。演奏開始後しばらくするとメインのＰＡスピーカーが飛んでサブウーファーのみの音となりました。仕方なく低音のみで残り 30 分近く演奏しました。映像のイベントということもあり、音響設備が貧弱だったのだと思います。宿泊場所の隣のコテージにはジム・ジャームッシュがいました[36]。クルト・クレンの映画上映もあったようです。

………2000年11月にヘルシンキ現代美術館ではフェスティバル「アヴァント2000」[37] が開催されています。こちらのフェスティバルにおいて行われた「ルートマスター・リミックス・プロジェクト」[38] では、イルッポ・ポホヨラの映像作品「ルートマスター」を背景にして、メルツバウのライブが行われていたようです。

　イルッポ・ポホヨラの「ルートマスター」に提供した音源をもとにして、ヘルシンキ現代美術館で行われたイベントで即興的演奏を行いました。ループ・パートのみを持っていき、あとは即興で音を付け足したのだと思います。フィンランドは初めてであり、現地の人たちとの交流も楽しいものでした。パン・ソニックのイルポ・ヴァイサネンの家でタルコフスキーの「ストーカー」のビデオを見たりしました。パン・ソニックの二人はよそでＤＪライブもやっていました。

Avanto Festival, 2000

………ヘルシンキで開催された「アヴァント・クラブ」[39] というイベントにも参加されています。

　11月10日に行われたグロリアでのライブは深夜でしたが、クラブの音響システムは最高でとにかく爆音を出してくれました。その結果メルツバウの演奏中、失神する者が出たと翌日話題になっていました。演奏したのは「Hard Lovin' Man」[40] というアルバムにも収録されている同名曲で、ディープ・パープルの楽曲[41] のイントロを何秒かサンプルした素材をドローン・ループとして使用しています。

　ラップトップの演奏になって大きく変化したのはＰＡの重要性に対する意識です。アナログ時代はステージにアンプを並べていましたのでＰＡの外音はオペレーター任せでした。しかし、ラップトップになってアンプの使用をやめて、音は全てインターフェースを通じてラインでＰＡに直接送るようになりました。また、ステージ・モニターはあまり好きではなかったので滅多にしか使用しませんでした。そのため、外音がしっかり出ているかどうかが需要とな

るのでリハーサルでのチェックが必至となりました。

　また、コンピュータによる爆音、特に低音はそれなりの大きさのあるスピーカーでないと再現できないので、サブ・ウーファーなどの設置も必要になってきました。テクノ系のイベントでの出演も多くなり、会場も大きくなったので演奏のアプローチがクラブ仕様的となったとも言えます。クリック一つで瞬時に音の変化を得ることができるコンピュータという機材の持っている特質は「聴衆を音でコントロールするとは何か？」という新たな問いを突きつけられているように感じ、スリリングであると同時に危うさも感じていました。

■ 2001 年

| Dharma |

………2001 年 1 月 9 日にはＣＤ「Dharma」[42] の最終的なミックスが行われています。秋田さんは「Dharma」について、「ラップトップ・コンピュータだけを用いた作品で、ピアノやギターのサンプリング・ループを使用している。アナログ時代の作風をいかにデジタルで再現するかが当時の課題であった」[43] とおっしゃっておられます。なお、1 トラック目「I'm Coming to the Garden…… No Sound, No Memory」は、三島由紀夫の「豊饒の海」のラスト、「そのほかには何一つ音とてなく、寂寞を極めている。この庭には何もない。記憶もなければ何もないところへ、自分は来てしまったと本多は思った。庭は夏の日ざかりの日を浴びてしんとしている」[44] を引用されているように思われます。

　私はある言葉やイメージが偶然結びついたりするという現象が好きです。「Dharma」の場合もおそらくそのような現象の連なりによってできています。「Dharma」は「だるまキティ」というサンリオのご当地キャラクターから来ていたのだと思います。私はハローキティのファンではありませんが、家族の影響でそのようなキャラクターを知っていました。

　「ダルマ」は仏教用語なので、それが三島由紀夫の「豊饒の海」に結びつきました。小説のラストのフレーズはとても好きなもので、音のない情景が思い浮かびます。それがコンピュータのホワイト・ノイズの騒音／静寂と近くに感じました。「Dharma」のジャケットの造形は、白い用紙の真ん中が人のシルエットに切り抜かれた資生堂か何かの香水のカードがあり、それを真似しました。そのシルエットはエルドンなどのリリースで知られるコブラ・レーベルのロゴを真似しています。

| Frog ／苔庭 |

………2001 年 2 月 18 日にはレコード「Frog」[45] のミックスが行われています。

　「Frog」も最初はジャケットに使用したカエルのビニール製のオモチャから着想を得ています。小さなオブジェを配置したジャケットを作りたかったんです。あとでもお話ししますが「横浜トリエンナーレ」におけるインスタレーションの「苔庭」でも、同じカエルのオブジェをムービーで使用しています。このムービーを動かすために新しくマッキントッシュ PowerBook G4 の 15 インチを購入しました。この展示終了以降、ライブでは二台の PowerBook を使用するようになったのだと思います。二台使用するようにした理由は、ライブでたくさんのアプリを同時に開いて演奏するので二台あったほうが便利だったのです。

| Amlux |

………2001 年 2 月 21 日にはオムニバスＣＤ「Deprogramming Music Volume One」[46] に収録された「Bamboo

Honey」というトラックの制作が行われており、こちらのトラックは 2002 年に発売された CD「Amlux」[47] に「Takemitsu」というタイトルで収録されていました。「Amlux」では 1990 年 9 月にオープンしたトヨタのビル「アムラックス東京」がタイトルに借用されているものと思われます。

　　池袋にある同名のビルの名前をタイトルにしていて、現代音楽やジェーンやクロコダイルのようなクラウトロックをサンプリングしています。このCDに収録した「Looping Jane」というトラックでコンピュータによるドローン・メタルのアイディアを試し始めました。

｜オランダ・フェスティバル｜

………2001 年 6 月 30 日に「オランダ・フェスティバル」の一環として、アムステルダムのコンセルトヘボウではジョン・ケージの「ソング・ブックス」のコンサート[48] が開催されており、こちらに秋田さんが出演しておられたようです。

　　フランク・シェッファーの企画によるジョン・ケージ「ソング・ブックス」に参加したようですが、コンセルトヘボウで何をやったか正確には覚えていません。シェッファーの「ソニック・ジェネティクス」[49] というパラディソでのプログラムにも、アリアン・カガノフ、フィリップ・ヴィールス、向井山朋子などと一緒に名前がありますが、こちらもよく覚えていません。彼らと一緒にスタジオに入ってセッションした記憶はあります。

｜モルデ・インターナショナル・ジャズ・フェスティバル｜

………2001 年 7 月にはノルウェーのムーレ・オ・ロムスダール県のモルデにおいて「モルデ・インターナショナル・ジャズ・フェスティバル」が開催されており、7 月 19 日にはラッセ・マーハウグのユニットであるジャズカマーとメルツバウによるライブが行われています。

　　モルデは風光明媚な場所でカモメの飛び交う港に面したホテルに滞在しました。フェスティバルではジャズカマーとの共演が行われました。録音はCD化[50] されています。ラッセらは私をモルデ近くのイェルトーヤ島にあるクルト・シュヴィッタースのMERZBAUに案内してくれました。シュヴィッタースがノルウェー時代に作った唯一現存するものです。2010 年に本格的な保存活動が行われるまでは荒廃した状態で、存在自体知る人ぞ知るという感じでした。
　　私たちが訪れたときは、一応管理はされているようでしたが風雨に晒されて半壊したような状態でした。シュヴィッタースは一時期ここを仕事場として使用していたと聞きましたが、現場は驚くほど矮小な小屋でした。半地下のような構造で入り口周りには石が積み上げてあり、何かの遺跡のような趣もありました。しかし、小屋の内部には確かにシュヴィッタースらしさを感じさせる新聞紙などで作ったコラージュが壁に貼り付けてあったり、木片を組み合わせた意匠のようなものもあったりしました。

｜フジ・ロック・フェスティバル｜

………2001 年 7 月 28 ／ 29 日には「フジ・ロック・フェスティバル」[51] でのアレック・エンパイアのライブにドラムで参加されています。

　　アレックにドラムで参加してくれと言われたのでやりました。まず、曲に合わせてドラムを叩くことがそれまでほとんどなかったので、曲を覚えるのに苦労しました。小節数、オカズのドラム符などを記したメモを作りました。スタジオでリハーサルもやりました。「フジ・ロック」では映像を見る限りゲイブ・セルビアンのドラム・ソロ以外は

ドラムの生音は全く聴こえていません。バックトラックはほとんど打ち込みなので、ＰＡでドラムをカットしていたようです。翌年、アレックは「インテリジェンス・アンド・サクリファイス」ツアーで再来日し、その際も参加しました。赤坂ブリッツ 52、名古屋クアトロ 53、大阪ベイサイド・ジェニー 54 の三公演でした。

| 横浜トリエンナーレ 2001 |

………2001 年 9 月から 11 月にかけて「横浜トリエンナーレ 2001」55 が開催されており、秋田さんは「苔庭」という作品を出品されています。

　キュレーターのハンス・ウルリッヒ・オブリスト氏やウーテ・メタ・バウアー氏との交流から現代美術の世界でもメルツバウが認知されてきたのは喜ばしいことでした。「横浜トリエンナーレ 2001」はＣＣＡ北九州とのご縁で参加させていただきました。ちょうどアルバム「Frog」の制作中だったので、カエルをテーマにしたインスタレーションを行いました。またメゴや日本の若手アーティストをブッキングしたイベント 56 もやらせていただきました。

| Megatone |

………2001 年 9 月 4 日には恵比寿のみるくにおいて、ボリス・ウィズ・メルツバウ（Boris with Merzbow）のライブが行われており、アメリカ同時多発テロ事件の発生した 2001 年 9 月 11 日には、ボリス・ウィズ・メルツバウのＣＤ「Megatone」57 のミックスが行われています。

　現在も継続しているボリスとのコラボレーションですが、あの頃はＡｔｓｕｏ君がよく家に遊びに来ていて、一緒に 1970 年代のハード・ロックのレコードを聴いていました。メルヴィンズがフリートウッド・マックの「グリーン・マナリシ」58 をやったり、エントゥームドがアリス・クーパーやキャプテン・ビヨンドのカバー 59 をやったりと、当時の海外のラウド・ロック、ストーナーやドゥーム・メタルなどのバンドが 1970 年代のハード・ロックを再評価していました。そうした気運の中で 1970 年代のロックは私にとっては懐かしいルーツでした。
　メイ・ブリッツ、ストレイ、ジェーン、マン、最初期ＵＦＯなどを好んでかけていたように思います。Ａｔｓｕｏ君も昔のハード・ロックの音源をＣＤ−Ｒに焼いて持って来ていて、エルサレム、グラニクス、トゥルース・アンド・ジャニー、ブーメランなど私も現役では知らなかったマニアックなものばかりでこちらも勉強になりました。そういうわけで私たちには 1970 年代のロック愛という共通項があったのでコラボレーションは非常にやりやすいものでした。スプーキー・トゥースの「アイ・アム・ザ・ウォルラス」60 のカバーは原曲 61 よりかなりスローでヘヴィーなアレンジで、プロト・ドゥーム的なものだったのでこれをやろうと提案しました。
　「9.11」については、1999 年にニューヨークへ行ったときにニューヨーク・ヒルトンの五十六階の部屋に宿泊した際、窓の正面にツインタワーが見えていたので馴染みのある光景でした。テレビやネットで繰り返しツインタワーへの飛行機の突入と崩壊の映像が流されたのを覚えています。テロリズムの脅威の時代の到来でした。あれ以来、空港のセキュリティが厳しくなった記憶があります。

| Puroland ／ Taste of… ／ Merzzow |

………2001 年 10 月 26 日にはＣＤ「Puroland」62 の最終ミックスが行われており、2000 年から 2001 年にかけてＣＤ「A Taste of...」63 が制作されていたようです。そして、2002 年 1 月にはＣＤ「Merzzow」64 の最終的なミックスが行われています。

　「Puroland」は「Amlux」の延長線上にある作風のもので、ロックのサンプリングなどが多用されていました。「A Taste of...」は、サンプリングはあまりなく、Spongefork や Max 4/MSP 2 で生成した音を主に使用しています。

2001 年 12 月 16 日に青山のＣＡＹで開催された「エクステンション・オブ・ユビーク」[65] というイベントに出演して「Merzzow」の曲を演奏しています。コンピュータになってからのライブでは同じサンプルを何度も使用できるので再現性があります。ＣＡＹでの共演はテーリ・テムリッツやボーダーなどで、ＤＪでＺＯＭＢＯさんも出演されていました。彼とは渋谷のフランクザッカという雑貨店で何度かお会いしていましたが、演奏でご一緒するのは 1980 年代以来のことでした。

■ 2002 年

│草間彌生展│

………2002 年 3 月にロサンゼルスで開催された「オール・トゥモローズ・パーティーズ」にメルツバウ[66] として参加されています。

　ソニック・ユースのキュレーションによる「オール・トゥモローズ・パーティーズ」に出演しました。サタン・トルネード[67] でもやったようです。

All Tomorrow's Parties, 2002

………2002 年 2 月から 4 月にかけてウィーンのクンストハレでは草間弥生展[68] が開催されており、4 月 4 日から 7 日にかけては「Merzbox」の六十時間の連続再生と、オープニングとクロージングにメルツバウのライブが行われていたようです

　クンストハレの展示室でライブを行いましたが、演奏は「Merzbox」とは特に関係のない通常のものでした。映像はコラージュをフォトショップで加工したものでスライドとしてループ再生しました。
　このときのウィーンでの思い出としては、アリーナという会場で開催された「ノー・マーシー・フェスティバル」[69] というメタルのイベントに参戦したことです。ヘッドライナーはイモータルでほかにヴェイダー、マルヴォレント・クリエイション、ヒポクリシー、デストロイヤー 666 などが出演しました。ピタを誘って連れて行きましたが、当時彼はまだブラック・メタルに関心はなかったので、メタルのライブは初めてだと言っていました。また、ウィーンにはコールド・ワールドというハードコアのバンドの知り合いがいて、彼がパンジェント・ステンチのメンバーがや

っているレコード屋に連れて行ってくれました。

| Merzbeat ／ Timehunter |

………2002 年 4 月にはＣＤ「Merzbeat」[70] のリミックスが行われており、同時期にＣＤボックス「Timehunter」[71] のための録音も行われています。

　「Merzbeat」はインポータント・レコーズから「ビートのある作品を出したい」と言われて、ちょうど遊びで作っていたブレイクビーツ風のものが何曲かあったのでそれらを集めてまとめたものです。ユーライア・ヒープの「ウォーキング・イン・ユア・シャドウ」[72] という曲のドラム・ブレイクをネタにしたものや、「Amlux」収録のジェーンを使った「Looping Jane」のビート版[73] も入っています。「Timehunter」もおそらく同傾向のものだったと思いますが、これは新たに作ったものです。「Merzbeat」のジャケットは江の島水族館のミナミゾウアザラシの「みなぞう」と日光江戸村の城を使用しています。中ジャケやフォントはブラック・メタル的なスタイルによるものです。

| A Day of Seals |

………2002 年 4 月から 5 月にかけてはＣＤボックス「24 Hours − A Day of Seals」[74] の制作が行われています。機材としては二台の PowerBook ／ギター／ EMS Synthi A と記されています。

　この頃、アザラシについてのブログをよく見ていて完全にアザラシの虜になってしまいました。各地の水族館を訪ねましたが、特にミナミゾウアザラシの存在感は強烈でした。当時日本にいたミナミゾウアザラシのオスはみなぞうだけです。伊勢の二見シーパラダイスには夢海子、丸子、桜子のメスがいました。ワシントン条約で輸入禁止になっているので、現在はみんな亡くなってしまって日本に個体はもういません。
　「A Day of Seals」もアザラシをテーマにしていますが、ミナミゾウアザラシではなく池袋のサンシャイン水族館にいるゴマフアザラシです。お気に入りはテツという若い個体でした。この作品は今までコンピュータで試してきたループを使ったドローン・メタルの集大成的な位置づけにあります。この作品からループの素材のギターは全て自分で演奏しています。機材にギターとあるのはそのためです。ギターで鳴らしたコードを録音してループ・ドローンにしています。

| ヴィーガン |

………2002 年 4 月から 5 月にかけて「Merzbeat」と「A Day of Seals」を制作されており、秋田さんは「最近は海豹のシリーズを二つ作って、そういうのを作っている過程で肉食は止めたんです」[75] とおっしゃっておられます。

　私はこの頃ベジタリアンになりました。　最初のきっかけは「愛鳥園」という近所の劣悪なペットショップで売られていたチャボ四羽と白鳩を引き取ったことです。ペットショップといっても実際のところは野鳥をとらえて繁殖させて販売する違法な店で、チャボは店先に並べられた狭いケージに押し込められていました。この店は後に鳥獣保護法違反で警察沙汰になりました。チャボは小さな鶏なので、最初は鶏肉を食べないようになりました。それから肉全般、魚、乳製品といった具合にベジタリアンからヴィーガンへなっていきました。

| カナダでのライブ |

………2002 年 5 月にはＦＩＭＡＶ[76] に参加されています。そして、2002 年 9 月にはモントリオールのフェスティ

バルにおいてフランシスコ・ロペスのキュレーションによる「ブランク・フィールド」[77] というプログラムに参加されており、2002 年 9 月にはトロントでもライブ [78] が行われていたようです。

　5 月にはカナダのＦＩＭＡＶでパン・ソニックと共演しました。ＦＩＭＡＶからの要請だったと思います。のちに録音はＣＤ化 [79] されました。全て即興演奏です。9 月にもカナダで演奏しています。トロントのライブはアルバム「Fantail」に収録されています。「Live Peace in Toronto（Door, Barbarian and Bigfoot）」[80] というタイトルは同名のプラスティック・オノ・バンドのアルバム [81] のパロディです。「トロント」というとこれしか思い浮かばなかったので。「Barbarian」はエマーソン・レイク・アンド・パーマーの曲 [82] をサンプリングしています。「Door」という曲は扉の開閉音のサンプルを使用しています。

│ 海豹展 │

………2002 年 8 月から 9 月にかけてアザラシをモチーフにした八枚のアクリル絵画を制作されています。絵画を描こうとされたきっかけとして、二見シーパラダイスの「ゾウアザラシ舎の裏手の通路に飾られていた多数の絵（略）愛情がこもっており、また素人らしく飾り気のない点」[83] が気に入ったとおっしゃっておられます。そして、二見シーパラダイスで撮影した「アザラシの写真、ビデオ」[84] などとともに、2000 年 10 月から 12 月にかけてのロス・アプソンでは「海豹」展 [85] が開催されていたようです。

　レコード屋のロス・アプソンからの依頼でアザラシをテーマにした小さな展示会を店舗で開くことになりました。おっしゃる通り、絵を描こうと思ったのは二見シーパラダイスのゾウアザラシ舎の脇の通路の壁面に飾られていたアザラシのたくさんの絵でした。たぶんお客さんの子供たちが寄贈したその多くは「アッカンベー・アザラシの夢海子ちゃん」の絵でした。おそらく水族館のポスターを見て描いたと思われるたいへん素朴なヘタウマなタッチのものでした。なぜか新鮮に感じ、心に刺さるものがあり、これだ、と思った記憶があります。それでロックのレコード・ジャケット [86] を真似して、そこにアザラシを配置した絵を何枚が描き、ロス・アプソンで販売したのです。おかげさまで完売しました。また、展示を見に来たライターの人が雑誌に紹介してくれたので、その後、「Foil」という雑誌が掲載 [87] してくれました。

│ Animal Magnetism │

………2002 年 11 月から 2003 年 1 月にかけてニューヨークのスイス・インスティテュートにおいて、ユタ・コータとスティーヴン・パリーノによる「ブラック・ボンズ」展 [88] が開催されています。会期中の 2002 年 12 月 6 日にはメルツバウのライブが行われており、「Live Magnetism」[89] としてＣＤ化されています。

　12 月のニューヨークは猛吹雪で、空港でタクシーに長蛇の列ができていました。スイス・インスティテュートのライブにはソニック・ユースのキム・ゴードンやサンＯ))) のスティーヴン・オマリーも見に来てくれました。このとき演奏した「Animal Magnetism」はスタジオ盤 [90] とライブ盤の双方がリリースされています。このライブ盤をリリースしたスティーヴン・パリーノは 2005 年にバイク事故で亡くなっています。翌日トニックという場所でも演奏 [91] しました。

│ Open Mind │

………2002 年 12 月 21 日には六本木ヒルズのシンク・ゾーンにおいて、森美術館準備室の主催によるイベント「Open Mind」[92] が開催されています。こちらでも「動物の映像」[93] が使用されていたようです。なお、ＣＤ「Open Mind」に収録されたトラック [94] について、「ベッドの上でラップトップにより製作された」[95] とおっしゃっておられます。この

ころの作品は制作場所として「ベッドルーム」と記されているものが多いですが、秋田さんは寝室として使用されていた部屋に機材を置いて制作されていたのでしょうか。

「Open Mind」で使用した動物の映像はそのころこども動物園などで撮影したものをスライド上映したものです。制作場所が「ベッドルーム」となっているのは、おっしゃる通り寝室兼スタジオのような場所だからです。

………2022年12月にはサンフランシスコでマルドロールのライブ[96] が行われていたようです。

　大晦日に行われたイベントはマイク・パットンのレーベル、イピキャック・レコーディングスのアーティスト総出のもので、アイシス、ディリンジャー・エスケイプ・プラン＋マイク・パットンなどが印象に残っています。

■ 2003年

Auditorio Serralves, 2003

｜Sha Mo 3000｜

………秋田さんはＣＤ「Sha Mo 3000」[97] について、「アメリカのイラク攻撃が始まった頃に制作したアルバム。魚雷探知イルカの悲劇をテーマにした曲を収録」[98] とおっしゃっておられます。米英軍によるイラクの空爆が始まったのは2003年3月20日のことでした。

　ブラジルのレーベルということで、先方からブラジルのプログレに因むものを制作してほしいというので、モデューロ1000、ソン・イマジナリオ、ムタンチスあたりの音源を参考にしたのだと思います。テーマとしては鳥インフルエンザで殺処分される鶏や、イラクで使用された魚雷探知用イルカを追悼するものです。

｜ヨーロッパ・ツアー｜

………2003年3月から4月にかけてヨーロッパではサタン・トルネードのライブが行われており、3月28日にはオスロのラジオ・ノヴァでメルツバウの録音が行われています。

　サタン・トルネードとラップトップ・セットのエイフェックス・ツインの合同ツアーで、オスロ[99]、ベルゲン[100]、ベ

ルリン [101] と回っています。ベルリンのみホワイトハウスが共演しました。オスロのブローで3月28日にやっていますので、ラジオの出演は同日だったと思われます。この録音が「Mini Cycle」[102] としてリリースされました。この演奏はアルバム「Cycle」[103] をネタに使用していたようです。チャボの鳴き声も使用しています。「Cycle」は具体音、ドローンなどを使った傾向の作品です。

　ベルゲンの会場はＵＳＦというカルチャー・センターで広いステージでした。音も凄まじくデカかったです。アーティスト・イン・レジデンスで来ていた作曲家の権代敦彦氏に会場でお会いした記憶があります [104]。ベルゲンからベルリンへの旅程はオスロとコペンハーゲンを経由しなければならず、乗り継ぎがたいへんでかなり過酷なものでした。4月にはポルトガルのポルトのセラルヴェス財団の美術館で演奏 [105] しました。シンク・ゾーンで使用したものと同様の動物の映像を流して演奏しています。

| Tamago ／ Merzbird ／ Offering |

………2003年4月から5日にかけてはＣＤ「Merzbird」[106] と「Tamago」[107] の録が行われています。秋田さんは「Merzbird」について「Important Records のビート路線の一枚」[108] とおっしゃっておられます。ただ「Merzbeat」とは違って「Merzbird」や「Tamago」のタイトル・トラックではブレイクビーツ的な素材の使用ではなく、ご自身で演奏した録音などを素材として使用されているように感じられます。

　「Merzbeat」はサンプリングでビートを作っていましたが、この頃は Reaktor の「Loop」「Beat Sampler」などのモジュールを使用してビートを作っています。

………2003年6月にはＣＤ「Offering」[109] の録音とミックスが行われています。Offering ＝奉納、供物というタイトル／「Deep Sea」や「The Light」といったトラック名／民俗的な打撃音／フィールド音／荘厳なドローンなど、こちらの作品には何らかの物語的な要素が含まれているのかもしれないと思いました。

　「Offering」のタイトルなどは当時読んでいた久生十蘭の探偵小説からとっています。なので、やや文学的な傾向があります。6月27日に六本木のスーパーデラックスに出演 [110] した際に一部演奏しています。

| Yoshinotsune |

………2003年8月から9月にかけては、ＣＤ「Yoshinotsune」[111] の制作が行われています。タイトルの「Yoshino」は秋田さんと生活されていたチャボの名前だと思われます。

　HyperEngine-AV [112] で制作しました。使用しているサンプルは「Tauromachine」や「Pulse Demon」などの過去のアルバムから取っています。HyperEngine-AV はマッキントッシュのＯＳ9で使用していた HyperEngine のＯＳＸ用の新しいバージョンですが、全く違うマルチトラックのオーディオ編集ソフトに様変わりしていました。こうしたアップデートによる改悪がコンピュータから離れる原因でもありました。チャボと義経をテーマにしていますので和太鼓的な音を使用したりしています。「メタモルフォーゼ03」[113] でも演奏しました。

| SCSI Duck |

………2005年5月から9月にかけて、ＣＤ「SCSI Duck」[114] が制作されています。

　8月に皇居のお堀に捨てられていたというアヒルを保護し、家で飼うことになったのですが、病気のため手術の必要がありました。動物病院に行くともう一羽のアヒルを引き取ってくれないかと言われてついでにもらってきたので

す。そうした経緯でアヒルをテーマにした作品になりました。

| 2003 年後半のヨーロッパ・ツアー |

………2003 年 9 月にはトルコで開催されたサウンド・アートのイベント「ctrl alt del」[115] に参加されています。

　イスタンブールの国際ビエンナーレ[116] 関連のイベントに出演しました。広場の真ん中に塔のように聳え立つホテルに宿泊しました。異国情緒タップリでした。ビエンナーレの会場もフリーパスでした。イベントにはスキャナーが来ていました。彼はベジタリアンだというので話が弾みました。また、10 月にヴェネツィア[117]、ブリュッセル[118]、ローマ[119]、ロンドン[120]でＭＡＺＫのツアーを行っています。

Instal.03, 2003

31

………2003 年 11 月にはロンドン [121]、リーズ [122]、グラスゴー [123] でライブをされていたようです。

　ロンドンでやったときに初めてニュー・ブロッケイダーズのリチャード・ルペヌスと共同作業者のアノーマリのポール・コーツに会いました。彼らはベジタリアンで、私は当時、ベジタリアンになったばかりの頃だったので、長年ベジタリアンをやっている彼らのような存在は先輩格にあたり尊敬しかありませんでした。翌日、リーズへ主催者の車で向かうのですが、車が故障して修理工場でかなり長時間待たされるハメになりました。おかげでリーズの会場に着いたときは本番直前でリハーサルもままならない状況でした。グラスゴーへは列車で行ったのですが乗り継ぎが悪く、極寒の中、吹きさらしのホームで長時間待っているのは本当に苦痛でした。フェスティバルでは池田亮司氏、ボアダムスなどと一緒でした。

■ 2004 年

｜ニュー・ブロッケイダーズ｜

………2004 年 1 月にはニュー・ブロッケイダーズとの共作となるＣＤ「The Ten Foot Square Hut」[124] と 10 インチ「Oumagatoki」[125] の録音とミックスが行われています。「The Ten Foot Square Hut」とは「方丈記」の英題のようです。

　私は最初、彼らはヴィーガンと聞いていたのですが、正確には彼らはハレ・クリシュナでラクト・ベジタリアンでした。ハレ・クリシュナは牛を神聖なものとして乳製品は摂取するようです。ニュー・ブロッケイダーズとのコラボレーションは彼らからもらった音源を私が変調し、自分の音とミックスしたものです。
　「方丈記」をモチーフに選んだのは遁世、厭世という観点からです。当時、私が考えていたのは、肉食を止めるということは人間社会の一般常識から逸脱するということでした。また、動物虐待を行っている人間社会に対する強い嫌悪感があります。動物たちにとって人間社会は地獄絵図にほかならない。当時は特に人間に対するデプレッシブな感情が強くありました。ですから、戦乱の時代の遁世者だった鴨長明の無常観にも通ずることがあると考えました。また、私はグスト・グレーザーのような菜食主義者の「小さく質素な家」というイメージに惹かれていました。

3. berlin biennale für zeitgenössische kunst
3rd berlin biennial for contemporary art

bb3　14/02 - 18/04/04

KW institute for contemporary art
martin-gropius-bau
kino arsenal

Berlin Biennale, 2004

| Bariken |

………ＣＤ「Bariken」[126] は 2003 年から 2004 年にかけて録音とミックスが行われています。

　この頃はまだ近所の川や公園にアヒルがいることがありました。そんなあるとき、とてもカラフルなアヒルがいるのを見つけました。顔のところに目立つ赤い肉腫があり、羽も黒と白の斑模様です。それはしばらくしていなくなってしまいましたが、また別の公園に似たようなアヒルがいました。それがバリケンという種類のアヒルだというのを知ったのはやや後のことです。もともと中国では広東アヒルなどと呼ばれる家禽で、食用に持ち込まれたものが逃げ出したか捨てられて野生化していたものと思われます。この公園にいたバリケンもしばらくしていなくなりました。「Bariken」の一曲目はギターのザクザクというカッティング音をループにした、ゆったりとした流れの曲ですが凶暴な部分もあります。家で飼っているアヒルの声も使用していると思われます。

| きくり |

………2004 年 2 月 6 日にはブリスベン・パワーハウスで開催されていたフェスティバル「ホワット・イズ・ミュージック？」[127] にご出演されており、2 月 7 日には灰野敬二さんとご共演されていたようです。そして、2004 年 7 月 2 日に新宿のロフト、7 月 19 日には大阪のクラブ・ヌーンで灰野さんとご共演されており、このころまでには「きくり（Kikuri）」というユニット名が付けられていたようです。

　「ホワット・イズ・ミュージック？」フェスティバルではブリスベンだけでなく、シドニー[128] とメルボルン[129] でやっています。途中、私だけアデレードへ行き公演を行いました。動物園へも行きました。また、フェスにも来ていたホワイトハウスと一緒にパースで一公演[130] 行いました。パースではコフヌ・コアラ・パークを訪れたようです。
　ブリスベンのあと灰野さんと一緒にユニットを組むことにしました。どちらが持ちかけたということもなく、自然な流れでそうなったのだと思います。また灰野さんは昔からベジタリアンだったので、ヴィーガンになりたてだった私は改めてシンパシーを覚えました。

| Electro Magnetic Unit |

………2004 年 3 月から 5 月にかけてはジョン・ウィースとのコラボレーションによるＣＤ「Multiplication」[131] が制作されています。

　ジョンはヴィーガンでアニマルライツにも関心があるようです。私にヴィーガナーキズムのテキストを送ってくれました。それはブライアン・A・ドミニックの「アニマル・リベレーション・アンド・ソーシャル・レボリューション」[132] という 1997 年に地下出版された小冊子です。ヴィーガナーキズムとはヴィーガン＋アナーキズムの新語で、アニマルライツとアナーキズムの観点から、動物の解放と社会革命の同時進行が必要だという考えの政治哲学、運動です。

………2004 年 4 月にはＣＤ「Electro Magnetic Unit」[133] の録音とミックスが行われています。

　タイトルはジャケットにも使用しているエミュー（Ｅｍｕ）からとっています。音は当時制作していたトレモロ・ギターをループにしたブラック・メタル的なものです。

| ヨーロッパ・ツアー |

………2004 年 4 月にヨーロッパ・ツアーを行っておられます。

4月のユーロ・ツアーはオランダのハーレムで行われた「トーン・フェスティバル」[134] から始まりました。アムステルダムから車でハーレムまで行きました。フェスティバルのほかの出演者で印象に残っているのはディーター・メビウス、ハンス゠ヨアヒム・ローデリウス、ミヒャエル・ローター、フェリックス・ヘスなどです。この後、ベルリンへ向かい「ベルリン・ビエンナーレ」[135] で演奏しました。ラッセル・ハズウェルやフローリアン・ヘッカーもいました。

　その後、リトアニアのヴィルニウスで開催された「ジョウナ・ムジカ」フェスティバル[136] に出演しました。ほかの出演者はフィル・ニブロック、ファーマーズ・マニュアル、センサー・バンドのエドウィン・ファン・デル・ハイデなどでした。フェスティバルのカタログに私があらかじめ提出したセットリストが載っていたので掲載しておきます。Introduction（5'）、Black A-Minor（15'）、Omaru（5'）、Baliken（15'）、Frog Variation（10'）、Mirror of Mirror（10'）、Big Foot（10'）、CD Hunter（10'）。当時はこのように曲を演奏していたことが分かります。ヴィルニウスからロンドン・ガトウィック経由でバーミンガムへ行き、「フィード・フェスティバル」[137] に出演しました。

| 1633 |

………2004年5月にはLP「1633」[138] の録音とミックスが行われており、秋田さんは「南アフリカ出身でベルギー在住の現代美術家ケンデル・ギアとのコラボレーション。Merzbow の12インチ・レコードとギアのフェルト製スリップマットのオリジナル作品とのカップリング。限定100セット」[139] とおっしゃっておられます。「1633」というタイトルは何を示しているのでしょうか。

　タイトルは演奏時間です。ケンデル・ギアのスリップマットの作品とのカップリングは限定小部数でしたが、確か盤だけ二十枚ぐらい余分にあったので手製ジャケットを作って販売しました。ジャケットには「Meat is Murder」のスタンプなどが押してあります。

| サウンド・オアシス |

………2004年7月にはメキシコ・シティにて開催された「サウンド・オアシス」[140] に参加されています。

　9月から12月にかけて開催される「サウンド・オアシス」というアート・プロジェクトに提出する音源の録音を行うため、7月9日から16日までメキシコ・シティを訪れました。最初は現地の都市動物をテーマにしたものを作りたいと思ったのですが、メキシコ・シティには何もいませんでした。しかし、公園にはカタツムリが出没します。そのため、カタツムリをテーマにすることに決めて「Snail」というタイトルにしました。素材となった音は日中に公園周りで行ったフィールド・レコーディングがもとになっています。雑踏の音、騎馬警官の馬の蹄の音などが録音されています。メキシコ・シティは初めて訪れましたが、標高が高いのに加えて当時は排気ガスがひどく、空気汚染がひどいものでした。

| Merzbuddha |

………2004年9月から10月にかけてはCD「Merzbuddha」[141] の録音とミックスが行われており、秋田さんは「この作品はＤｕｂの影響で制作した禁欲的ミニマル・ディープ・ビート作品」[142] であるとおっしゃっておられます。

　この夏、ホレス・アンディ、デニス・ボーヴェル、キース・ハドソンなどをよく聴いていました。それでこういうディープなベースを強調した作風になりました。

│ Sphere │

………2004 年 10 月から 11 月にかけてはＣＤ「Sphere」[143] の録音とミックスが行われています。秋田さんは「Ikue Mori を通じて Tzadik 主宰の John Zorn から伝えられた『ドラムを使用した作品をリリースしたい』との要望に答えて制作されたもので、同時期にメルツバウが自発的に制作した音源とは作風に相違がある。当時のメルツバウはドラムを使用した作品は制作していなかったため、押入れからスネアドラムを取り出し部屋の片隅でいくつかのパターンを叩いて録音し、それをサンプリングして制作されている。ドラムの使用という点ではメルツバウが後に試みるドラムとノイズ音響が即興的に並走する作風に通じるともいえるが、本作はあくまでサンプリング素材としての使用という方法が取られているため全く異なったサウンドが生み出されている」[144] とおっしゃっておられます。

「Sphere」はサン・ラの「エキゾティック・フォレスト」[145] のような作風をイメージして作りました。ベースを演奏し、それをサンプリングしてループにしています。ザディックからの依頼がなければこのような作品は作りませんでした。当時はドラムを普通に叩くという選択肢はなかったので、このような作品になったと思います。

│ Scene │

………2004 年 11 月にはＣＤ「Scene」[146] の録音とミックスが行われています。

「Offering」の流れのダーク・アンビエントな感触のある作品かと思います。スペシャル・エディションには「Early Computer Works」[147] というコンピュータを使った初期の音源を集めたＣＤとアニマル・ライツを啓蒙するポスターがついています。

│ Dust of Dreams │

………2004 年 11 月にはＣＤ「Dust of Dreams」[148] の録音とミックスが行われています。

何かからとった詩的なタイトルです。ちょうどこの頃「抜刀隊 with Material Gadgets」の日本盤 [149] を製作しました。その流れで「Early Computers Works」と同様のコラージュ・アートをジャケットに使用しています。「Rattus Rattus」[150] というアルバムも「Early Computer Works」同様、初期のコンピュータ音源をリミックスした同傾向の作品だったと思います。

│ 2004 年 10 月のヨーロッパ・ツアー │

………2004 年 10 月にヨーロッパ・ツアーを行っておられます。

10 月 14 日にスイスのローザンヌで開催された「ローザンヌ・アンダーグラウンド・フィルム・アンド・ミュージック・フェスティバル」[151] に出演しました。パン・ソニックやホワイトハウスも来ていたように思います。
この後、スロヴェニアのリュブリャナで公演 [152] を行っています。スロヴェニアを訪れたのは今回が初めてでした。スロヴェニアはかつてオートスリア゠ハンガリー帝国、ユーゴスラビア、ナチス・ドイツなどに支配された歴史があり、1991 年に民主主義国家として独立したばかりの新しい国です。到着は夜半で古めかしい閑散とした空港でした。ホテルは旧ユーゴスラビア時代の集合アパートのようなところで、フロントの中年男性から高圧的な口調で「パスポートを預かる」と言われたときには怖いところに来てしまったと不安になりました。部屋もヒーターが温まるまで寒く凍えていました。しかし、翌朝、ホテルのフロントはパスポートを返してくれたし、外を歩くと、意外に普通のヨーロッパの町並みであることが分かりました。

私のコンサートにはライバッハのメンバーも来ていました。ライバッハのメンバーはリュブリャナ出身です。「ライバッハ」とはドイツ語で「リュブリャナ」を意味する言葉で、これはちょうどナチス・ドイツが当時のユーゴスラビアであるスロヴェニアを占領していた時代の呼び名です。当時の歴史を知る人々にとっては堪え難く屈辱的な名称なのです。そのため、地元のパンクスの中にはライバッハを批判する者もいます。

　スロヴェニアの次にパリで演奏後、ストックホルムを経由してヴェステロースで行われた「パースペクティブ2004」[153] というフリー・ジャズのフェスティバルに参加しました。アンソニー・ブラックストンがウルフ・アイズに熱狂していました。新旧アヴァンギャルド・ミュージックの出会いがあるなと感じました。そもそも欧米にはフリー・ジャズ専門のフェスティバルがあること自体羨ましい限りです。このときに演奏したセットを日本へ帰ってから再現してＣＤボックス「放生会」[154] に入れています。

| 能伊勢 |

………2004 年の年末には「能伊勢」というイベントが開催されています。

　12 月 23 日に青山のＣＡＹで行われたイベントは、東京のブラック・メタル・バンド「凶音」の黄泉槌さんとの共同企画でした。凶音のライブはそれまで何度も見ていました。当時、東京では数少ない正統派ブラック・メタル・バンドでした。このイベントはもともと黄泉槌さんが能の舞との共演というかたちで企画を進めていました。私も能楽堂に一緒に能を見に行ったり勉強させてもらいましたが、結局予算の折り合いがつかず能の舞は中止になったようです。ほかに出演者は私と灰野敬二さんとのきくり、そして来日したバスタード・ノイズでした。

■ 2005 年

| ＰＥＴＡによるデモ |

………秋田さんはＰＥＴＡ（People for the Ethical Treatment of Animals ／動物の倫理的な扱いを求める人々）によるキャンペーン「ケンタッキー・フライド・クルーエルティ（Kentucky Fried Cruelty）」などに参加しておられます。

　この頃から私はＰＥＴＡのデモに参加していました。私が参加した最初の頃のものはケンタッキー・フライド・チキンがニワトリを残酷な方法で飼育し、虐待しているという動物虐待に抗議する「ケンタッキー・フライド・クルーエルティ」キャンペーンがその一つでした。渋谷公園通りのケンタッキー・フライド・チキンの前で水着姿のＰＥＴＡ女性活動家とチキンの着ぐるみを着た男性活動家と一緒にプラカードを掲げたり、チラシを配ったりしました。店に通報され、警察がやってきて終了しました。

　2005 年 1 月には原宿ＧＡＰ前の交差点で、ＰＥＴＡ主催の毛皮反対キャンペーンに参加しました。8 月には表参道のベネトン前で行われた、ベネトン・ボイコット・デモに参加しました。これは、ベネトンがオーストラリアの羊毛業界の動物虐待に加担していることに対する抗議デモでした。ＰＥＴＡの女性活動家、そして数名の日本人運動家が加わって行われました。赤、黄、緑、青、紫にそれぞれ全身をペイントした五名が、「ユナイテッド・カラー・オブ・動物虐待」と書かれた横断幕を持ち、ベネトンの店舗前で「ボイコット・ベネトン！」と叫びながらアピールしました。入店しようとする客には、血だらけの羊の写真を掲載したパンフレットが手渡されました。開始後三十分ほどで警官隊が駆けつけて制止したためデモは終了しましたが、ＴＢＳをはじめ多くのマスコミが取材に押し寄せました。私はＰＥＴＡのほか、日本のアニマル・ライツ・センターなどの主催する毛皮反対デモなどに参加するようになっていました。

PETA No-Fur デモ, 2005

PETA, Kentucky Fried Crueltyデモ, 2004

| Blizzard of Acousmonium |

………ＣＤボックス「放生会」に収録された「Blizzard for Acousmonium」という作品についてお話しいただけますか。

2005 年 2 月 27 日に青山ＣＡＹで行われた「音の精神」という、ジョナタン・プラジェのアクースモニウムを使ったコンサートで使用する音源として制作したものです。ライブではアクースモニウムを複雑に操作しています。このコンサートのために東京電機大学の埼玉キャンパスでアクースモニウムを操作するリハーサルを行いました。

| 2005 年春のヨーロッパ・ツアー |

………2005 年 3 月にはジュネーヴ [155]、チューリッヒ [156]、ブレーメン [157] でのライブが行われています。

3月にはスイス・ツアーに出かけました。最初に、ジュネーヴのケイブ 12 というスペースでコンサートを行いました。翌日はチューリッヒへ移動しました。キャバレー・ヴォルテールというアート・スペースが企画した、クルト・シュヴィッタースのＭＥＲＺＢＡＵのシンポジウムに参加しました。私のメルツバウという名前が世に知られて、シュヴィッタースのシンポジウムに出演できるのはとても光栄なことに感じられました。会場のキャバレー・ヴォルテールはダダ運動発祥の記念すべき場所へ、その前年にリニューアルして建てられたものです。
チューリッヒの後、私はドイツのブレーメンへ行く予定になっていました。ところが空港へ行くと、予約してあったチケットは「ブレーメン行き」ではなくて「ハンブルク行き」になっていました。私はてっきりこれはブッキング

のミスだと思い、チューリッヒに引き返してブレーメン行きをキャンセルし、ブレーメンのブッキング・エージェントに電話すると、「ハンブルクまで車で迎えに行くつもりだ」と言うのです。そんなことは聞いていません。仕方なくブレーメンまで八時間かけて電車で行くことにしました。

| オール・トゥモローズ・パーティーズ |

………2005年4月に開催されたヴィンセント・ギャロのキュレーションによる「オール・トゥモローズ・パーティーズ」[158] にも参加されています。

　2005年4月15日に大阪のベアーズでライブを行いました。会場に着くとモンド・ブリューイッツの岩崎昇平君が前日14日にバイク事故で死亡したと聞きました。私のライブがこの日にあったのは偶然とは思われません。岩崎君とはしばらく交流はありませんでしたが、まさかこんなかたちで最後になるとは思いませんでした。私はライブを彼への追悼とし、翌日のお葬式に出席するために大阪に滞在することにしました。
　「オール・トゥモローズ・パーティーズ」の会場はイースト・サセックスのライという町で、ロンドンからかなり遠かったと思います。イスラムのタクシー運転手が車内で音楽をかけっぱなしでかなりきつかったです。そういえば主催者が用意した英国入国時のビザに、私はほかの会場の出演者であるあふりらんぽのメンバーと記載されていました。彼らのステージは素晴らしいものでした。またジョン・フォックスもよかったです。

| Merzbuta |

………2005年5月にはCD「Merzbuta」[159] の制作が行われています。

　これもインポータント・レコーズの要請でリズムを強調した作風になっています。この頃は、ビートは全てReaktorの「サンプラー」「ドラム・マシーン」などのモジュールを使用しています。また、ＥＭＳシンセサイザーも再び使用しています。

| Senmaida |

………2005年5月にはCD「Senmaida」[160] の録音とミックスも行われています。ジャケットのアートワークは1980年代に秋田さんがよくご紹介されていたヴァル・デンハムが担当しています。

　レーベルの関係か何かでヴァル・デンハムがまた活動しているのを知り、ジャケットを依頼しました。テーマは動物実験反対ですが、石川県の千枚田という棚田をタイトルに使用しています。

| フランス／ヨーロッパ・ツアー |

………2005年5月にはパリでＭＡＺＫのライブ[161] が行われていたようです。

　パリだけでなくリヨン[162]、ミュルーズ[163]、レンヌ[164] でＭＡＺＫおよび私とカルコフスキーのソロ・セットでのツアーがありました。

………2005年7月にはデンマーク[165] とバーミンガム[166] でのフェスティバルに参加されていたようですが、2005年7月7日にはロンドン同時爆破事件が発生しています。

以下、拙著「わたしの菜食生活」を参考に述べていくと、7月にはデンマークのロスキレで開催された大きなフェスティバルがありました。野外のメイン・ステージではオジー・オズボーンの入ったオリジナル・メンバーでのブラック・サバスや、ビーチ・ボーイズのブライアン・ウィルソンが演奏していました。私はマイク・パットンのミスター・バングルとソニック・ユースに客演しました。

　当時のミスター・バングルのドラマーはなんとテリー・ボジオでした。例のバスドラムやタムが信じられない数ついているセットを持ち込んでいました。テリーに「1976年のフランク・ザッパの来日を見に行きましたよ」と言うと、当時はまだ若くてどうのこうのと照れていました。ソニック・ユースはジム・オルークとマッツ・グスタフソンが加わっていました。私はブラック・サバスをどうしても見たかったのですが、出番と被ってしまいほんの少ししか見られなかったと思います。

　当初の予定ではデンマークからギリシャのアテネへ行くことになっていました。アテネではスティーヴン・オマリーとデュオを行う予定でした。アテネのフェスティバルにはミスター・バングルも呼ばれていて、彼らのマネージャーのティム・モスがフライトを確認していましたが、彼らの予約がないからキャンセルにした、と言うのです。私も不安になってティムに私のフライトも確認してくれと頼むと、私の予約もないと言います。しょうがなく私もアテネ行きをキャンセルし、急遽ロンドンへ向かうことになりました。

　スタンステッドという空港に到着しました。スタンステッドからロンドンの中心部まではスタンスタッド・エクスプレスで40分ぐらいです。私の最終目的地はバーミンガムです。リバプール・ストリート駅から地下鉄ハマースミス＆シティ・ラインに乗り換えてユーストン駅へ行き、そこからヴァージン・トレインズでバーミンガムへ向かいました。ロンドンで同時多発爆弾テロが発生したのは、その翌日のことです。この自爆テロが起こった地下鉄が、私が前日に乗った地下鉄と同じ路線でした。

　翌日は「スーパーソニック」フェスティバルに出演するため、会場のカスタード・ファクトリーへ昼過ぎに向かいました。私はアテネで共演するはずだったスティーヴン・オマリーとここでも共演する予定になっています。スティーヴンにアテネの話を聞くと、私が来ないので一人でやった、フライトの予約がなかったというのは何かの間違いじゃないか、アテネにはいいブラック・メタルのレコード屋があったとのことでした。

　夜になりリハーサルを終えて出演時間が近づいてきました。私はスティーヴンと楽屋で待機していました。すると突然、出演者も客も全員会場から退去するようにとの指示がありました。「エヴァキュエイト！（避難しろ！）」と叫び声があちこちから上がり、騒然としています。楽屋の外の廊下ではほかの出演者が右往左往していました。サイキックＴＶのジェネシス・Ｐ＝オリッジとすれ違い、あわてて挨拶を交わしました。

　何が起こっているのかも分からないまま、フェスティバルは突然中止されました。全員が屋外の路上に放り出されました。私の機材はまだステージに置いてあります。聞くところによれば街が封鎖され、ホテルも封鎖されたとのことでした。しばらくして警官隊が現われて我々を誘導し、近くの駐車場に移動させられました。避難勧告は翌日未明まで続き、我々はホテルへ戻れずスタッフの家で一夜を過ごすはめになってしまいました。幸い、どさくさにまぎれて何とか機材を取りに戻ることはできました。

　翌日の新聞によると、バーミンガム警察当局が有力なテロ情報を受けたため、街を封鎖して二万人を避難させたということでした。警察が得た情報に基づいて、不審な箱がバスの車内で発見され、爆発物処理の特殊班によって処理されました。また、近くのホテルでワイヤーのような物体が出た不審な箱が発見されましたが、これは爆発物ではなかったようです。翌日、ホテルがまだ封鎖されていたら荷物は置いたまま日本へ帰るつもりでした。しかし、翌朝には無事にホテルへ戻ることができ、それからあわてて空港へ向かいました。

｜アメリカ・ツアー｜

………2005年9月のアメリカ・ツアーについてお話しいただけますか。

　9月にアメリカ・ツアーを行いました。サンフランシスコ[167]とロサンゼルス[168]はサンＯ)))とアースと一緒に廻りました。サンフランシスコのホテルは以前一度泊まったことがあるザ・フェニックスというホテルです。フィルモア

やグレート・アメリカン・ミュージック・ホールなどに近いこともあり、1960年代からロック・ミュージシャン御用達の有名なホテルです。我々の会場もグレート・アメリカン・ミュージック・ホールでした。

　翌日、スティーヴンの運転でロサンゼルスまで行き、9月4日に「アーサー・フェスト」に出演しました。このときはラインチェックのみでリハはなかったように記憶していますが、案の定、演奏中にモニターからの出力が大き過ぎてモニター・スピーカーがステージを飛び跳ねていたのは失笑しました。ちょうど見ていたジョン・ウィースが「こんなのは初めて見た」と言っていました。

　9月5日からは単独でニューヨークへ行き、9月6日にニッティング・ファクトリーで演奏[169]しました。対バンはフィンランドのサークルというスペース・ロックのバンドで、アンコールで彼らと共演しました。なお、2023年にサークルのメンバーから突然連絡があり、ニッティング・ファクトリーのライブ録音があるから聴いて欲しいと言われました。録音状態はよく、パフォーマンスも納得のいくものでしたので、彼らのレーベルからリリースしたいというオファーを快諾しました。ニューヨークの後、私はシカゴ[170]とモントリオール[171]でも演奏しました。

│ローマエウロパ・フェスティバル│

………2005年9月30日から11月にかけてローマで開催された「ローマエウロパ・フェスティバル」に参加されています。

　10月1日にローマの「ローマエウロパ・フェスティバル」に出演しています。ローマについた日の夜は雨でした。空港からホテルへ向かうタクシーからライトアップされた天使城が見えました。ホテルは丘の上にあり、翌日食事のために坂を下ったところにあるイタリアン・レストランへ行きました。9月30日から11月27日までの長い期間行われたこのフェスティバルでは、キム・ゴードン、アルヴァ・ノト＋坂本龍一、エイフェックス・ツインなども出演しています。私は「フェスタ・エレットロニカ」[172]というプログラムに出演しています。

│放生会│

………2005年8月には六枚組のCDボックス「放生会」の制作が終了していたようです。

　六枚組と言うのはレーベルからの要請でしたので、私は最新のものからやや前のリハーサルなどいくつか傾向の異なる音源を集めました。「Metalvelodrome」[173]のときのように統一的なコンセプトはありません。前述の通りジョナタン・プラジェのアクースモニウムのイベント用の音源を収録しています。

│ Turmeric │

………2005年11月から12月にかけては四枚組のCDボックス「Turmeric」[174]の録音とミックスが行われています。秋田さんは「2000年ぐらいからコンピュータだけで制作してきたが、この頃、自家製楽器やファズ、ディストーションなどのアナログ機材を再び導入するようになった。Turmericはそうした転機となった作品である。Turmeric（ウコン）とは当時飼っていた黒ウコッケイの名前にちなむ」[175]とおっしゃっておられます。なお、打楽器に「Victoria」というクレジットがございますが、こちらはどなたのことを指しているのでしょうか。また、三枚目の「Deaf Composition」について、「リアクターのパッチをモニターせずにランダム操作したチャンス・オペレーションの作品」[176]とおっしゃっておられます。

　この頃から再びアナログの機材を積極的に導入するようになっています。特にライブではラップトップ二台、プラス、コンタクト・マイクをつけた自家製楽器にディストーションやワウ・ファズのペダルといった装備でした。基本的に使用している自家製楽器は1990年代に使用していたものと同じです。録音の際はもう少し多くのエフェクター

やＥＭＳシンセなどを使っています。

「Victoria」と言うのはチャボの名前で、チャボが嘴を整えるために硬いものを突く音をサンプリングしています。ミックスは全てコンピュータですので、アナログ時代のＤＡＴへ直接録音していたときとは録音の環境が異なっています。もちろん編集もコンピュータで行っています。再び自家製楽器を導入した目的は、やはりこうしたフィードバックのかかった破壊的な音はコンピュータ・ソフトでは出すのが困難なためです。

また、作風も一時期のビート路線とは異なって、もう少しカオスなものを求めていたからだと思います。アニマル・ライツをテーマにした作品は、私にとっては攻撃的なものにする必要があるからです。「Deaf Composition」は正確には音も波形もモニターせずにただランダムにマウスを動かして制作したものです。コンピュータ制作がややマンネリ化していたので偶然という刺激を取り入れようと考えたためです。

｜わたしの菜食生活｜

………2005 年 12 月には書籍「わたしの菜食生活」[177] が出版されています。秋田さんの基本的なお考えはこのころからお変わりございませんでしょうか。

ヴィーガンやアニマルライツについての考えは現在も当時とほとんど変わりはありません。当時はまだヴィーガンになったばかりで私は人間社会の常識に反抗しているんだという特別感がありました。しかし今ではヴィーガンのライフスタイルは私にとって日常となり全く特別なものではなくなりました。また、十八年経ってヴィーガンについての社会の認知度も高まっています。私がヴィーガンになるきっかけを作ったとも言えるあの極悪な愛鳥園は潰れてしまい、今は跡形もなく駐車場になっています。家の近所にはもう一軒、アヒルを劣悪な環境で販売していたところがありましたが、こちらも今はもうありません。

本の中にあるヴィーガンの食材やレシピ的な解説は今となってみれば初歩的なものです。外食は確かにまだまだ難しい部分がありますが自炊は難しくはありません。一般的にはまだヴィーガンというのは食生活の問題としか考えられていませんが、我々にとってもっと重要なのは食生活だけではなく、動物性材料の衣服やその他全てのものを使用しないというライフスタイルです。我々にとってはアニマルライツの問題が欠如したヴィーガンというコンセプトはあり得ません。

また 2005 年の段階では喫煙や飲酒についての考えも定まっていませんでしたが、現在はどちらも止めています。ストレイト・エッジを謳っているのはそのためです。嬉しいことに私の本を読んでベジタリアンやヴィーガンになったという人の話をいくつか聞きました。「わたしの菜食生活」はブログ [178] でも大半を公開していますので詳細はそちらをお読みください。

■ 2006 年

｜ F. I. D. ｜

………2005 年 11 月から 2006 年 1 月にかけてＣＤ「F. I. D.」[179] の録音が行われています。

タイトルの「Fur Is Dead!」は毛皮反対を訴えるコンセプトで、売上の一部はＰＥＴＡに寄付されました。この頃からタイトルやジャケットも含めアニマルライツの団体のプロパガンダ手法を学び、直接的なかたちでアニマルライツの問題を扱おうとしていたと思います。ジャケ写にも今まで避けていた動物虐待の写真をあえて使用しています。またこの時期になるとコンピュータとアナログ機材を併用しています。

│ Minazo │

………2005 年 10 月にみなぞうが亡くなったことを受けてＣＤ「Minazo」[180] が制作されており、2006 年 2 月には
ＬＰ「Minazo Volume Two」[181] の録音とミックスが行われています。

　ミナミゾウアザラシのみなぞう追悼のアルバムです。ＣＤのほうが先に制作されています。江の島水族館へは何度
もみなぞうを見に行っています。最初はプール脇の小さなスペースにいましたが、新江ノ島水族館へ改装されて、や
や大きなスペースに移ってしばらくしての訃報だったようです。遠くウルグアイから連れてこられて日本でたった一
人ぼっちで生涯を終えました。

│ Bloody Sea │

………2006 年 4 月にはＣＤ「Bloody Sea」[182] の録音とミックスが行われています。

Bloody Sea (Vivo, 2006)

日本政府による捕鯨の反対を訴えるアルバムです。このアルバムもアニマルライツのプロパガンダ手法によるアジテ
ーション・ロゴが使われています。

│ 2006 年のライブ │

………2006 年の国内でのライブについて、よろすずさんは「この頃にはラップトップのみでのライブでは止めてい
たステージ上のギター・アンプとベース・アンプの使用も再開されている」[183] と記しています。

　2006 年 4 月 29 日に大阪新世界のブリッジで行われたライブではコンピュータ、ＥＭＳシンセ、アナログ機材を
併用しています。奥成一志氏のＰＡでこのときはまだアンプは使用していません。8 月 15 日の京都メトロ、8 月 27
日のマイクロオフィス[184] も同様の機材だったような気がします。メトロではもしかしたらアンプを使用したかもし

ワンマン LIVE
DJ：DOC. AFRO BLUE a.k.a Guilty Connector
2006. 4. 29
新世界フェスティバルゲート8F BRIDGE
OPEN/START 19:00 ADM./DOOR ￥2500/￥2800 (+Drink￥300)
http://www.beyond-innocence.org/　Tel 06-6634-0080

Bridge, 2006

れません。マイクロオフィスはＰＡのみだった気がします。なお、9月25日[185]と9月30日[186]のカルロス・ギフォーニらとのセッションではラップトップは使用していなかったかもしれません。これはセッションだったからだと思います。

| Merzbear |

………2006年11月にはＣＤ「Merzbear」[187]の録音とミックスが行われています。

　熊駆除反対を訴えるアルバムです。当時、私は日本熊森協会と連絡をとり、熊の餌となるドングリを近所の公園で拾い集めて送る活動をしていました。

………2006年の秋にはポルンとのコラボレーションＣＤ「...and the Devil Makes Three.」[188]のミックスが秋田さんによって行われていたようです。

　ポルンはミスター・バングルやメルヴィンズのマネージャーだったティム・モスのバンドです。このミックスではポルンの素材はほとんどいじっていません。ロック・バンドをバックに私のノイズがソロをとるというような構成です。

Plex Copenhagen Music Theater, 2006

………2006 年 12 月にはケルン [189] とビルバオ [190] でライブをされていたようです。

　ケルンはたぶん初めて行きました。ビルバオではグッゲンハイム美術館へ行きました。奇抜なフランク・ゲーリーの脱構築建築がとても印象的でした。

■ 2007 年

｜ Eucalypse ／ Coma Berenices ／ Zophorus ｜

………2006 年 12 月から 2007 年 2 月にかけては、ＣＤ「Eucalypse」[191]「Coma Berenices」[192]「Zophorus」[193] の録音とミックスが行われています。

　「Eucalypse」はソレイユムーン・レコーディングスの要請によって制作したもので、インド産のユーカリを素材にした木製のパッケージにＣＤが収められています。インドでのユーカリ・プランテーションは地下水を枯渇させ、多様な植物の生態系に影響を与えるなどとして問題になっていました。ユーカリが大量の地下水を必要とするのは嘘という話もあり、現在、そうした論争の真偽は不明です。
　「Eucalypse」の楽曲の一部は「Coma Berenices」や「Zophorus」と通ずる傾向があります。こちらの二作は「ドローン・メタルからポスト・ブラックメタル的試みに発展させたもの」です。当時、私はデプレッスド・スーサイダル・ブラック・メタル（ＤＳＢＭ）ばかり聴いていました。「Coma」のタイトルは埼玉県の「高麗」で、中ジャケの廃墟が撮影された場所に由来します。「Zophorus」のアートワークはブラック・ウイドウのファースト・アルバム [194] の中ジャケのパロディです。自分で演奏したギターのリフのサンプルをコンピュータを使ってループし、そこに自家製金属楽器とワウファズ・ノイズが被さるという構成になっています。

｜ Merzgebiete ｜

………2006 年 10 月から 2007 年 2 月にかけてハノーバーのシュプレンゲル美術館ではクルト・シュヴィッタースの展覧会 [195] が開催されており、2 月 3 日にメルツバウのライブを行っておられたようです。

　名前が同じというだけでシュヴィッタースの出身地であるハノーバーのシュプレンゲル美術館の企画展に参加できたのは名誉なことでした。演奏内容は通常のセットです。

｜ＦＩＭＡＶ／フェスティバル・ドゥール｜

………2007 年 5 月には「ＦＩＭＡＶ」[196] にきくりとして出演しておられます。そして、灰野さんとは 2007 年 5 月にケルン [197] とメールス [198] でもライブをしておられたようです。

　このときはカナダからヨーロッパへ飛び世界一周の旅になりました。ＦＩＭＡＶの録音は帰ってから灰野氏と一緒にスタジオでミックスしてアルバム [199] にしました。ケルンではオウブとの共演だったと記憶しています。これが中嶋昭文さんと会った最後でした。メールスではリハーサル時にステージの脇の穴に転落して軽傷を負った記憶があります。

………2007 年 6 月にベルギーのドゥールで開催された「フェスティバル・ドゥール」[200] に出演されています。

たぶんこのときだと思いますが、会場は牧場か何かで地面が堆肥と家畜の糞尿でぬかるんでいて、あたり一面すごい悪臭が漂っていました。サンO))) のステージを見ていましたが、強烈な低音と臭気で地獄のようでした。

| Here |

………2007 年 8 月にはＣＤ「Here」[201] の録音とミックスが行われています。タイトルにはどのような意味があったのでしょうか。

タイトルは当時聴き出した「Ｃocco」→「此処」→「here」から来たダジャレです。Ｃoccoを聴くようになったのはアルバム「きらきら」[202] からなので、私は復帰[203] してからのリスナーです。コロナ禍以降はライブに行けていませんが、2007 年のツアーからほぼ毎回見ています。新聞でＣoccoが沖縄の海岸でゴミ拾いなどの環境活動的なことを行っているという記事を読んで興味を持ち、聴いてみるととても素晴らしいものでした。話を「Here」に戻すと、レーベルがインダストリアル系なので近くの発電所の写真をジャケットに使っています。

| Peace for Animals ／ Camouflage ／ Higanbana |

………2007 年 8 月にはＣＤ「Peace for Animals」[204] の録音とミックスが行われています。

靖国神社では毎年 9 月に鳩の慰霊祭が行われています。太平洋戦争で使役された軍用鳩に対する慰霊、また、「英霊に感謝を伝える儀」だとも言われています。神社脇の鳩舎には白鳩がたくさん飼われていて、それを何羽もカゴに詰め込んで号令と共に空に放ちます。このような鳩虐待に抗議する目的で出したアルバムです。ウクライナのレーベルで出したものなので、2022 年のロシアの侵略が起こった後に早速ウクライナ人のレーベルで再発[205] しました。

………2007 年 9 月から 10 月にかけてはＣＤ「Camouflage」[206] の録音とミックスが行われています。

1980 年代に作っていた Tibet Baroque Collage をアートワークに使用しています。曲名もアートワークから採っています。

………2007 年 10 月にはＣＤ「Higanbana」[207] の録音とミックスが行われています。

ジャケ写は埼玉の巾着田の彼岸花です。ウコッケイの声のサンプリングも使用しています。

| Keio Line |

………2007 年 10 月 25 ／ 26 日には調布のピース・ミュージックというスタジオで、リシャール・ピナスとのＣＤ「Keio Line」[208] のための録音が行われています。

キャプテン・トリップが出したエルドンのリイシューＣＤ[209] に解説を書かせていただいた縁だったと思いますが、リシャール・ピナスが 2006 年に初来日した際に吉祥寺のスター・パインズ・カフェ[210] でオープニングを務めさせていただきました。そのときにピナスの宿泊先のホテルがあった池袋の「楼蘭」という今はもうない台湾料理屋で食事を一緒にしました。2007 年のマイクロオフィスでのライブ[211] と「Keio Line」の録音の際は、私はエルドンを意識した音作りを心がけています。当時はシーケンサーを使用していなかったのですが、シンセの音をサンプラーに取り込んでループを作って、その上にシンセ音やノイズを被せる音作りをしています。

Wrocław Industrial Festival, 2007

| 2007 年 11 月のヨーロッパ・ツアー |

………2007 年 11 月のヨーロッパ・ツアーについてお話しいただけますか。

　11 月 8 日にトリノで開催された「アートリッシマ 14」[212] に出演しました。会場は 1920 年代に作られた旧フィアットの鉄筋コンクリートの五階建ての自動車工場で、リンゴット・ランパという上層階に車両を移動させるための螺旋状の傾斜路の一階部分でした。工場は 1983 年に閉鎖されましたが、2002 年にメディア・センターにリフォームされています。11 月 10 日にはポーランドのヴロツワフで開催された「ヴロツワフ・インダストリアル・フェスティバル」[213] に出演しています。最寄りの空港はカトヴィツェというかなり離れたところで、三時間ぐらい雪道を車で移動しました。

■ 2008 年

| Dolphin Sonar ／ Dead Leaves |

………2007 年 12 月から 2008 年 1 月にかけてはＣＤ「Dolphin Sonar」[214] の録音とミックスが行われています。

　和歌山県太地町のイルカ猟反対を訴えるアルバムです。当時、日本でも抗議行動を行っていたシー・シェパードのポール・ワトソンにライナーを依頼しました。また売上の一部はシー・シェパードに寄付されました。確か当時「２０ワースト・アルバム・カバー」[215] にどこかで選ばれました。

………2008 年 1 月にはＣＤ「Dead Leaves」[216] の録音とミックスが行われています。

　当時、毎号送られてきていたビジュアル系の雑誌「フールズ・メイト」のビジュアルを参考にジャケットを作りました。

Dolphin Sonar (Important Records, 2008)

………2008 年 1 月から 2 月にかけてはＣＤ「Tombo」[217] の録音が行われています。

　「Camouflage」と同様に 1980 年代のコラージュ作品をアートワークに使用しています。タイトルもアートワークから取りました。

| Anicca |

………2008 年 4 月にはコールド・スプリング・レコーズの主催によるイギリスでのライブに出演されています。

　ブリストル[218]ではクリス・コルサーノなどと共演しました。ロンドンでのコールド・スプリングのライブ[219]はＵＬＵという大きな体育館のような会場でした。楽屋にゼヴが来てくれました。ゼヴとのコラボ[220]はこれがきっかけだったと思います。

………2008 年 4 月 20 日にはＣＤ「Anicca」[221]の１トラック目がロンドンで録音されています。

　ロンドンへ行ったときにコールド・スプリングがアレンジして新しいアルバムのための録音が行われました。スタジオはティン・パン・アレイ・スタジオという 1950 年代からある老舗のスタジオでした。何の計画もなくスタジオに入り、たまたまそこにあったドラムを叩こうと思ったんです。ドラムを録音してそこにコンピュータの音を付け加えました。二曲目以降は日本に帰ってから作っています。

| Arijigoku |

………2008 年 5 月にはＣＤ「Arijigoku」[222]のミックスが行われています。

　「Annica」でドラムを使用したことにより、この方向性で行くことにしました。今までメルツバウではあえてドラムを使用していなかったのですが、その縛りはもういいかなと思いました。家にドラム・セットはありましたが叩くとうるさいので、一人でスタジオに入りドラムを録音しました。その録音を自宅でミックスしました。ドラムが入ると妙に音楽的になるきらいがあり、その辺をどう持っていくかが課題でした。またコンピュータの音よりもアナログの破壊的なノイズをより多く使用するようになっています。

| Protean World ／ Microkosmos ／ Somei… |

………2008 年 5 月にはＬＰ「Protean World」[223]のミックスが行われており、同時期にＬＰ「Microkosmos Volume 1」[224]も制作されていたようです。

　「Protean World」のジャケットでは再び高麗の別の廃墟が使われています。廃墟ジャケはＤＳＢＭの影響です。「Microkosmos」では 1980 年代のコラージュが使用されています。生ドラムとはいえミックスで編集加工されていますので、ライブ性よりは従来のメルツバウのミックスと同等の感覚が強いです。

………2008 年 8 月にはＣＤ「Somei…」[225]の録音とミックスが行われています。

　2008 年の 7 月にローランドのＶ－Drums TD－9SX を購入したので、これ以降のドラムは全てＶ－Drums です。「Somei…」は飼っていたチャボが亡くなったこともあり、染井霊園の写真を使い追悼のために作った作品です。

| 2008 年 7 月ヨーロッパ・ツアー |

………2008 年 7 月にはヨーロッパでのライブが行われています。

　バーミンガムの「スーパーソニック」[226]では灰野敬二さんとのきくりで出演しました。このフェスにはハルモニア、

SuperSonic 08, 2008

バトルスなどが出ています。たぶんきくりではニューキャッスル[227]でも演奏していて、ジュネーヴ[228]では私のソロをやっています。

| 宝登山／Don't Steal My Coat |

………2008年10月にはＣＤ「宝登山」[229]の録音とミックスが、2008年10月から11月にかけてはＣＤ「Don't Steal My Coat」[230]の録音とミックスが行われています。

「宝登山」では宝登山小動物公園の豚がジャケットに使用されています。「Don't Steal My Coat」では別のこども動物園の山羊が使用されています。タイトルはＰＥＴＡが毛皮反対に使用しているキャンペーン・ワードです。

| 13 Japanese Birds |

………2008年10月から2009年11月にかけて、「13 Japanese Birds」[231]というＣＤシリーズのための録音が行われています。

　インポータント・レコーズの要請でメシアンの「鳥のカタログ」にちなんだ十三枚のアルバムを毎月リリースするということになりました。内容はメシアンとは何も関係ありません。このシリーズは一年間に及ぶため音楽的には推移があります。基本的にはドラムを使用したトラックが多いですが、全く新しい録音のものと、古い録音にドラムだけオーバーダブしたものの2パターンあります。古い録音はここ四、五年来のコンピュータを使った作品で、ドラムを足すことでクラウト・ロック調の作品になっています。最後のほうになってくるとあまりドラムを使わずにノイズだけになっています。
　このシリーズは毎月出すだけでもたいへんでしたが、最後に100セットほどのスペシャル・エディション[232]にオマケをつけるというので、蒲鉾板のような板に絵を描いたのですがこれがまた一苦労でした。シリーズ最後の作品の「Jigokuhen」[233]は「地獄」と「鶏（Hen）」をかけたタイトルですが、この時期、相次いでチャボが亡くなったのでその追悼で作りました。チャボが病気になるたびに動物病院で診てもらっていましたが、残念ながら一時的に治ったと思ってもすぐに死んでしまいました。また、チャボについての知識不足のひどい診察の医師もおり怒っていました。「Jigokuhen」にはそうした悲しみと動物病院への憎悪が込められています。

| 2008年11月のリシャール・ピナスとのツアー |

………2008年11月にはケルン[234]とモントルイユ[235]でリシャール・ピナスとのライブが行われています。これらのライブで秋田さんは二台のPowerBookのみを用いられているようですが、このころのピナスとのライブでは自作の機器やＥＭＳなどを使用する必要性を感じておられなかったということになるのでしょうか。

　ＥＭＳシンセは海外へは持って行きませんのでコンピュータのみでやりました。ただＥＭＳシンセの音はサウンド・ファイルとしていくつか作り、サンプラーで使用しています。
　パリの空港へ向かう途中バスチーユ広場でフランス労働総同盟（ＣＧＴ）[236]のデモに遭遇しました。交通規制のため大渋滞で、搭乗時間直前に空港に到着し、なんとか間に合いました。ヴェネツィア空港からゴリツィアというところへ向かい「オール・フロンティアズ・フェスティバル」[237]にソロで出演しました。着いた日の晩にベジタリアン・レストランへ連れて行くというので車に乗ると三時間以上かかって隣県のウーディネにあるビオ・レストランに到着しました。たいへんありがたい待遇でしたが、トマト・ソースのパスタでも普通にヴィーガンですのでベジタリアン料理ってそんなに希少なものなのか？　とちょっと疑問に思いました。翌日は中世音楽の楽団をやっているというベジタリアンの人の家で食事をしました。フェスにはスキャナー、マイ・キャット・イズ・エイリアン、アンソニー・

ブラックストンなどが出演していました。

■ 2009 年

│ 2009 年 3 月　オーストリア／チェコ │

………2009 年 3 月にはオーストリア[238] とチェコ[239] でライブをされています。

　ザルツブルクとプラハで演奏しました。今回の渡欧ではロバート・エヴァンスのルドルフ二世について書いた本「魔術の帝国」[240] を携帯し、ザルツブルクではパラケルススの墓を訪ねたり、プラハではプラハ城や王宮美術館で錬金術の歴史に触れたりといった趣きでした。プラハではナパームドなどとの共演でした。ラップトップとアナログ自作楽器を併用したセットでした。

│ Hiranya │

………2009 年 3 月にはＬＰ「Hiranya」[241] の録音とミックスが行われています。

　この頃、国立にある谷保天満宮の鶏に会いに行き始めていました。ここの境内には捨てられた鶏がたくさんいて放置されています。現在はもういません。ある鶏好きの人物が全て回収しました。この最寄り駅から神社へ行く道端に廃墟になった店があり、「ヒランヤ」という名前が出ています。どうやらスピリチュアル系の施設のようでした。アルバムのタイトルはここから取っています。

│ スカンジナビア・ツアー │

………2009 年 10 月にはスカンジナビアでのツアーが行われています。

　10 月 10 日にはベルゲンでの「ストイフェスト」[242] に出演しました。コンシューマー・エレクトロニクス、スカルフラワー、ジョン・ウィースなどとの共演でした。翌日、ヘニー・オンスタッド美術館で演奏[243] しています。確か共演はメイヘムのアッティラ・シハーのソロ・プロジェクトでした。この美術館は 1970 年代にソフト・マシーンの伝説的ライブ[244] が行われたことでも知られる場所で、貴重な音楽のアーカイブがあります。当時、ラッセ・マーハウグがキュレーションに携わっていました。10 月 13 日にはコペンハーゲンで演奏[245] したようです。

│ Graft │

………2009 年 11 月にはＬＰ「Graft」[246] の録音が行われています。秋田さんは過去のブログで「Jethro Tull の『My God』[247] というブートの真似」[248] とおっしゃっておられました。

　「Graft」では Real-time Granular Synth X[249] と Kenakis[250] という当時の新しいグラニュラー・シンセシスのソフトを使用しています。グラニュラー・シンセシスはまた新しい作風を方向づけるようになりました。おっしゃるようにジャケットはジェスロ・タルの昔のブートレッグ・レコード「マイ・ゴッド！」から影響を受けています。ブートと同じように盤面のラベルを四角形にしたかったのですができませんでした。

| メルツバウ+バラージ・パンディ |

………2009年12月にバラージ・パンディとのツアーが行われています。

　12月にブダペスト[251]、ベルリン[252]、オスロ[253]と、ハンガリーのドラマーであるバラージ・パンディとのデュオで初めてのツアーを行っています。当時、メルツバウではドラムを導入した作風が一段落し始めたところでした。しかし、ライブで生のドラムを入れてみたいとかねてから思っていたので、バラージとデュオを始めました。彼はグラインドコアやメタル、ハードコア出身でしたが、ジャズや実験音楽にも関心を持っていました。私が彼とやりたいと思ったきっかけの一つは彼がサン・ラの大ファンだったからです。また、私と同じくレコード・コレクターでもあったので、行く先々の街でレコード・ショップを漁るのが我々のルーティンになりました。

| Ouroboros |

………2009年12月にはＣＤ「Ouroboros」[254]の録音とミックスが行われており、アートワークはエルンスト・フックスの絵画へのオマージュであるとジャケットに記されています。

　「Ouroboros」はジャケットを私の絵にしたいというレーベルの意向によって制作したものです。エルンスト・フックスは「ウィーン幻想派」の画家の一人として1970年代から愛着のある画家です。この作品は新しいグラニュラー・シンセシスのソフトを中心に作られたものです。

■ 2010年

| Marmo ／ Oh Lucy!!! |

………2010年1月にはＣＤ「Marmo」[255]の録音が行われています。

　イタリアのレーベルだったのでイタリアに因むものにしようと考えました。そこで以前ヴェネツィアで見たマーブルの用紙を思い出し、ジャケットとタイトルに使用しました。この作品でもグラニュラー・シンセシスを多用しています。

………2010年にはスプリットＬＰ「Oh Lucy!!!」[256]もリリースされています。タイトルは楳図かずおの漫画「14歳」[257]からの引用ということになりますでしょうか。

　たまたま読んでいた楳図かずおの「14歳」が鶏を扱ったもので驚きました。チキン・ジョージは「動物の代表」であろうとしながらも「人間中心主義のシステム」との間で葛藤するアニマル・ライツの姿とも読み取れるかもしれないと思いました。一方、ジョージの伴侶チキン・ルーシーのほうこそ「人間中心主義のシステム」をことごとく破壊しようとする動物たちの怨念に満ちた、動物にとっての救世主になるはずでした。しかし、人間がいなくなれば鶏たちも生きてはいけない、というような展開の作品だったと思います。

| Merzbient |

………2010 年 3 月にはＣＤボックス「Merzbient」[258] の制作のため、オリジナルテープからのリマスタリングが行われていたようです。

　ソレイユムーン・レコーディングのオーナーのチャールズ・パンはヴィーガンであり、メルツバウのデジタル・ディストリビューションもやってくれています。「Merzbient」は十枚組ＣＤとして企画され、売れ行きもよかったのでのちにレコード版[259] も出ています。1987 年から 1990 年にかけて録音された多くの未発表カセットがあったことが、このプロジェクトのアイディアの始まりでした。多くは単独の作品、また映像や舞台の背景用の素材として録音されたものですが、単独で聴き直してみるとスタジオ・ライブのような臨場感があり使えると思いました。ノイズ・エレクトロニクスによるドローン的なものやスクラップの自家製弦楽器を使用したものが多かったので「Merzbient」というタイトルにしました。

| 2010 年の海外でのライブ |

………2010 年 5 月にはバラージ・パンディとのツアーが行われています。

　ストックホルム[260]、ウィーン[261]、ベルリン[262] で演奏しました。二台のラップトップと Kaossilator[263] などによるセッティングだったようです。

………2010 年 9 月にはアメリカでのツアーをされていました。

　ブルックリン[264] は 2 セットあってかなりしんどかった記憶があります。リシャール・ピナスとの共演[265] はプログレのフェスでした。その後、バラージとニューヨーク[266] とフィラデルフィア[267] でやりました。フィラデルフィアの会場はインターナショナル・ハウス・フィラデルフィアという場所で、チャールズ・コーエンというブックラ・シンセサイザー奏者との対バンでした。音源リリースはなくライブのみで活動しているアーティストとのことで貴重な演奏を聴けました。インターナショナル・ハウス・フィラデルフィアはサン・ラが映画「ア・ジョイフル・ノイズ」[268] の中で、屋上で演奏しているシーンを撮影した伝説の建物です。

………2010 年 10 月にはバラージ・パンディとのツアーが行われています。

　10 月 25 日にグラーツのシュロスベルクという古い要塞都市で開催された「エレベート・フェスティバル」[269] に出演しました。会場は洞窟の中でした。この後、ロンドン[270] とダブリン[271] でも演奏しました。

■ 2011 年

| Guya |

………2011 年 1 月 1 日にはクリス X とのスプリットＬＰに収録された「Guya」[272] の録音が行われています。公開されたメルツバウの作品としては「Marmo」からほぼ一年ぶりの録音ですが、この一年のあいだに制作の環境は変化していたのでしょうか。

　当時、各種の小型のシンセサイザー、ドローン・マシーン、オシレーター、また、ミッドファイ・エレクトロニク

ス社の Glitch Computer、ＷＭＤの Geiger Counter、４ｍｓペダルス社の Noise Swash などのノイズ・ペダルを導入しています。こうした新しいタイプのコンパクト・エフェクターが出だしたことでアナログ機材での演奏の新たな可能性が生まれてきました。以前、ＶＳＴプラグインにあった Sonic Decimator[273] のようなビット落ちしたような独特な音がコンパクト・エフェクターでも出せることで、コンピュータを使用しなくてもできる選択肢が生まれました。

　私はライブで再びアナログのセットアップに戻りましたが、1990 年代とはセッティングがやや異なります。自作楽器やテルミンなどにワウ・ファズやディストーションなどを繋ぎ、各種エフェクターに繋ぐというスタイルは変わりませんが、一番大きな違いはミキサーで、1990 年代に使用していたのは非常にチープなミキサーだったため、チャンネル間の音が干渉してしまい音が混ざっていました。これは効果的でもあったとも言えますが、意図的にチャンネルの音を分離したい場合に問題が生じてしまいました。2010 年以降はミキサーを新調することで各チャンネル間の音が分離しています。

　また、1990 年代によく使用していたミキサーのフィードバックで出していた破壊音は新しいファズなどで代用できるようになりました。そして、1990 年代はミキサーに入れた音をステレオで出してエフェクターに繋いでいましたが、今はエフェクターに繋いだ音をミキサーに入れてステレオで出しています。現在ライブでは 8 〜 10 チャンネル程度の複数の音を同時演奏でリアルタイムにミックスして演奏しています。この内訳はリズムやループ、ドローン、シンセ、サンプラーなどは 2 〜 3 チャンネル、高中域のファズ、ディストーション系が 2 〜 3 チャンネル、モーグのFreqBox が 1 チャンネル、ピッチシフターが 2 チャンネルといったところです。スタジオで録音する際はチャンネル数にこだわらない、よりフレキシブルなセッティングになります。

| Kamadhenu ／ Surabhi |

………2011 年 1 月には「Merzcow」シリーズの一枚目のＣＤ「Kamadhenu」[274] と、二枚目のＣＤ「Surabhi」[275] の録音とミックスが行われています。

　ニュー・ブロッケイダーズとの共同作業を行っているアノーマリのポール・コーツのレーベル、ヒプナゴギアの依頼で「牛」をテーマにした三部作を作ることになりました。ポールは熱心なクリシュナ教徒で、聖牛を崇拝するヒンズー教のバガヴァッド・ギーターに基づいてタイトル、曲名、アートワークを決めています。このシリーズは二作出した後で滞り、三作目は一度制作したもののなかなかリリースしないので中止して、元の音源はボリスとのコラボレーションに使用しました。

| Dead Zone |

………2011 年 3 月 12 日にＣＤ「Dead Zone」[276] のミックスが行われています。

　2011 年 3 月の始め、私はウクライナのレーベル、クエザイ・ポップから依頼されたＣＤを制作していました。アルバムのタイトルは「Flax（亜麻）」になる予定でした。亜麻の種子は食物繊維を豊富に含み、水分と溶け合うことで乳化して卵の代替品としてベジタリアン菓子などでも利用されています。その亜麻をテーマにしたいというのがレーベル当初の意向でした。その作品の録音中に東日本大地震が起こりました。私は急いでチャボとクジャクバトをケージに入れ、あわてて庭に飛び出しました。

　そして最終ミックスの日に福島原発一号機が水素爆発を起こしました。ちょうどチャボが一羽病気で、動物病院に連れて行きました。動物病院の待合室のテレビ画面には四号機が水素爆発する映像が流れていました。診察を待つ間、何か言いようのない不安に包まれた澱んだ空気が流れていました。そこで急遽このアルバムを「反原発」をテーマにしたものにしようと決めました。そしてレーベルのオーナーのエドワード・ソルに頼み、チェルノブイリの写真を現地で撮影してきてもらいジャケットに使うことにしました。

………2001 年 4 月にはヨーロッパでのライブが行われています。

　ユーロ・ツアーは目的地ブリュッセルへフランクフルト経由で行く予定でした。4 月 11 日に成田空港の搭乗口へ行くと「フランクフルト」直行便のはずがなぜか「フランクフルト／ソウル」と書いてありました。ソウルへ寄るなんて聞いていません。横ではオーストリア航空の職員が乗客に放射能測定検査をしていて、被爆線量の高い乗客の搭乗をお断りするのだそうです。

　搭乗すると「途中ソウルへ寄って給油する」というアナウンスがありました。ソウル経由でなんだかんだ四時間の遅れでした。ルフトハンザ機がソウルを経由した本当の理由は、パイロットと客室乗務員らをソウルで交代させるためでした。まずフランクフルトからソウルへ飛んで交代、ソウル／成田を往復して交代、ソウルからフランクフルトへ飛んでまた交代……。そうすることで彼らは放 射能汚染の危機下にある東京に滞在するリスクを避けたのです。

　4 月 12 日のブリュッセルのアンシエン・ベルジーク [277] と 4 月 15 日のスイス、ザンクトガレンでの演奏 [278] はメルツバウで、4 月 13 日のブダペストＡ 38 [279] と 16 日のカトヴィツェでの演奏 [280] はバラージ・パンディとのデュオでした。この時期、できれば全てデュオでやりたかったのですが、プロモーターの意向や予算の関係でツアー中に一人でやる場所とデュオの場所が混ざっています。カトヴィツェでの公演はＣＤ化 [281] されました。これはメルツバウ+バラージ・パンディのリリースの中でも気に入っている録音です。

………2011 年 5 月にはカナダでのライブが行われています。

　ＦＩＭＡＶからの招聘によるライブ [282] はリシャール・ピナスとウルフ・アイズとのコラボレーションでした。ＦＩＭＡＶとの契約上、モントリオールではライブができないので、ウィニペグ [283]、トロント [284]、モンクトン [285] でのブッキングとなりました。

｜ Yaho – Niwa ／ Lop Lop ｜

………2011 年 4 月にはＣＤ「Yaho – Niwa」[286]、2011 年 3 月から 6 月にかけてはＣＤ「Lop Lop」[287] の録音とミックスが行われています。「Lop Lop」というタイトルは、マックス・エルンストの作品に登場する鳥のようなキャラクターを引用したものと思われます。

　「Yaho – Niwa」は谷保天満宮の鶏をアートワークに使用しています。「Lop Lop」はエルンストから採っています。小型シンセやドローン・マシーンの使用が増えていると思います。

｜ Music for Urbanism ｜

………2011 年 10 月 23 日にはヒルサイド・プラザのヒルサイド・テラスにおいて、宮台真司さんとのイベント「まちづくりの哲学」が開催されており、第一部として行われたメルツバウのライブは「Music for Urbanism」[288] としてＣＤ化されています。

　代官山ヒルサイド・プラザという特徴的な建築スペースと「まちづくりの哲学」ということで、私も 1990 年代後半に探訪した東京の近代建築の写真を引っ張り出してアートワークに使用しています。3・11 以降の世界観という点で宮台氏の考察は興味深いものだったと思います。ライブの音響もよかったですが、ＰＡの音が大き過ぎて、途中までアンプの電源をオフにしたままで気づきませんでした。

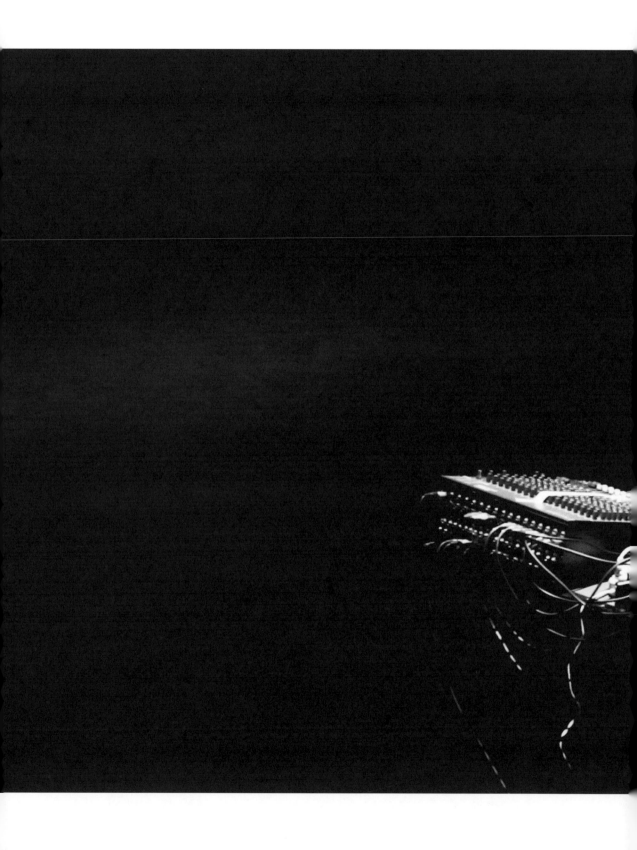

Aurora Festival, 2012

│ Ko To No Oto │

………2011 年 12 月には「Ko To No Oto」[289] の録音とミックスが行われていたようです。よろすずさんは「機材面でも新しく小型のオシレーター・シンセ、ドローン・マシーン、ミニ琴などの導入があり、サウンドを非常に強く特徴づけている」[290] と述べています。

　ミニ琴はナイロンの十三弦のもので、コンタクト・マイクを仕込んだブリキの缶を弦に挟んで使用しています。タイトルはＣｏｃｃｏの映画「KOTOKO」[291] からの連想もあったと思います。

■ 2012 年

│ Uzu Me Ku ／ Gman // HJYUGTF2 │

………2011 年 12 月から 2012 年 1 月にかけてＬＰ「Uzu Me Ku」[292] の録音とミックスが行われています。

　吉田喜重の映画「煉獄エロイカ」[293] にも登場した長沢浄水場の写真をジャケットに使用しています。柱の亀裂は東日本大震災の際にできたものです。カセット「Gman // HJYUGTF2」[294] でも長沢浄水場の写真を使用しています。音楽的にはさまざまな楽器やエフェクター、グラニュラー・シンセシスなどの音を多様なかたちでミックスしていると思います。

│ カッツ │

………2012 年 4 月 14 日にはブダペストにおいて、メルツバウ／マッツ・グスタフソン／バラージ・パンディによる「カッツ（Cuts）」という名義によるＣＤ [295] の録音が行われています。

　マッツとのトリオはバラージのアイディアだったと思いますが、マッツとは「アナザー・サイド・オブ・ソニック・ユース」[296] でも共演していたり、彼主催のフェスティバルに招聘されたりと親交があったので相性はよかったと思います。サックスが入ることでよりジャズ色が強まったと思います。マッツのアイディアでこのトリオは「カッツ」と命名され、レアノイズ・レコーズからリリースを行うようになりました。カッツにはサーストン・ムーアや灰野敬二さんなどが加わることもあります。マッツもレコード・コレクターなので三人が集まるとレコード屋廻りになります。

│ オーストラリアとアメリカのツアー │

………2012 年 5 月には、ブリスベン [297]、シドニー [298]、キャンベルタウン [299] でのライブが行われており、キャンベルタウンでのライブはオーレン・アンバーチとの共演で「Cat' s Squirrel」[300] としてＣＤ化されています。

　オーストラリアの三箇所でのライブはいずれもＣＤ化 [301] されています。ラップトップ・コンピュータは海外旅行には必ず持っていくのでライブでも使用していると思います。ただ、アナログ機材中心のセットに色を添える程度の使用で、オシレーターのドローンにノイズが絡んでいくという構成です。オシレーターはスカイコード・エレクトロニクス社の Utopia Synth やサブトル・ノイズ・メーカー社の Cacophonator II を使用しています。コンピュータのみでやっていた頃はあらかじめどのソフトでどのサウンド・ファイルを開いて演奏するかを綿密に決めてやっていました。しかし、この頃はある程度の全体の構成は頭にありますがほぼ即興です。シドニーとキャンベルタウンでのライブはオーストラリアの動物をテーマにしています。「Cat' s Squirrel」はクリーム [302] やジェスロ・タル [303] で有名な

曲ですが、オーレンのアイディアです。

………2012 年 6 月にはフロリダ[304] とブルックリン[305] でバラージ・バンディとのライブが行われています。

　デスメタルのメッカ、タンパで開催された「サイオン・ロック・フェスト」ではオックスボウ、サイキックＴＶなどとの共演でした。ほかの会場でスリープ、チャーチ・オブ・ミザリー、オリジン、フォビアなどを見ました。ブルックリン のセント・ヴァイタス・バーでは「サイオン・ロック・フェスト」にも出ていたウォルドとの対バンでした。ウォルドはインダストリアル・ブラック・メタルな面白いバンドでした。

St. Vitus, 2012

│ 2012 年のボックス・セット │

………2012 年 7 月にはヴァイナル゠オン゠デマンド（ＶＯＤ）からの十枚組ＬＰボックス[306]、2012 年 7 月から 8 月にかけてはＣＤボックス「Duo」[307] のデジタル・リマスタリングが行われています。さらに 2012 年にはＣＤボックス「Merzphysics」[308] と「Merzmorphosis」[309] のミックスとマスタリングも行われていました。

　メルツバウの 1980 年代から 1990 年代の再発や未発表音源をボリュームのあるかたちでリリースできたことは幸いです。ＶＯＤのボックスでは「Escape Mask」を初リイシューし、また、未発表アートワークを初めて世に出しました。「Duo」のボックスでは水谷聖との 1980 年代後半の未発表セッション音源をまとめてリリースできました。「Merzphysics」と「Merzmorphosis」は 1990 年代の最もメルツバウとして認知されている時期の未発表音源を大量投下できました。このシリーズは続くはずでしたが、レーベルが長く続かなかったようです。

………2012 年 1 月から 8 月にかけては CD「Kibako」[310] の録音とミックスが行われています。こちらの CD に収録されたトラックのタイトルは、「Askayama Shita Moeru」「Kikoezu Mori」といった具体的なものが多いように感じられます。なお、2012 年 1 月 21 日には飛鳥山の麓にある飲食店街「さくら新道」が全焼していました。

　タイトルは「木箱」から来ています。「飛鳥山下燃える」など実際のエピソードからとった曲名もありますが、「fff」「bbb」など何の意味もない曲名もあります。レーベルによって音の傾向を選ぶようにしていますので、この作品は前作「Lop Lop」の続編となります。

………2012 年 10 月にはヘルシンキ[311] と、バーミンガムで開催されたフェスティバル「スーパーソニック」[312] でのライブが行われています。

　ヘルシンキではデス・トリップとの対バンでした。「スーパーソニック」ではバラージ・パンディが参加しています。ゼニゲバなどと一緒でした。

………2012 年には LP「Merzbow Meets M.B.」[313] の制作も行われています。

　これはレーベルのアイディアで実現しました。マウリツィオ・ビアンキとは無数にメールのやりとりはありましたが、コラボレーションは初めてでした。コラボレーションの最終ミックスは私が行ったと思います。

■ 2013 年

Cuts with Mats Gustafsson & Balázs Pándi, 2013

| Takahe Collage ／ Tamayodo |

………2012 年 12 月から 2013 年 1 月にかけて CD「Takahe Collage」[314] の録音とミックスが行われています。こちらの CD ではタカヘという鳥の写真が使用された Tibet Baroque Collage がジャケットに使用されています。

「Takahe Collage」のタイトルはジャケットから取っています。たまたま 1980 年代に作ったコラージュの中にタカヘの写真があったのは驚きでした。

………2013 年 6 月にはピクチャー LP「Tamayodo」[315]、2013 年 9 月には「Pulse Vegan」[316] の録音とミックスが行われています。

この時期、東武東上線の埼玉県の地名をタイトルにしています。「玉淀」もその一つです。単に言葉の響きがよかったから使っています。「Pulse Vegan」はエレベーター・バスから出したレイズ・カットの限定盤ですが、レーベル・オーナーが店主としてヴィーガンのピザ屋をオープンするというので宣伝を兼ねて制作したものです。Tシャツも作っています。確か店名も「Pulse Vegan」だったはずです。

| Hatobana |

………2013 年には 7 インチ「Calling the Rain」のリリースが予定されていたようですが、こちらのリリースはキャンセルとなり、のちに CD「Hatobana」[317] へ収録されています。

ニュージーランドの口琴をテーマにした作品を依頼されて、口琴が送られてきました。その口琴を使いノイズと合奏したものです。

………2013 年 4 月に公開されたインタビューにおいて、秋田さんは香港のレーベルのために三枚組の CD を制作中であるという意味のことをおっしゃっておられます[318]。しかし、こちらの作品は最終的に 2011 年 12 月から 2015 年にかけて録音とミックスが行われた作品を集めて、2016 年 10 月に「Hatobana」としてリリースされています。

「Hatobana」はもともと香港のレーベルでリリース予定でしたが、いつまで経ってもリリースされないのでキャンセルして、2016 年にラストブレイドから出すことにしました。内容的にはいくつか異なった傾向のものが混ざっており、「Granulation 221」というトラックはグラニュラー・シンセシスを用いた作品です。打楽器を取り込んで背景音としています。これは昔から好きだったマリオン・ブラウンの「ジーチー・リコレクションズ」[319] などの影響もありますが、考えてみると「Material Action 2」[320] など 1980 年代のレコードからそのようなスタイルでした。ただ今回はエレクトリックではありますが、本当のドラムスを使用している点が異なります。

秋田昌美　轟音台北
MERZBOW IN TAIPEI

2013.07.06 SAT
20:00 TheWall ■公館這牆 (台北市羅斯福路四段 200 號)

The Wall, 2013

| 2013 年後半のライブ |

………2013 年 7 月 6 日には台北のザ・ウォールというスペースでライブ [321] が行われています。

　台湾でライブを行うのは初めてでしたが、台湾は素食というヴィーガン食で有名だったので訪れたかった場所です。

………2013 年 9 月にはローリーで開催されたフェスティバル「ホップスコッチ」[322] に参加されています。

　「ホップスコッチ」フェスティバルではサーストン・ムーアやペル・ウブとのコラボレーションを行っています。ペル・ウブのロバート・ウィーラーは 1990 年にメルツバウが最初のアメリカ・ツアーをしたときにクリーヴランドで共演した、ホーム・アンド・ガーデンのメンバーでもあったので挨拶されました。ゴーガッツやヴァットネット・ヴィスカーを見ています。

………2013 年 10 月には上海のフェスティバルでも演奏 [323] されています。

　上海のフェスティバルは、条件はとてもよかったのですがなぜか食べられるものがなくて困りました。強風の中、野外ステージで客はまばらだった印象があります。

………2013 年 11 月にはニュージーランドでツアーが行われています。

　オークランド [324]、ウェリントン [325]、ダニーデン [326]、クライストチャーチ [327] の主要都市四箇所を廻るツアーでした。ダニーデンではオタゴ半島のワイルド・ライフ・ツアーに参加しました。バスで何時間か走り、オットセイがよく来るという海岸のスポット近くの草原の崖に到着しました。草原には羊が放牧されています。ＰＥＴＡが批判していた羊毛をとるための羊だったのかもしれません。羊の糞だらけの足元に注意しながら崖を降りていきます。幸運な事に海岸には一頭の大きなオットセイがいました。ペンギンの巣穴があるスポットを目指して海岸を歩きましたが、残念ながらペンギンは見られませんでした。別の日にはサンクチュアリや動物園で、絶滅危惧種の飛べない鳥タカヘやキウイも見ることができました。

■ 2014 年

│ Konchuuki ／ Nezumimochi │

………2013 年 12 月から 2014 年 2 月にかけてはＣＤ「Konchuuki」[328]、2014 年 1 月から 2 月にかけてはアルバム「Nezumimochi」[329] の録音とミックスが行われています。また、2014 年 1 月から 7 月にかけてはＣＤボックス「Double Beat Sequencer」[330] に収録された作品の制作が行われていました。

　この時期導入したドワーフクラフト・デバイシズ社の 8 ステップ・シーケンサー、Pitch Grinder を使った作品をまとめたものが「Nezumimochi」です。ネズミモチは自宅の庭に生えている木で、ネズミの糞状の実がなるのでそう呼ばれているそうです。フランスの画家のポル・カさんにネズミが木に生っているというイメージを伝えてジャケット・アートワークを描いてもらいました。スカイコード社の Utopia Synth の音を Pitch Grinder に通してシーケンス・パターンを作っています。ヴァーモナ社の Kick Lancet も併用しています。

　この時期の同じ傾向の未発表作品を集めて「Double Beat Sequencer」のボックスを作りました。シーケンサーをバックにノイズを奏でるというスタイルは、私の中ではエルドンをイメージしていました。ピナスの再来日時[331] にも Pitch Grinder を使用しています。実際のところ、この作風がどう評価されていたかは不明です。海外のライブでもやりましたが、あまり「ノイズ」とは受け止められませんでした。「Konchuuki」は「昆虫」とブルトンの「通底器」[332] を足した造語です。また、レーベルのアイディアによる昆虫をテーマにした３Ｄアートワークにも因んでいます。

│ 2014 年春の海外でのライブ │

………2014 年 4 月にはパリ[333] とリール[334] でのライブがあり、4 月 13 日にはロンドンのパーク・スタジオにおいて、マッツ・グスタフソン／バラージ・パンディ／サーストン・ムーアによるＣＤ「Cuts of Guilt, Cuts Deeper」[335] の録音が行われています。

　フランスでのライブの後、レアノイズ・レコーズ用のレコーディングのためにロンドンのパーク・スタジオにカッツとサーストン・ムーアの四人で入りました。スタジオはスケートボードの練習場だった場所で、床に自動車レースのバンクのような半球の傾斜が付けられています。翌日、オバル・スペースでサーストン抜きのカッツのトリオでライブ[336] をやりました。ティム・ヘッカーが共演でした。

………2014 年 5 月にはカナダでのツアーが行われています。

　ヴィクトリアビルのＦＩＭＡＶ[337] でリシャール・ピナス、灰野敬二さん、吉田達也さんとの四人で演奏した後、単独でウィニペグ[338]、サスカトゥーン[339]、エドモントン[340]、カルガリー[341]、ヴァンクーヴァー[342] と廻りました。ヴァンクーヴァーで会ったアーナのメンバーから、レッド・アンド・アナーキスト・ブラッケンド・ドゥーム・クラスト・パンク・コア系のレコードをもらって聴いていました。

│ Merzopo │

………メルツバウとオープニング・パフォーマンス・オーケストラとのカップリングによるＣＤ「Merzopo」[343] には「Futaomote」というトラックが収録されており、2014 年に制作されたこちらのトラックはもともと「Janus」という題名が付けられていたようです。

Oval Space, 2014

　「Janus / Futaomote」は最初ラストブレイドの二枚の連続レコード・リリース用に作っていたものです。二枚で異なった傾向の音を収録するというアイディアからこのタイトルになっています。しかし、一枚のみのリリース[344]に変更されたことで音源を差し替えて、新たに作り直したものです。重低音とノイズというシンプルで力強い作風を目指しています。

｜東京都初耳区｜

………2014 年 11 月にスーパーデラックスで開催された「東京都初耳区」[345] というイベントにおいて、中村達也さんとのデュオが行われています。

　中村達也さんとは以前一度、複数人のセッションでご一緒したことがありましたが、デュオは初めてです。確かスーパーデラックスのアイディアだったと記憶しています。それ以来、彼とは何度か 2022 年以降一緒にやっています。

｜現象／ After Hours ｜

………2014 年 12 月にはボリスとのコラボレーションによるＣＤ「現象」[346] の制作が完了していたようです。Ａｔｓｕｏさんは「２者をステレオ上でミックスしてしまうのではなくて、それぞれ別のディスクをリスナーが同時再生することによって目の前で『現象』が起こるような作品」[347] であるとおっしゃっておられます。

　前述したようにヒプナゴギアの牛三部作で使用する予定だった音源をこちらに使用することにしました。二枚のディスク同時再生のアイディアはボリス側からのものです。確か「現象」というタイトルはもともとＵＦＯのアルバム[348]をイメージしたものでした。

………ＣＤボックス「After Hours」[349] には 2014 年後半に制作された作品が三枚ほど収録されています。

　この年の夏に 1960 年代のアメリカのサイケをよく聴いていた関係で、ギターや弓を使った弦楽器のドローンやＥＭＳシンセの多用など音楽性に変化が生まれていると思います。シーケンサーで同一パターンを延々と流してノイズを奏でるスタイルから、よりさまざまな局面のある変化のあるものへ移行しています。

FIMAV, 2014

■ 2015 年

| Wildwood |

………2014 年から 2015 年にかけて C D「Wildwood」[350]、そして、2015 年 11 月に L P「Wildwood II」[351] の録音とミックスが行われています。

　イギリスのワイルドウッド・トラストという動物保護団体への寄付を目的にリリースされたアルバムです。一曲目ではシーケンサーをバックに演奏しています。シュルシュルという電子音はファズとディストーションをかけた自作楽器の音をモーグの FreqBox を通して変調した音です。二曲目の導入部ではオーディブル・ディジース社の光学式シンセを搭載した Synth Bomb というテルミンのような音が出る器材を用いています。なお、2015 年 5 月には「レッド・ブル・ミュージック・アカデミー・フェステイバル」の一環で、ブルックリンで演奏[352]しました。このときはシーケンサーを使った曲も演奏しています。

Wildwood (Dirter Promotions, 2015)

| Gomata |

………2015 年 10 月には C D「Gomata」[353] の録音とミックスが行われています。

　2017 年にリリースされた牛シリーズの三作目「Gomata」は、当初のタイトルはそのままで内容を差し替えて 2015 年に新たに録音されたものです。一曲目ではオーディブル・ディジーズ社の Palindrome というノイズ・シンセをバックに、アカイ・プロフェッショナル社の Head Rush というテープ・エコーをかけたテルミンらしき音が聴けます。

………2015 年 9 月にはティルブルグ [354] とワルシャワ [355] でのライブがあり、2015 年 11 月には「ヴロツワフ・イン ダストリアル・フェスティバル」[356] に参加されています。

　ワルシャワで滞在したホテルの真ん前にヴィーガン・レストランがあり、ヴィーガン・カツレツのメニューがあり ました。ハッシュド・ポテトが添えられていました。毎晩食べました。その味は忘れられません。

　「ヴロツワフ・インダストリアル・フェスティバル」は二度目でしたが、今回は到着するまでがたいへんでした。 前回はカトヴィツェから車で行きましたが、大雪での何時間もかけての移動に苦労しました。今回はヴロツワフ空港 へ直接飛ぶ予定でしたのでそれほど心配していなかったのですが、到着間近に機内があわただしくなってきました。 濃霧の関係でヴロツワフには降りられず、ワルシャワへ行くという機内アナウンスがありました。さてはワルシャワ で一泊かと思っていたら、なんと、ワルシャワ空港からバスでヴロツワフへ行くと言うではありませんか。一体、何 時間かかるんでしょうか？　案の定、ヴロツワフに到着すると早朝でした [357]。帰りも濃霧で便が欠航してしまい、ド イツでの乗り継ぎ便を変更しなくてはなりませんでした。

■ 2016 年

｜Torus ／ Kakapo ／ Wattle ／ Muen ／ Strange City｜

………2016 年 3 月には L P「Torus」[358]、2016 年 4 月には L P「Kakapo」[359] の録音とミックスが行われています。

Kakapo (Oaken Palace Records, 2016)

しばらくリズムを強調したハーシュな作品のリリースが続いたので別な傾向になっています。重低音、シンセやオシレーター、テルミンなどの電子音のレイヤーが緩やかにうねる感じのものです。「Kakapo」はニュージーランドの希少な鳥の保護を目的で作られたチャリティー作品です。これも複数の電子音のレイヤーの作品です。

………2016 年 4 月には秋田昌美名義によるピクチャーＬＰ「Wattle」[360] がリリースされており、2016 年 5 月には「Muen」[361] の録音とミックスが行われています。

　「Wattle」は埼玉の動物園で放し飼いにされていた七面鳥をジャケットに使用しています。なぜ個人名義なのかは覚えていませんが、レーベル側の要望だったのかもしれません。この作品ではやや金属フィードバックのハーシュな色が添えられています。「Muen」は書棚にあった網野善彦の本[362] に眼がいき、そのままタイトルにしました。ジャケットはレーベルが作っています。こちらもＥＭＳシンセなどの電子音が絡み合った作品です。

………2016 年 5 月にはサン・ラの録音を使用したアルバム「Strange City」[363] の録音とミックスが行われています。

　サン・ラとのコラボレーションはレーベル側のアイディアによる要請です。私としては正式にサン・ラとコンタクトを取り、音源をもらうのならＯＫだと返事をし、そのような手続きがとられました。私が希望したタイトルは「ストレンジ・ストリングス」[364] と「マジック・シティ」[365] です。これらを断片化しグラニュラー・シンセシスのソフトや Livid Looper[366] に落とし込み私の音源と混ぜて加工しています。

………2016 年 5 月から 10 月にかけてＣＤ「Aodron」[367] の録音とミックスが行われています。

　自家製金属楽器とワウ・ファズをふんだんに使用したハーシュな作品です。この時期の作品の中では一番喧しい作風だと思われます。

│ダダ 100 周年│

………2016 年 6 月 20 日には「Dommune ダダイズム誕生 100 周年記念プログラム『Decoding of Dada』」という企画にラップトップ・セットで出演されています。

　ドミューンのダダ 100 周年のライブではコンピューター台のみを使用しています。さまざまな音源を Kenakis と Real-Time Granular Synth X に取り込みライブで変調、ミックスしています。

………2016 年 9 月にはロンドン[368] とマンチェスター[369] でのライブが行われています。ロンドンでのカッツのライブはＬＰ「Cuts up Cuts Out」[370] としてリリースされており、秋田さんは背景に徹しておられることが多いように感じられるのですが、何らかのプランを設定しておられたのでしょうか。また、10 月にはロンドンのカフェ・オトでもライブ[371] が行われています。

　ロンドンではカッツにサーストン・ムーアが加わった編成でのライブを行いました。特に用意したプランはありませんが、ギターが入ると音がかぶるのでその点は注意します。マンチェスターではバラージ・パンディとのデュオでした。ロック寄りの演奏だったと思います。カフェ・オトはソロで確か 2 セットありました。

｜Hyakki Echo ／ Eureka Moment ／ Kaoscitron ／ Tomarigi ｜

………2017年3月から4月にかけてはＣＤ「Hyakki Echo」[372] の録音とミックスが行われています。

　この時期、轟音のライブが続いていたので耳を労わる作風にしようと思い、ギターや弦楽器、ピアノ、打楽器をサンプルし、コンピュータのグラニュラー・シンセシスで加工編集したフリー・ミュージックまがいの作品になっています。このＣＤのジャケットには小石川の東大植物園にあった解体途中の噴水の写真が使われています。

………2016年から2017年にかけてはＣＤ「Eureka Moment」[373] の録音とミックスが行われており、「自身の未発表音源で制作したＭＩＸ　ＣＤ」[374] であると紹介されています。

　レーベルからミックス・テープを出したいという依頼があり、ちょうど当時購入したヌマーク社のMixdeck ExpressというＣＤ－Ｊで作っていた作品があったのでそれらをまとめたものです。素材としては2000年代以降のものをいくつかピックアップしています。

………2016年から2017年にかけてはＣＤ「Kaoscitron」[375] の録音とミックスが行われています。

　この作品もMixdeck Expressで作ったミックス・テープとコルグのKaossilatorの音を加えたものを混ぜています。

………2017年11月にはＬＰ「Tomarigi」[376] がリリースされています。

　オシレーター、シンセなどを中心に構築した背景にノイズが絡むかたちになっています。Hexe社のRevolver Ⅱというマイクロ・サンプラー／グリッチ／スタッター・ペダル、シーケンサーなどをところどころ使用してリズムに変化を持たせています。タイトルは谷保天満宮の鶏が止まる木のことです。ラシャド・ベッカーがファットなマスタリングをしています。

｜スローダウン・レコーズ｜

………2017年11月にはメルツバウの最初期の作品である「Hyper Music 1 Vol. 1」[377] のリマスターが行われており、その後、1979年から2022年に至るまでのメルツバウの作品が、合計107枚のＣＤとしてスローダウン・レコーズからリリースされることとなります。

　アーカイブについては時系列で出したいという要望でしたので、最初はリイシューを中心に構成しようと考えて始めましたが、未発表の音源やアウトテイクの比重がだんだんと増えていきました。これは海外のほかのレーベルからの再発との兼ね合いもあり、スローダウン独自の性格を出そうと考えたためです。ジャケットのアートワークを含め、これだけの量のものを全く自由にリリースできたことはとても嬉しいです。
　未発表のものは素材的な性質のものもあり、音源によって違いがあります。特に2000年代以降は「1633」と「Gman」というレア・アイテムのリイシュー[378] を除いては素材やアウトテイク的なものですので、既存のリリースを補完する性質のものとして聴いていただければと思います。1980年代、1990年代のものは再発や未発表のリリースのオファーがたくさんあるのですが、2000年代以降はあまりないのでスローダウンのシリーズで初めて出すものがたくさんありました。またスローダウンからは2017年以降の新作も出させてもらっています。

| 3 Rensa |

………2017 年 4 月にはダエンさんと中村弘二さんとのＣＤ「3 Rensa」[379] がリリースされています。

　以前、福岡でのライブ[380] をブッキングしていただいたり、「Merzbuddha Variations」[381] のカセット・リリースもやっていただいたりしていたダエンさんのアイディアで、ナカコーさんとのトリオでやることにしました。ナカコーさんとは以前一度、中村達也さんなどとのセッションでご一緒したことがありました。「3 Rensa」は同一音源を三人が別々にリミックスするという、二人で行うコラボレーションとも三人でやるセッションともやや異なった制作プロセスによるものです。私は音源を超低速で再生したりして新しいミックスを試みています。一度、スタジオでドラムを入れてやりましたが、最終的には再びそれぞれでリミックスしていますのでライブ感は少ないと思います。ライブでは、私はシンセやオシレーターとノイズの２パターンで試していますが、まだ方向は流動的です。

| 2017 年の海外でのライブ |

………2017 年 5 月にはパリ[382]、ウィーン[383]、ロンドン[384]、ベルリン[385] で、そして、2017 年 8 月には台北[386] でのライブが行われています。

　パリとベルリンではメルツバウ＋バラージ・パンディに灰野敬二さんが加わりました。ロンドンとウィーンはバラージと二人でやっています。ロンドンのアンダーワールドでのライブは希望したアンプが揃っておらず、案の定、演奏開始後十分ぐらいで煙を上げてオジャンになりました。なので、いったん演奏を中止し、アンプは使用せずにモニターの出力を最大限に上げて演奏しました。二回目の台湾公演は前回と同じザ・ウォールでした。台湾での食事は現地の素食の店でＯＫなのですが、ヴィーガン食をリクエストするとオシャレな創作料理の店に連れていかれがちです。

………2017 年 10 月にはフィンランド[387]、リトアニア[388]、ラトビア[389] でのライブが行われています。

　メルツバウ＋バラージ・パンディでヘルシンキ、ビルニュス、リガで演奏しました。ヘルシンキで共演したオクセンヌスというバンドはインダストリアル／ブラック・メタルな奇妙なバンドでした。Ｔシャツもゲットしました。リガではロスコー・ミッチェル、ファルマコン、ムーア・マザーのライブを見ました。後二者はノイズと括っていいのかどうか分かりませんが、新しい動向を示していて興味深いモノでした。バラージはロスコー・ミッチェルのワークショップにも参加していました。

■ 2018 年

| Hermerzaphrodites |

………2018 年 4 月にはＣＤ「Hermerzaphrodites」[390] の録音とミックスが行われています。タイトルは青年神ヘルメースと女神アプロディーテとが組み合わされているのでしょうか。

　オールド・ヨーロッパ・カフェのオーナーの細君、リリアン・ペリザーリ・ジウストのアートワークを使用したジャケットのアルバムを作って欲しいという依頼がありました。リリアンのアートワークは両性具有的イメージだったので、このアルバム・タイトルにしました。また、曲名は全てリリアンの作品名から取っています。
　音の特徴はダダ 100 周年のイベントのために用意した昔の民謡やＳＰレコードのサンプリングを使用していること、また、Ｈｅｘｅ社の Revolver II を多用して切断されたリズムを試していることです。

| Kaerutope ／ Indigo Dada |

………2016 年から 2018 年にかけて録音とミックスが行われたとクレジットされているＣＤに「Kaerutope」[391] と「Indigo Dada」[392] があります。

　「Kaerutope」は「カエル」と「ビオトープ」を足したタイトルで、今はなくなってしまいましたが近所にあったカエルがいるビオトープからインスパイアされています。ジャケットもそこで撮影しました。内容はほぼバストル・インスツルメンツ社の Microgranny というグラニュラー・サンプラーを使用して作ったものです。ガジェット・タイプのエフェクターなので操作性や音質はロウですが、ＳＤカードにもサンプルを保存できるのでコンピュータのグラニュラー・シンセシスのソフトで使っていた音源をほぼこちらにも移しています。最近、MicroGranny2 という改良版も出ました。操作性は改善されているように思います。「Indigo Dada」はもともと７インチでリリース予定でしたが中止になった作品に、ダダ 100 周年用に作った音源を加えています。

| 2018 年のライブ |

………2018 年 2 月にはメスにおいて、灰野敬二さんとバラージ・パンディとのライブ[393] が行われています。

　2 月にメスでのライブのついでにスタジオで録音しました[394]。私がギターを弾いて、灰野さんはベースを弾いている珍しいセッションです。私はいつものノイズのセッティングをして、自作楽器の代わりにスタジオにあったギターを繋いでいます。

………2018 年 5 月にはバラージ・パンディとのツアーがカナダで行われています。

　西海岸のヴィクトリア[395] からスタートして、北米ヴィクトリアヴィルのＦＩＭＡＶ[396] へ向かうというスケジュールでした。ヴィクトリアのフィッシャーマンズ・ワーフで野生のアザラシを見ました。ＦＩＭＡＶではマッツ・グスタフソンが加わっています。ウィニペグ[397] ではバラージの友人でもあるヴェネチアン・スネアズのアーロン・ファンクの家を訪れました。地下のスタジオには山積みになったモジュラー・シンセがありました。彼もヴィーガンなので近所のヴィーガン・ピザ屋で昼食を取りました。

………2018 年 6 月にはタスマニアで開催された「ダーク・モフォ」[398] というイベントでライブを行われています。

　タスマニアではボノロング・ワイルドライフ自然保護区を訪れてタスマニア・デビルやカンガルーを見ました。「ダーク・モフォ」ではエレクトリック・ウィザードやオウテカを見ています。

………2018 年 7 月にはデンマークの「ロスキレ・フェスティバル」[399] と、コペンハーゲン[400] でのライブをされています。

　ボリス・ウィズ・メルツバウで「ロスキレ・フェスティバル」に出演しました。フェスティバルの宿舎とは別の場所にホテルを取ったのですが、街まではかなり遠く、炎天下の中、歩いて買い出しに行くのは一苦労でした。今回初めて気づきましたがデンマークのホテルにはエアコンがありません。もともと夏でも気温が上がらず必要なかったのかもしれませんが、温暖化で猛暑が続く中、エアコンなしではきついです。コペンハーゲンではヴァニティ・プロダクションズとスクワッター・スペースのような場所でライブをしました。コペンハーゲンの街中の老舗ホテルもエアコンはありませんでした。部屋に入ると無茶苦茶暑かったのですが、なんとヒーターがついていたということがありました。

………2018 年 11 月にはシカゴでライブ[401]をされています。

　11 月のシカゴでは 1920 年代に建てられた老舗ホテルのザ・ドレイクに宿泊しました。エントランスやティール
ームなどはクラシカルな作りでしたが部屋は意外と普通でした。木枯らしの吹く厳寒で街を歩くのも一苦労でした。
ホテルはミシガン湖に面していて、湖に沿って歩いてゆくと大きな公園がありカナダガンがたくさん居ました。

………2018 年 12 月にはアメリカでのツアーが行われています。

　毎月のアメリカでしたが、ニューヨーク[402]は近年「Noisembryo」の再発[403]を行ったホスピタル・プロダクション
ズの主催するフェスでした。その後、西海岸へ飛び、ブラック・エディションズというレーベルの主催でオークラン
ド[404]とロサンゼルス[405]で公演を行いました。ホテルは自分で取る手筈だったので、サンフランシスコではホテル・
スペロというところを予約しました。サンフランシスコは久しぶりだったのですが、ややクラシカルな趣の古いホテ
ルだったのと、ヴィーガン・バーガー店やサンフランシスコ現代美術館へのアクセスがよかったこと、また、フィッ
シャーマンズ・ワーフのピア 39 という野生のアシカが集まるスポットがあり、そこへ行くバスの停車場が近かった
ことなどの理由でこのホテルを取りました。

　しかし、現地に着きホテルの周りを歩くと異様な雰囲気が漂っています。やたらと電動カートに乗った人たちがい
ます。実は 1 ブロック離れたところはテンダーロインと呼ばれる地域でした。かつてブルー・オイスター・カルトに
も歌われた[406]テンダーロイン地区は 1970 年代からジャンキーやホームレスのたむろするヤバい場所です。毎日、パ
ウエル・ストリートにあるヴィーガン・バーガー店や商業施設の地下のヴィーガン中華店へ行く道すがらテンダーロ
イン地区を通らねばなりません。幸い、危険な目にあうこともなく、野生のアシカを見に行ったり、美術館へも行っ
たりしました。

■ 2019 年

｜雀色｜

………2019 年には二枚のＣＤ「雀色」[407]の録音とミックスが行われています。よろすずさんは「シンセサイザー（EMS
SYNTHI 'A'、Moog Mother 32、Behringer Model D）を鍵盤（KorgMonologue）で操作するというメルツバウと
しては大変稀なアプローチを用い」[408]ていたと記しています。

　ベリンガー社の Model D を導入したきっかけはサン・ラが Minimoog Model D を使用していたからです。この時
期、改めてサン・ラのシンセサイザーを使った作品を数多く聴いていました。ＭＩＤＩで繋いだシンセを鍵盤で弾く
のは初めてです。複数の即興演奏をコンピュータで編集して繋ぎ合わせています。

｜Dead Lotus｜

………2018 年から 2019 年にかけてはノー・フューネラルからリリースされたカセット「Dead Lotus」[409]の録音と
ミックスが行われており、B 面には「Spirulina Blue」というトラックが収録されています。

　タイトルは上野の不忍池の枯れた蓮の実にインスパイアされています。また「Spirulina Blue」は上野松坂屋にあ
った同名のビオカフェに因んでいます。レーベルのノー・フューネラルはカナダのスクリーモ系のレーベルなので、
それを意識した音作りになっています。

………2019 年 5 月には中国の深圳でライブ [410] が行われています。

　香港の空港から車で深圳へ行きました。途中、中国の国境で入国手続きをします。香港の民主化運動が弾圧される前だったのでそれほど嫌な気分はしませんでした。中国滞在のために WeChat というＳＮＳを手に入れて、現地スタッフとのやりとりをしました。ヴィーガンのメニューのある地元のレストランで二、三度食事をしましたが、そこで食べた黒い揚げ豆腐とカラシ菜料理が忘れられません。

………2019 年 5 月にはサンクトペテルブルク [411] とモスクワ [412] でライブが行われています。

　ロシアからは過去にたびたびライブのオファーを受けていたものの躊躇していました。しかし、今回、初めてオファーを受けることにしました。サンクトペテルブルクとモスクワの二箇所はいずれも 2 セットで、最初にメルツバウ単独で、次にメルツバウ＋バラージ・パンディでやりました。ほかに共演者はありませんでした。モスクワのライブはおそらく今までのワンマン・ツアーでは最高の動員数ではなかったでしょうか。翌年もオファーを受けて前金ももらっていましたが、新型コロナウイルスの流行で中止になりました。

………2019 年 6 月にはシドニー [413]、7 月にはメルボルン [414] でライブをされています。

　ローレンス・イングリッシュのアレンジでシドニーとメルボルンの二箇所でやりました。ローレンスはいつもオーストラリアの動物や野鳥を見に連れていってくれます。私がオーストラリアクロトキに興味があるのを知っていて、オーストラリアクロトキがいる公園に行きました。メルボルンではセントキルダビーチにペンギンを見に行きました。岸壁の岩の隙間に巣があり、夜になると沖合からたくさんのペンギンが泳いで巣に帰ってきます。また、ホテル近くにグレインジャー博物館があったので行ってみると、パーシー・グレインジャーが作った創作楽器を使ったイベントが行われていました。

■ 2020 年～ 2022 年

| Mukotronics |

………2020 年 2 月 17 日に東京マラソン 2020 に対しての一般ランナーの参加中止が発表されたあたりから、日本でも新型コロナウイルス感染症の流行がこれまでにない規模で各方面に大きな影響を及ぼしました。

　海外公演は 2 月 29 日に行われたボリス・ウィズ・メルツバウでのメルボルン公演 [415] が最後で、日本ではマスクや消毒液が不足していたためオーストラリアで少し買って帰るという有様でした。当時の日本での感染者数は少ないものでしたが、初めてのパンデミックの脅威にパニック状態だったことが印象に残っています。

………2020 年 4 月から 7 月にはＣＤ「Mukotronics」[416]、7 月にはＣＤ「Mukomodulator」[417]、11 月にはＣＤ「Mukogenerator」[418] の録音とミックスが行われています。

　コロナの外出自粛で、自宅で鳩と触れ合う生活が前にも増して続きました。「Ｍｕｋｏ」は鳩の名前です。鳩と私とノイズという生活に没頭する中で制作したものです。「Mukotronics」「Mukomodulator」「Mukogenerator」といった作品はもともと SoundCloud での配信用に制作していて、配信という場を設定することでモチベーションを上げていました。

| Hikaru Hane ／ Screaming Dove |

………2020 年 10 月にはカセット「Hikaru Hane」[419] の録音とミックスが行われており、ノー・フューネラルからＬＰ「Screaming Dove」[420] もリリースされています。

　同時期に 1994 年の「Flare Gun」のリマスター [421] をしていました。聴き返して、なかなかよいと感じたのです。特に音の分離がよく、当時はオーバーダブをしていないので、あまりレイヤーを重ねない、よりライブ感のある生な感触というかシンプルで際立った音像でした。「Hikaru Hane」などでもそうした音像を作ることを心がけています。ノー・フューネラルの第二作目は特にその傾向が顕著です。

| 2ROI2PO |

………2019 年から 2020 年にかけてはボリス・ウィズ・メルツバウによるＣＤ「2ROI2PO」[422] の録音とミックスが行われています。タイトルの意味についてはウェブサイトに「『Twenty Twenty R.I.P.』を意味します。『今年は世界中の誰にとっても試練の年だった』（略）『この作品は前時代の鎮魂のモニュメントとなる。ここから新しい世界が再び始まる。』」[423] と説明されています。

　ボリスは曲を演奏していてそこに私がノイズを加えています。最初の数曲では Environmental Percussion を使っています。これらは 2019 年の正月に録音されたもので、「雀色」でも同系統の音源を使用しています。全体としては聴きやすい作品だと思います。

| Triwave Pagoda |

………2021 年にはカセット「Triwave Pagoda」[424] の録音とミックスが行われており、４ｍｓペダルス社のオシレーター・シンセ、Triwave Picogenerator が使用されているようです。

Triwave Picogenerator は以前から所有しているものですがたまたま使っています。コロナのせいかは分かりませんが、最近はカセットのリリースや配信のみのリリースも積極的に行っています。

| バスタード・ノイズ＆メルツバウ |

………2021 年 1 月にはバスタード・ノイズとのコラボレーション・アルバム「Retribution by All Other Creatures」[425] に収録された「zooNOsISE」（≒ zoonoses 人獣共通感染症）というトラックの録音とミックスが行われています。

　バスタード・ノイズのエリック・ウッドは近年ヴィーガンになってアニマル・ライツの意識も高くなっています。この作品で私は種差別、動物虐待がコロナ禍の起源であると警鐘を鳴らしています。コロナの発生場所は生きた動物を販売する劣悪な生鮮市場だという説もあります。動物を劣悪に扱うことで新たな人獣共通病が発生したとも考えられるのではないでしょうか？　例えば、そもそも養鶏場がなければ鳥インフルエンザが自然界以上に蔓延し鶏を大量殺処分することもないでしょう。

　人間の動物たちへの非道な行い、動物虐待、種差別、全ては廻り巡って人類と地球への災いとなって降りかかるのです。パンデミックは動物と人類の関係を問い正すよい機会だと思います。バスタード・ノイズの音も起伏のある激しいものだし、アルバムのコンセプトやアートワークも含めてほぼ狙い通りのものができたと自負しています。マスタリングもリラプス・レコーズが通常使用するエンジニアとスタジオではなく、エリックがこだわったエンジニアとスタジオが使われています。

Bastard Noise & Merzbow － Retribution By All Other Creatures (Relapse, 2022)

………2021年から2022年にかけてはＣＤ「Animal Liberation」[426] の録音とミックスが行われています。

　コールド・スプリングからのオファーはクラスのようなジャケットのアルバムを出したいというものでした。最初はジャケットに使用している写真がアニマル・リベレーション・フロント（ＡＬＦ）関連のものばかりで、ＡＬＦ支援とは異なる作品であるため別の動物のものに差し替えました。内容は激しいハーシュ・ノイズです。

Animal Liberation − Until Every Cage is Empty (Cold Spring, 2022)

| Magnetic Rain ／ Hope ／ Eternal Stalker |

………2022年4月にはＬＰ「Hope」[427] の最終ミックスが行われています。

　ウクライナ支援のためにこの新作と「Peace for Animals」のリイシューをこのレーベルで行うことにしました。レーベル主催者のディミトロ・フェデレンコはウクライナを逃れてベルリンを拠点に活動するようになっています。

………2022年2月から6月にかけては「Magnetic Rain」[428] の録音とミックスが行われています。

　久しぶりにクセナキスの「ペルセポリス」[429] を聴いていたのでこのようなイメージを持つタイトルになりました。いつもより多くのレイヤーを重ね合わせて作っています。

………2022年6月にはローレンス・イングリッシュとのコラボレーションによるアルバム「Eternal Stalker」[430] がリリースされています。

私は素材を送り、ミックスして完成させたのはローレンスです。フィールド・レコーディングも彼が行っています。コンセプトも全て彼のアイディアです。「ストーカー」[431] は好きな映画ですが、アルバムがリリースされる前にロシアがウクライナに侵攻してしまいました。アルバム・アートワークやグッズも全てロシア仕様だったので残念です。

| Bipolar |

………2022 年 10 月 8 ／ 9 日には京都芸術大学の春秋座において、リシャール・ピナスとバラージ・パンディとの共演による「Bipolar」というライブが開催されており、志賀理江子さんが映像を担当されていました。

Kyoto Experiment のこのプロジェクトでは当初、メルツバウ、バラージ・パンディ、マッツ・グスタフソンのカッツにスティーヴン・オマリーが参加する予定でしたが、コロナでスケジュールが二年延期されたため、マッツとスティーヴンのスケジュールが合わず不参加になりました。運営から「彼らの替わりに誰がよいですか？」と聞かれたので、私は「灰野敬二さんはどうですか？」と答えたのですが、「京都の観客は大喜びするでしょうが、外国人でないと予算が降りない可能性がある」と言うので、急遽リシャール・ピナスを推薦する運びとなりました。私はコロナ禍でライブを休止していた後、初めてのライブでした。志賀さんの映像は、演奏中は背後にあり公演後の記録でしか見られませんでしたが、たいへん迫力のあるものでした。

| Hinawave ／ CATalysis |

………2022 年 11 月にはＣＤ「Hinawave」[432] の録音とミックスが行われています。

ここに収録されていないバージョンの「Hinawave #1」はもともと 2020 年にモロッコのアニマルライツ・コンピレーション用に作ったものです。コンピレーションは未発ですが、メキシコのレーベルから新たに出すアルバムに収録しています。「Hinawave」の「Hina」は鳩の雛が新たに生まれたことに因んでいます。

………2022 年から 2023 年にかけてはＣＤ「CATalysis」[433] の録音とミックスが行われています。

レーベルの希望でオーナーの奥さんが撮影した近所の廃屋に住む野良猫の写真をジャケットにしたアルバムを作りたいとのことだったのでこのタイトルになりました。基本的には近年のハーシュ・ノイズな作風です。新しい機材としてはバストル・インスツルメンツ社のデジタル・テープ・マシーン Thyme を使用しています。

| おわりに |

………今後のご予定などお聞かせいただけますか。

今回、インタビューを受け、特に 2000 年代以降は昔のカレンダーやＳＮＳを参考にいつどこで何をしたのかを振り返る作業でした。ほとんどリリースしたアルバムや海外公演についてのコメントのようなものになっています。
2023 年になってまだ国内限定ですがライブ活動も再開しました。直近のライブ[434] では久しぶりにディファイルドのイベントに参加させていただきました。インタビューでは触れていませんが、日本を代表するデス・メタル・バンド、ディファイルドとは 1990 年代後半からのお付き合いで、何度も彼らのイベントに呼ばれたり、共演したりしたこともあります。
最近のライブではドローンとループを使った長尺の演奏が多かったのですが、2023 年 9 月のアースダムのセットでは「Tauromachine」の曲を二曲、「F. I. D.」の曲を一曲演奏しました。曲と言ってもそれらの曲のサンプルを使用した 2023 年バージョンですが、アナログ機材になってからはこのような試みはなかったので自分としては新しい

展開かなと思っています。まだどのような方向へ進むかは分かりませんが、しばらくはこのスタイルで行こうかと考えています。

　今後のリリース予定としては、ジョン・ウィースとのコラボレーション・アルバムと7インチ、また、2023年12月のジョン・ウィースのジャパン・ツアーでもコラボレーションのライブが決定しています。また、ウクライナのディミトロ・フェデレンコとのコラボレーションも制作を終えました。ミート・ビート・マニフェストのジャック・デンジャーズとのコラボレーションも現在進行中です。新作、リイシューも複数のリリース予定があります。

　私はレーベルからの依頼があって初めて作品に着手します。ただ自宅でのリハーサルや試奏はだいたい録音しているので、作品はそれらの素材を組み合わせて作ります。素材が足りなければ新しく録音します。私の創作活動においてはこの素材と素材を組み合わせる作業が毎回ワクワクする時間です。ある程度よさそうな素材同士のときもあれば、全く単独では使えそうもない素材同士のときもあります。しかし、そこで面白い化学反応が起きれば作品として成立したことになります。ダメならやり直します。今後もこのようなスタイルは変わらないと思います。

注釈

1　非営利財団として設立されたのは 2000 年 5 月。

2　2000 年 3 月 28 ～ 29 日（Bergen senter for Elektronisk Kunst, Norway）

3　ワークショップの成果としての最終的なコンサートは 2000 年 3 月 29 日の 23 時から 25 時半にかけて行われた。

4　Gorgoroth / Incipit Satan / Germany / CD / Nuclear Blast / NB 423 2 / 2000.2.7

5　例えば 2011 年 5 月 29 日にヘニー・オンスタッド美術館で開催されたエンスレイヴドのライブでは、美術館の要請によりオリジナルとカバーによるプログラムが演奏されており、キング・クリムゾン、フェイス・ノー・モア、ピンク・フロイド「One of These Days」、レッド・ツェッペリンなどがカバーされた。

6　Enslaved / Mardraum – Beyond the Within / France / CD / Osmose Productions / OPCD 100 / 2000.9.25

7　1 トラック目「Større enn tid – tyngre enn natt」の中間部など。

8　「Garage」は 1990 年に開店し、2018 年に閉店した。

9　Immortal / Pure Holocaust / France / CD / Osmose Productions / OPCD 019 / 1993.11.1

10　Immortal / Battles in the North / France / CD / Osmose Productions / OPCD 027 / 1995.5.15

11　Dødheimsgard / Satanic Art / Norway / CD / Moonfog Productions / FOG 017 / 1998.5

12　Satyricon / Nemesis Divina / Norway / CD / Moonfog Productions / FOG 012 / 1996.4.22

13　Satyricon / Rebel Extravaganza / Norway / CD / Moonfog Productions / FOG 022 / 1999.9.6

14　Dødheimsgard / 666 International / Norway / CD / Moonfog Productions / FOG 020 / 1999.6.11

15　Mayhem / Grand Declaration of War / France / CD / Season of Mist / SOM 027 / 2000.4.29

16　2000 年 3 月 25 日（1000Fryd, Aalborg, Danmark）

17　2000 年 4 月 2 日（Lok, München, Germany）

18　1999 年 4 月 3 日（Uplink Factory、渋谷）

19　1999 年 12 月 18 日　Carnival Mix 3（Space Cake、六本木）

20　2000 年 2 月 3 日　Numlock（みるく、東京）

21　Black Sabbath / Black Sabbath Vol 4 / UK / LP / Vertigo / 6360 071 / 1972.9.25 / B1: Snowblind

22　2000 年 6 月 8 日　Futuresonic（Contact Theatre, Manchester, UK）

23　2000 年 6 月 16 日　Sónar 2000 – SonarMacba. Abstraccions sonores（Capella dels Àngels, Barcelona, Spain）

24　現在はバーミンガムで開催。

25　2000 年 6 月 14 日　Karlheinz Stockhausen "Hymnen"（Teatro Tívoli, Barcelona, Spain）

26　Merzbow / Merzbox / Australia / 50 × CD, 2 × CD – ROM / Extreme / XLTD – 003 / 2000.6.16

27　Merzbow, S.B.O.T.H.I. / Collaborative / Australia / LP, 7" / Extreme / 001, 001.1 / 1988

28　2000 年 8 月 1 日～ 6 日（島根県立美術館）

29　2000 年 8 月 5 日（島根県立美術館ホール）

30　チャバ・トスは 1998 年から 2000 年にかけて日本に滞在していた。

31　2000 年 8 月 27 日～ 9 月 1 日　International Computer Music Conference（Berlin, Germany）

32　2000 年 8 月 28 日　off-ICMC（Podewil, Berlin, Germany）
　　2000 年 8 月 29 日　off-ICMC（Podewil, Berlin, Germany）

33　2000 年 9 月 1 日　off-ICMC（Akademie der Künste, Berlin, Germany）

34　2000 年 8 月 31 日　off-ICMC（Podewil, Berlin, Germany）

35　2000 年 10 月 20 日（University Teaching Center, University of Texas at Austin, USA）

36　2000 年 10 月 21 日　Love & Sprockets: Jim Jarmusch's Favorite Short Films（The Texas Union, USA）

37　2000 年 11 月 8 ～ 12 日　Avanto 2000（Nykytaiteen Museo Kiasma, Finland）

38 2000 年 11 月 8／9 日　Avanto 2000 – Routemaster Remix Project（Nykytaiteen Museo Kiasma, Finland）

39 2000 年 11 月 10 日　Avanto Club（Gloria, Helsinki, Finlans）c

40 Merzbow / Hard Lovin' Man Finland / CD / Anoema Recordings / nocd 010 / 2001.6

41 Deep Purple / Deep Purple in Rock / UK / EMI Records – Harvest / SHVL 777 / 1970.6.5 / B4: Hard Lovin' Man

42 Merzbow / Dharma / USA / CD / Hydra Head Records – Double H Noise Industries / 2XH 003 / 2001.8.14

43 https://ototoy.jp/feature/20140802

44 三島由紀夫「遺稿 天人五衰（最終回）」『新潮』68 巻 1 号（1971 年 1 月）53 頁

45 Merzbow / Frog / USA / LP / Misanthropic Agenda / MAR 003 / 2001

46 V. A. / Deprogramming Music Volume One / USA / CD / Sacred Noise / none / 2002 / T11: Bamboo Honey

47 Merzbow / Amlux / USA / CD / Important Records / imprec 002 / 2002

48 2001 年 6 月 30 日　Holland Festival – Song Books（Concertgebouw, Amsterdam, The Netherlands）

49 2001 年 6 月 16 日　Sonic Genetics（Paradiso, Amsterdam, The Netherlands）

50 Merzbow, Jazzkammer / Live at Molde International Jazz Festival / Norway / CD / Smalltown Supersound / STS 055CD / 2001

51 2001 年 7 月 28／29 日　Fuji Rock Festival 2001（苗場スキー場 、新潟）

52 2002 年 2 月 1 日　Alec Empire Japan Tour 2002（Blitz、東京）

53 2002 年 2 月 2 日　Alec Empire Japan Tour 2002（Club Quattro、愛知）

54 2002 年 2 月 3 日　Alec Empire Japan Tour 2002（Bayside Jenny、大阪）

55 2001 年 9 月 2 日～ 11 月 11 日　横浜トリエンナーレ 2001（パシフィコ横浜展示ホール、神奈川）

56 2001 年 8 月 31 日　横浜トリエンナーレ 2001 オープニング・プロジェクト（赤レンガカフェ、神奈川）
　 2001 年 9 月 16 日　Sonic Port（赤レンガカフェ、神奈川）r

57 Boris with Merzbow / Megatone / Japan / CD / Inoxia Records / IXCD 0004 / 2002.4

58 Melvins / The Maggot / USA / CD / Ipecac Recordings / IPC 2 / 1999.5.17 / T9-10: The Green Manalishi (with the Two Pronged Crown)

59 Entombed / Black Juju / USA / CD / Man's Ruin Records / MR 119 / 1999.11.9 / T1: Mesmerization Eclipse, T3: Black Juju

60 Spooky Tooth featuring Mike Harrison / The Last Puff
　 S / UK / LP / Island Records / ILPS 9117 / 1970 / A1: I am the Walrus

61 The Beatles / Magical Mystery Tour / UK / 2 × 7" / Parlophone / SMMT 1 / 1967.12.8 / B: I am the Walrus

62 Merzbow / Puroland / Norway / CD / [OHM] Records / 0.9 ohm / 2002

63 Merzbow / A Taste of... / Austria / CD / Mego / Mego 040 / 2002.5

64 Merzbow / Merzzow / USA / CD / Opposite Records / OPCD 001 / 2002.9.29

65 2001 年 12 月 16 日　extension of ubique（CAY、東京）

66 2002 年 3 月 16 日（19:45 ～）　All Tomorrow's Parties（Ackerman Grand Ballroom, Los Angeles, USA）

67 2002 年 3 月 16 日（17:30 ～）　All Tomorrow's Parties（Kerckhoff Hall, Los Angeles, USA）

68 2002 年 2 月 8 日～ 4 月 28 日　Yayoi Kusama（Kunsthalle Wien, Austria）

69 2002 年 4 月 5 日　No Mercy Festival 2002（Arena, Wien, Austria）

70 Merzbow / Merzbeat / USA / CD / Important Records / imprec 004 / 2002

71 Merzbow / Timehunter / Germany / 4 × CD / Ant-Zen / act 146 / 2003.5.1

72 Uriah Heep / …Very 'Eavy Very 'Umble… / UK / LP / Vertigo / 6360 006 / 1970.6 / A2: Walking in Your Shadow

73 Merzbow / Merzbeat / USA / CD / Important Records / imprec 004 / 2002 / T5: Looping Jane (Beat Mix)

74 Merzbow / 24 Hours – A Day of Seals / UK / 4 × CD / Dirter Promotions / DPROM CD50 / 2002.9.2

75 秋田昌美、佐藤一道「(無題)」『クッキーシーン』28 号(2002 年 12 月)19 頁

76 2000 年 5 月 20 日　Festival International de Musique Actuelle de Victoriaville (Colisée des Bois-Francs, Victoriaville, Canada)

77 2002 年 9 月 17 日　5e Manifestation Internationale Vidéo et Art Électronique, Montreal – Champ Libre, Cité des ondes – Blank Field (Station de pompage Craig, Montréal, Canada)

78 2002 年 9 月 20 日(The Kathedral, Toronto, Canada)

79 Merzbow, Pan Sonic / V / Canada / CD / Les Disques Victo / VICTO CD089 / 2003.12

80 Merzbow / Fantail / Canada / CD / Clu Clux Clam / c3r 001 / 2002.12.15 / T6: Live Peace in Toronto

81 The Plastic Ono Band / Live Peace in Toronto 1969 / UK / Apple Records / CORE 2001 / 1969.12.12

82 Emerson Lake & Palmer / UK / Island Records / ILPS 9132 / 1970.11 / A1: The Barbarian

83 秋田昌美『わたしの菜食生活』太田出版(2005 年 12 月)31 頁

84 秋田昌美『わたしの菜食生活』太田出版(2005 年 12 月)30 〜 31 頁

85 2000 年 10 月 10 日〜 12 月 10 日　秋田昌美「海豹」(¿Los Apson?、東京)

86 1969 年のキンクスの「アーサー、もしくは大英帝国の衰退並びに滅亡」の内ジャケ／ 1971 年のマンのセルフタイトルのアルバム／ 1971 年のキャタピラのセルフタイトルのアルバム／ 1973 年のニック・パスカルの「マグネティック・ウェブ」／ 1974 年のクラウス・シュルツェの「ブラックダンス」など。

87 秋田昌美「(無題)」『Foil Vol. 2　Snoozer 増刊』7 巻 4 号(2003 年 5 月)35 〜 47 頁

88 2002 年 11 月 12 日〜 2003 年 1 月 4 日　Jutta Koether, Steven Parrino「Black Bonds」(Swiss Institute, New York, USA)

89 Merzbow / Live Magnetism / USA / CD / Caminante Recordings / cami 001 / 2003

90 Merzbow / Animal Magnetism / Canada / CD / Alien8 Recordings / ALIEN CD38 / 2003.7.19

91 2002 年 12 月 7 日(Tonic, New York, USA)

92 2002 年 12 月 21 日　Open Mind (六本木ヒルズ Think Zone、東京)

93 秋田昌美、辻村義人「チャボを愛するベジタリアン・ノイズ・クラートが愛するのは、快楽よりも苦痛を伴うほどの轟音」『Tokion』44 号(2004 年 11 月)55 頁

94 V. A. / Open Mind / Japan / CD / Mori Art Center / none / 2022.12.21 / T3: Quiet Men & Noisy Animals

95 http://yukikoshikata.com/open-mind-cd-plus-live/

96 2022 年 12 月 30 日(Great American Music Hall, San Francisco, USA)

97 Merzbow / Sha Mo 3000 / Brazil / CD / Essence Music / ESS 003 / 2004.10

98 http://merzbow.net/release/past-releases/

99 2003 年 3 月 28 日(Blå, Oslo, Norway)

100 2003 年 3 月 29 日(USF, Bergen, Norway)

101 2003 年 3 月 30 日　Nachtrock Spezial Volksbühne (Volksbühne, Rosa-Luxemburg-Platz , Berlin, Germany)

102 Merzbow / Mini Cycle / Norway / 3"CD / [OHM] Records / 1.5 OHM / 2004.5

103 Merzbow / Cycle / UK / CD / Very Friendly / VF 001CD / 2003.6.30

104 2003 年に権代敦彦はアーティスト・イン・レジデンスとしてノルウェーのベルゲンに滞在。

105 2003 年 1 月 24 日から 4 月 20 日にかけてポルトのセラルヴェス現代美術館で開催されたフランシス・ベーコン

「Caged － Uncaged」展の一環として、4 月 12 日に「Deformações e Distorções num Pulmão Vermelho Vivo」という企画でメルツバウのライブが行われた。

106 Merzbow / Merzbird / USA / Important Records / imprec 040 / 2004.10.5

107 Merzbow / Tamago / USA / CD / Plan-DX17 / MZ 1 / 2004.2

108 http://merzbow.net/release/past-releases/

109 Merzbow / Offering / Russia / CD / Tantric Harmonies / TANTRA X23 / 2004.3

110 2003 年 6 月 27 日　Sound + Vision (SuperDeluxe、東京)

111 Merzbow / Yoshinotsune / Canada / Clu Clux Clam / C3R 003 / 2004.5.14

112 2003 年にアメリカのアーボリータム・システムズが発表したビデオ編集アプリケーション。

113 2003 年 8 月 24 日〜 25 日　Metamorphose 03 (日本ランド HOW ゆうえんち、静岡)

114 Merzbow / SCSI Duck / UK / Fourth Dimension Records / FDCD 66 / 2003

115 2003 年 9 月 21 日　ctrl alt del (Babylon, Istanbul, Turkey)

116 2003 年 9 月 20 日〜 11 月 16 日　8th International Istanbul Biennial － Poetic Justice (Istanbul, Turkey)

117 2003 年 10 月 21 日　Risonanze 2003, (Teatro Fondamenta Nuove, Venezia, Italy)

118 2003 年 10 月 24 日　Argosfestival 2003 － Politics of Noise (Recyclart, Brussels, Belgium)

119 2003 年 10 月 25 日 Sonicity (Ex-Mercati Generali, Roma, Italy)

120 2003 年 10 月 28 日(Underworld, London, UK)

121 2003 年 11 月 20 日　Harbinger Soundclash Vol. 1 (Red Rose Club, London, UK)

122 2003 年 11 月 21 日(Brudenell Social Club, Leeds, UK)

123 2003 年 11 月 23 日　Instal.03 (Arches, Glasgow, UK)

124 Merzbow, The New Blockaders / The Ten Foot Square Hut / UK / CD / Hypnagogia / GIA 03 / 2004.9

125 Merzbow, The New Blockaders / Oumagatoki / UK / 10” / Hypnagogia / nag 03 / 2004.4

126 Merzbow / Bariken / USA / CD / Blossoming Noise / bn 002CD / 2005.1.1

127 2004 年 2 月 6 〜 8 日　What is Music? (Brisbane Powerhouse, Australia)

128 2004 年 2 月 12 日　What is Music? (The Gaelic Club, Sydney, Australia)o

129 2004 年 2 月 15 〜 20 日　What is Music? (Melbourne, Australia)

130 2004 年 2 月 10 日(Hellenic Club, Perth, Australia)

131 Merzbow & John Wiese / Multiplication / USA / CD / Misanthropic Agenda / MAR 012 / 2005.11

132 Brian A. Dominick “Animal Liberation and Social Revolution”は以下のウェブサイトで閲覧可能。
https://theanarchistlibrary.org/library/brian-a-dominick-animal-liberation-and-social-revolution

133 Merzbow / Electro Magnetic Unit / Japan / CD / ¿Los Apson? / LOS 0003 / 2004.7.2

134 2004 年 4 月 14 日　Toon Festival 2004 (Galerie De Schone Kunsten, Haarlem, The Netherlands)

135 2004 年 4 月 16 〜 18 日　3rd Berlin Biennial for Contemporary Art － Performance Jam (Berlin, Germany)

136 2004 年 4 月 20 日　Jauna Muzika (Contemporary Art Center, Vilnius, Lithuania)

137 2004 年 4 月 23 日　Feed Festival (The Medicine Bar, Birmingham, UK)

138 Merzbow / 1633 / Germany / LP / En/Of / 025 / 2004.12

139 http://merzbow.net/release/past-releases/

140 2004 年 9 月 1 日〜 12 月 1 日　Sound Oasis (Palacio de Bellas Artes, Mexico City, Mexico)

141 Merzbow / Merzbuddha / USA / Important Records / imprec 052 / 2005.3.16

142 https://ototoy.jp/feature/20140802

143 Merzbow / Sphere / USA / CD / Tzadik / TZ 7256 / 2005.4.26

144 Ｃ Ｄ『Merzbow／Ship of Chicken』解説　スローダウン Records (2021 年 1 月)

145 Sun Ra / Nothing Is... / USA / LP / ESP Disk / 1045 / 1966 / A3: Exotic Forest

146 Merzbow / Scene / Russia / CD / Waystyx / 11 / 2005.7

147 Merzbow / Scene c/w Early Computer Works / Russia / CD / Waystyx Records / 11, 12 / 2005.7

148 Merzbow / Dust of Dreams / Portugal / CD / Thisco / 23 / 2005.3

149 Merzbow / 抜刀隊 with Material Gadgets / Japan / 2×CD / self-released / none / 2004　秋田註:ジャケットは 2005 年作。中身のＣＤは RRR レコード制作のものを使用。

150 Merzbow / Rattus Rattus / USA / CD / Scarcelight Recordings / SLR 40 / 2005.3.15

151 2004 年 10 月 13 日〜17 日　Lausanne Underground Film & Music Festival（Casino de Montbenon , Lausanne, Swiss）

152 2004 年 10 月 17 日（Gromka, Ljubljana, Slovenia）

153 2004 年 10 月 24 日　Perspectives 2004（Västerås konserthus, Västerås, Sweden）

154 Merzbow / 放生会 / UK / 6×CD / Dirter Promotions / DPROM CD55 / 2005.12.2

155 2005 年 3 月 10 日（Cave 12, Geneva, Swiss）

156 2005 年 3 月 12 日　Symposium Merzbau（Cabaret Voltaire, Zürich, Swiss）

157 2005 年 3 月 14 日（Trick 47, Güterbahnhof, Bremen, Germany）

158 2005 年 4 月 22 日　All Tomorrow's Parties（Camber Sands, Rye, East Sussex, UK）

159 Merzbow / Merzbuta / USA / CD / Important Records / imprec 070 / 2005.10

160 Merzbow / Senmaida / USA / CD / Blossoming Noise / BN 008CD / 2005.9.12

161 2005 年 5 月 13 日　MAZK（Nouveau Casino, Paris, France）

162 2005 年 5 月 11 日（Penuche Le Mascaret, Lyon, France）

163 2005 年 5 月 12 日（Noumatrouff, Mulhouse, France）

164 2005 年 5 月 14 日（L'Antipode, Rennes, France）

165 2005 年 7 月 1 日　Roskilde Festival（Darupvej, Roskilde, Denmark）

166 2005 年 7 月 9 日　SuperSonic 2005（Custard Factory, Birmingham, UK）

167 2005 年 9 月 2 日（Great American Music Hall, San Francisco, USA）

168 2005 年 9 月 4 日　ArthurFest 2005（Barnsdall Art Park, Los Angeles, USA）

169 2005 年 9 月 6 日（Knitting Factory, New York, USA）

170 2005 年 9 月 7 日（Empty Bottle, Chicago, USA）

171 2005 年 9 月 8 日（La Sala Rossa, Montreal, Canada）

172 2005 年 10 月 1 日　Romaeuropa Festival 2005 − Festa Elettronica（Auditorium-Parco della Musica, Roma, Italy）

173 Merzbow／Metalvelodrome / Japan / 4×CD / Alchemy Records / ARCD 061〜064 / 1993.12

174 Merzbow / Turmeric / USA / 4×CD / Blossoming Noise / BN 010BOX / 2006.3.23

175 https://ototoy.jp/feature/20140802

176 https://ototoy.jp/feature/20140802

177 秋田昌美『わたしの菜食生活』太田出版（2005 年 12 月）

178 https://merzbow.net/cruelty-free/

179 Merzbow / F. I. D. / UK / 2×CD / Fourth Dimension Records / FD 2CD70 / 2006.8.7

180 Merzbow / Minazo Volume 1 / USA / Important Records / imprec 097 / 2006.6.27

181 Merzbow / Minazo Volume Two / USA / Important Records / IMPREC 107 / 2006.8.16

182 Merzbow / Bloody Sea / Poland / CD / Vivo / 2006022CD / 2006

183 https://losapson.shop-pro.jp/?pid=158435899

184 2006 年 8 月 27 日　Los Apson? 12th Anivasary !!!!!MERZFATHER2006!!!!（Mixrooffice、東京）

185 2006 年 9 月 25 日　Merzbow, Carlos Giffoni（SuperDeluxe、東京）

186 2006 年 9 月 30 日　Merzbow, Carlos Giffoni, Jim O'Rourke（Uplink Factory、東京）

187 Merzbow / Merzbear / USA / CD / Important Records / imprec 136 / 2007.3.27

188 Porn, Merzbow / ...And The Devil Makes Three. / UK / Truth Cult / TCX 001D / 2008.9.8

189 2006 年 12 月 14 日（Kulturbunker Köln-Mülheim, Köln. Germany）

190 2006 年 12 月 16 日（BilboRock, Bilbao, Spain）

191 Merzbow / Eucalypse / USA / Soleilmoon Recordings / SOL 154CD / 2008.7.21

192 Merzbow / Coma Berenices / Poland / CD / Vivo / 029CD / 2007

193 Merzbow / Zophorus / USA / CD / Blossoming Noise / BN 024CD / 2007.6.12

194 Black Widow / Sacrifice / UK / LP / CBS / S 63948 / 1970.3

195 2006 年 10 月 8 日～ 2007 年 2 月 4 日　Merzgebiete: Kurt Schwitters und seine Freunde（Sprengel Museum, Hannover, Germany）

196 2007 年 5 月 24 日　Festival de Musique Actuelle de Victoriaville（Colisée des Bois-Francs, Victoriaville, Canada）

197 2007 年 5 月 24 日（Kulturbunker Köln-Mülheim, Köln. Germany）

198 2007 年 5 月 26 日　Festivalhalle Moers（Moers, Germany）

199 Kikuri / ぶっ壊れた紫色 / Canada / Les Disques Victo / VICTO CD 110 / 2008

200 2007 年 6 月 15 日　Festival Dour – Drowned in Sound（La Plaine de La Machine à Feu, Dour, Belgium）

201 Merzbow / Here / Germany / CD / L. White Records / LW 048 / 2008.3

202 Cocco / きらきら / Japan / CD / ビクターエンタテインメント – Speedstar / VICL 62411 / 2007.7.25

203 2001 年に活動を中止し、2006 年に本格的な音楽活動を再開した。

204 Merzbow / Peace for Animals / Ukraine / Quasi Pop Records / QPOP CD049 / 2007.10.18

205 Merzbow / Peace for Animals / Ukraine / I Shall Sing Until My Land is Free / SONG 03 / 2022.7.11

206 Merzbow / Camouflage / Brazil / CD / Essence Music / ESS 012 / 2009.1.14

207 Merzbow / Higanbana / Poland / CD / Vivo / 2007032CD / 2007.12

208 Richard Pinhas and Merzbow / Keio Line / USA / 2 × CD / Cuneiform Records / Rune 278/279 / 2008.9.30

209 Heldon / Third / Japan / 2 × CD / Captain Trip Records / CTCD 533/534 / 2005.12.2

210 2006 年 12 月 1 日　Richard Pinhas Band（Star Pine's Cafe、東京）

211 2007 年 10 月 21 日　Richard Pinhas（Heldon）& Merzbow with Discossession!!!!!!!!!!!!!!（Mixrooffice、東京）

212 2007 年 11 月 9 ～ 11 日　Artissima 14（Lingotto Fiere, Turin, Italy）

213 2007 年 11 月 5 ～ 11 日　Wrocław Industrial Festival（Sala Gotycka, Wrocław, Poland）

214 Merzbow / Dolphin Sonar / USA / CD / Important Records / imprec 205 / 2008.8.26

215 https://pitchfork.com/features/lists-and-guides/7568-the-20-worst-album-covers-of-2008/

216 Merzbow / Dead Leaves / Germany / Licht-ung / none / 2008.11.11

217 Merzbow / Tombo / USA / CD / Fellacoustic Records / FR CD02 / 2008.12.11

218 2008 年 4 月 18 日（The Croft, Bristol, UK）

219 2008 年 4 月 19 日（University of London Union, UK）

220 Merzbow, Z'ev / Spiral Right/Spiral Left / UK / CD / Cold Spring Records / CSR 133CD / 2010.10

221 Merzbow / Anicca / UK / CD / Cold Spring Records / CSR 107CD / 2008.9.4

222 Merzbow / Arijigoku / Poland / CD / Vivo / 2008037CD / 2008.6.12

223 Merzbow / Protean World / USA / LP / Noiseville / #79 / 2008.11

224 Merzbow / Microkosmos Volume 1 / USA / LP / Blossoming Noise / BN 042LP / 2009.11.14

225 Merzbow / Somei... / Greece / CD / Low Impedance Recordings / LoZ 015 / 2009.1.15

226 2008 年 7 月 13 日　Supersonic 2008（Custard Factory, Birmingham, UK）

227　2008 年 7 月 11 日（Church of St Thomas the Martyr, Newcastle, UK）

228　2008 年 7 月 15 日（Cave 12, Geneva, Swiss）

229　Merzbow / 宝登山 / Poland / CD / Vivo / 2009040CD / 2008.12.18

230　Merzbow / Don't Steal My Coat / Russia / CD / No Music Records/Olmolungring / noise 015/OLR 01 /
　　2009.5.26

231　Merzbow / 雀 / USA / CD / Important Records / IMPREC 230 / 2009.1.27

　　Merzbow / 梟 / USA / CD / Important Records / IMPREC 233 / 2009.2.24

　　Merzbow / 百合鴎 / USA / CD / Important Records / IMPREC 236 / 2009.3.24

　　Merzbow / 鴉 / USA / CD / Important Records / IMPREC 241 / 2009.4.21

　　Merzbow / 鶉 / USA / CD / Important Records / IMPREC 252 / 2009.5.18

　　Merzbow / 鴨 / USA / CD / Important Records / IMPREC 256 / 2009.6.23

　　Merzbow / 孔雀鳩 / USA / CD / Important Records / IMPREC 257 / 2009.8

　　Merzbow / 黒鳥 / USA / CD / Important Records / IMPREC 261 / 2009.8.25

　　Merzbow / 鶺 / USA / CD / Important Records / IMPREC 265 / 2009.9.22

　　Merzbow / 鶏 / USA / CD / Important Records / IMPREC 270 / 2009.11

　　Merzbow / 白鷺 / USA / CD / Important Records / IMPREC 275 / 2009.11

　　Merzbow / 燕 / USA / CD / Important Records / IMPREC 284 / 2009.12

　　Merzbow / 矮鶏 / USA / CD / Important Records / IMPREC 285 / 2010.1

232　Merzbow　/ 日本の鳥 / USA / 14 × CD / Important Records / IMPREC 294 / 2010.3.17

233　Merzbow / Jigokuhen / USA / LP / Important Records / IMPREC 321 / 2011.3.1

234　2008 年 11 月 11 日（Stadtgarten, Köln, Germany）

235　2008 年 11 月 12 日（Le Instants Chavirés, Montreuil, France）

236　Confédération Générale du Travail

237　2008 年 11 月 14 日　All Frontiers Festival（Sala Civica Bergamas, Gorizia, Italy）

238　2009 年 3 月 21 日　Salzburg Biennale（Republic, Salzburg, Austria）

239　2009 年 3 月 24 日　Stimul Festival（Divadlo Archa, Praha, Czech Republic）

240　Robert J. W. Evans、中野春夫訳『魔術の帝国 ルドルフ二世とその世界 上／下』筑摩書房（2006 年 1 月）

241　Merzbow / Hiranya / USA / LP / Noiseville / #92 / 2009.5

242　2009 年 10 月 10 日　Bergen Støyfest（Landmark, Bergen, Norway）

243　2009 年 10 月 11 日（Henie Onstad Art Centre, Høvikodden, Norway）

244　1971 年 2 月 28 日　Soft Machine（Henie Onstad Art Centre, Høvikodden, Norway）

245　2009 年 10 月 13 日（Warehouse 9, Copenhagen, Denmark）

246　Merzbow / Graft / UK / Cold Spring Records / CSR 129LP / 2010.3.10

247　Jethro Tull / My God! / USA / LP / Athapascan Records / 20 1/2 / 1970

248　http://blog.merzbow.net/?month=201003

249　Marcel Wierckx によって開発された Macintosh 用のソフトウェア。

250　1999 年から Stefan Smulovitz によって開発された Macintosh 用のソフトウェア。

251　2009 年 12 月 12 日　Making New Waves Festival（Trafó, Budapest, Hungary）

252　2009 年 12 月 14 日（HAU Hebbel am Ufer, Berlin, Germany）

253　2009 年 12 月 16 日（Blå, Oslo, Norway）

254　Merzbow / Ouroboros / USA / CD / Soleilmoon Recordings / SOL 170CD / 2010.5.11

255　Merzbow / Marmo / Italy / CD / Old Europa Cafe / OECD 131 / 2010.5.27

256　Merzbow/Oh Lucy!!! c/w The Guilt øf.../Tipping Foul into the Dirt / USA / LP / Chrome Peeler Records
　　/ CPR 12 / 2010.6

257 楳図かずお『14歳 1〜20』小学館（1990年9月〜1995年12月）

258 Merzbow / Merzbient / USA / 12 × CD / Soleilmoon Recordings / SOL 171CD / 2010.10.26

259 Merzbow / Merzbient / USA / 18 × LP / Soleilmoon Recordings / SOL 171 / 2012.9.10

260 2010年5月16日（Kägelbanan, Stockholm, Sweden）

261 2010年5月18日（Fluc Wanne, Vienna, Austria）

262 2010年5月19日（Berghain/Panorama Bar, Berlin, Germany）

263 Kaossilator は 2007年にコルグ社から発売された小型のシンセサイザー。

264 2010年9月23日（Issue Project Room, Brooklyn, USA）

265 2010年9月24日 Sonic Circuits Festival（La Maison Française, Washington, D.C., USA）

266 2010年9月26日（Le Poisson Rouge, New York, USA）

267 2010年9月27日（International House Philadelphia, Philadelphia, USA）

268 「Sun Ra: A Joyful Noise」はロバート・マッジ監督による1980年の映画。

269 2010年10月21日 Elevate Festival 2010（Schlossberg, Graz, Austria）

270 2010年10月27日（XOYO, London, UK）

271 2010年10月28日（Crawdaddy, Dublin, Ireland）

272 Merzbow/Guya c/w Cris X/Greed / Italy / LP / CX Records / 003 / 2011.5

273 Hyperprism 上で動作するモジュール。

274 Merzbow / Kamadhenu / UK / CD / Hypnagogia / GO 01 / 2011.5.12

275 Merzbow / Surabhi / UK / CD / Hypnagogia / GO 02 / 2011.10.11

276 Merzbow / Dead Zone / Ukraine / CD / Quasi Pop Records / QPOP CD059 / 2011.8.20

277 2011年4月12日 Domino Festival（Ancienne Belgique, Brussels, Belgium）

278 2011年4月15日（Palace, St. Gallen, Switzerland）

279 2011年4月13日（A38, Budapest, Hungary）

280 2011年4月16日（Gugalander Scene, Katowice, Poland）

281 Merzbow & Balázs Pándi / Katowice / Poland / CD / Instant Classic / Classi CD003 / 2012.9.28

282 2011年5月20日 Festival International de Musique Actuelle de Victoriaville（Colisée des Bois-Francs, Victoriaville, Canada）

283 2011年5月22日（The Royal Albert Arms, Winnipeg, Canada）

284 2011年5月23日（Horseshoe Tavern, Toronto, Canada）

285 2011年5月25日 Re:flux Festival（Galerie Sans Nom, Moncton, Canada）

286 Merzbow / Yaho – Niwa / France / CD / Nuun Records / NUUN 4 / 2011.6.13

287 Merzbow / Lop Lop / Italy / CD / Rustblade / RBL 033 / 2011.12.20

288 Merzbow +宮台真司 / Music for Urbanism / Japan / CD / Murmur Records / mmr 19 / 2015.10.8

289 Merzbow / Ko To No Oto / Australia / 7” / Retort Records / RET 004a / 2012.12.21

290 http://studiowarp.jp/slowdown/sdrsw127-merzbow『gman』/

291 2012年4月に塚本晋也監督による映画「KOTOKO」が公開された。

292 Merzbow / Uzu Me Ku / New Zealand / LP / Samboy Get Help! Recordings / 003 / 2012.8

293 1970年9月に公開された現代映画社とＡＴＧの提携による映画。

294 Merzbow / Gman // HJYUGTF2 / USA / cassette / Midnight Sea Records / M.N.S.030. / 2012.3.19

295 Merzbow, Pándi, Gustafsson / Cuts / UK / CD / RareNoise Records / RNR 030 / 2013.2.19

296 Sonic Youth med Mats Gustafsson og Merzbow / Andre Sider af Sonic Youth / USA / CD / Sonic Youth Records / SYR 8 / 2008.7.28

297 2012年5月10日 Mono（Institute of Modern Art, Brisbane, Australia）

298 2012年5月11日 Aurora Festival（Riverside Theatre, Sydney, Australia）

299 2012 年 5 月 13 日　Aurora Festival (Campbelltown Arts Centre, Australia)

300 Merzbow & Oren Ambarchi / Cat's Squirrel / Australia / CD / Hospital Hill / HHCD 04130740 / 2013.11.19

301 Merzbow / Kookaburra / Australia / CD / Hospital Hill / HHCD 04130739 / 2013.11.19

　　Merzbow / MonoAkuma / Australia / CD / Room40 / EDRM 419CD / 2018.11.30

302 Cream / Fresh Cream / UK / LP / Reaction Records / 594001 / 1966.12.9 / B1: Cat's Squirrel

303 Jethro Tull / This Was / UK / LP / Island Records / ILPS 9085 / 1968.10.4 / B3: Cat's Squirrel

304 2012 年 6 月 2 日　Scion Rock Fest 2012 (Czar Bar, Tampa, USA)

305 2012 年 6 月 4 日 (Saint Vitus Bar, Brooklyn, USA)

306 Merzbow / Lowest Music & Arts 1980–1983 / Germany / 10 × LP / Vinyl-on-demand / VOD 108 / 2012.10.26

307 Merzbow / Duo / USA / 10 × CD / Tourette Records / TOURETTE 032 / 2013.1.1

308 Merzbow / Merzphysics / Japan 10 × CD / Youth Inc. / YOUTH 163 / 2012.4.25

309 Merzbow / Merzmorphosis / Japan / 10 × CD / Youth Inc. / YOUTH-181 / 2012.7.25

310 Merzbow / Kibako / Italy / 2 × CD / Rustblade / RBL 036BOX / 2012.12.10

311 2012 年 10 月 18 日 (Kuudes Linja, Helsinki, Finland)

312 2012 年 10 月 20 日　Supersonic Festival 2012 (Custard Factory, Birmingham, UK)

313 Merzbow, M.B. / Merzbow Meets M.B. / Italy / LP, 7″ / menstrualrecordings / LH 47/48 / 2013.10.10

314 Merzbow / Takahe Collage / USA / CD / Handmade Birds / HB DIS060 / 2013.3.28

315 Merzbow / Tamayodo / Italy / LP / Rustblade / rbl lp002 / 2013.11.22

316 Merzbow / Pulse Vegan / USA / 7″ / Elevator Bath / eeaoa 044 / 2014.3.28

317 Merzbow / Hatobana / Italy / 2 × CD / Rustblade / RBL 055CD / 2016.10.14

318 https://thequietus.com/articles/11806-merzbow-interview

319 Marion Brown / Geechee Recollections / USA / LP / Impulse! / AS-9252 / 1973

320 Merzbow / Material Action 2 / Japan / LP / Eastern Works / CHAOS 00001 / 1983

321 2013 年 7 月 6 日 (The Wall, Taipei, Taiwan)

322 2013 年 9 月 6 日　Hopscotch (Kings, Raleigh, USA)

323 2013 年 10 月 21 日　RPM: Sound Art China (Shanghai Cement Plant & Oil Tank, China)

324 2013 年 11 月 16 日 (Kings Arms, Auckland, New Zealand)

325 2013 年 11 月 17 日 (Bodega, Wellington, New Zealand)

326 2013 年 11 月 19 日 (Chicks Hotel, Dunedin, New Zealand)

327 2013 年 11 月 21 日 (Dux Live, Christchurch, New Zealand)

328 Merzbow / Konchuuki / Brazil / CD / Essence Music / ESS 023 / 2015.8.10

329 Merzbow / Nezumimochi / USA / LP, CD / Cold Spring Records / CSR 200P / 2014.11.20

330 Merzbow / Double Beat Sequencer / Japan / 6 × CD / スローダウン Records / SDRSW 136 / 2022.1.21

331 2013 年 5 月 30 日　Richard Pinhas／灰野敬二／メルツバウ／吉田達也 (SuperDeluxe、東京)

　　2013 年 5 月 31 日　Richard Pinhas／メルツバウ (アンスティチュ・フランセ日本、東京)

　　2013 年 6 月 6 日　Richard Pinhas／メルツバウ／吉田達也 (クラブ・グッドマン、東京)

332 André Breton、稲田三吉訳『通底器』現代思潮社 (1963 年 12 月)

333 2014 年 4 月 10 日 (Église Saint-Merry, Paris, France)

334 2014 年 4 月 12 日 (L'Aéronef, Lille, France)

335 Merzbow, Mats Gustafsson, Balázs Pándi, Thurston Moore / Cuts of Guilt, Cuts Deeper / UK / 2 × CD / RareNoise Records / RNR 052 / 2015.3.25

336 2014 年 4 月 14 日　Cuts (Oval Space, London, UK)

337 2014 年 5 月 16 日　Festival de Musique Actuelle de Victoriaville 2014 (Victoriaville, Canada)

338 2014 年 5 月 18 日 (Pyramid Cabaret, Winnipeg, Canada)

339 2014 年 5 月 19 日 (Vangelis Tavern, Saskatoon, Canada)

340 2014 年 5 月 21 日 (The Pawn Shop, Edmonton, Canada)

341 2014 年 5 月 22 日 (Palomino Smokehouse & Social Club, Calgary, Canada)

342 2014 年 5 月 23 日 (Red Gate, Vancouver, Canada)

343 Merzbow, Opening Performance Orchestra / Merzopo / Belgium / 2 × CD / Sub Rosa / SR 472CD / 2018.11.15

344 Merzbow c/w Askew / Level / Italy / LP / Rustblade / RBL LP007 / 2015.2.10

345 2014 年 11 月 23 日　東京都初耳区 (SuperDeluxe、東京)

346 Boris with Merzbow / Gensho / USA / 2 × CD / Relapse Records / RR 7321 / 2016.3.18

347 https://clinamina.in/boris_merzbow_2016/

348 UFO / 現象 / Japan / LP / キングレコード – Chrysalis / CHR 1059 / 1975

349 Merzbow / After Hours / Japan / 6 × CD / スローダウン Records / SDRSW 144 / 2022.9.16

350 Merzbow / Wildwood / UK / CD / Dirter Promotions / DPROM CD116 / 2015.7.2

351 Merzbow / Wildwood II / UK / LP / Dirter Promotions / DPROM LP126 / 2017.2.20

352 2015 年 5 月 13 日 (Output, Brooklyn, USA)

353 Merzbow / Gomata / UK / CD-R / Hypnagogia / GO 03 / 2017.2.21

354 2015 年 9 月 14 ～ 16 日　Incubate (MIDI Theater, Tilburg, The Netherlands)

355 2015 年 9 月 19 日 (Soho Factory, Warsaw, Poland)

356 2015 年 11 月 6 日　Wroclaw Industrial Festival (Sala Gotycka, Wroclaw, Poland)

357 ワルシャワからヴロツワフまでは約 350 km。

358 Merzbow / Torus / Serbia / LP / Jezgro / 002 / 2017.6.12

359 Merzbow / Kakapo / UK / LP / Oaken Palace Records / OAK 010 / 2016.9.14

360 Masami Akita / Wattle / USA / LP / Elevator Bath / eeaoa 038 / 2016.4.22

361 Merzbow / Muen / Sweden / LP / Sores / SORES 004 / 2017.4.17

362 網野善彦『無縁・公界・楽 日本中世の自由と平和』平凡社 (1978 年 6 月)

363 Sun Ra, Merzbow / Strange City / UK / CD / Cold Spring Records / CSR 228CD / 2016.10.12

364 Sun Ra and His Astro Infinity Arkestra / Strange Strings / USA / LP / Saturn Research / KH 5472 / 1967

365 Sun Ra / The Magic City / USA / LP / Saturn Research / LPB 711 / 1966

366 2008 年からリビッド・インスツルメント社が開発している Macintosh 用のループを作成するアプリケーション。

367 Merzbow / Aodron / USA / CD / Automation Records / auto 056 / 2017.1.27

368 2016 年 9 月 28 日 (Church of St John-at-Hackney, London, UK)

369 2016 年 9 月 29 日 (Factory, Manchester, UK)

370 Merzbow, Balázs Pándi, Mats Gustafsson, Thurston Moore / Cuts up Cuts Out / UK / RareNoise Records / RNR 092LP / 2018.4.21

371 2016 年 10 月 1 日 (Cafe OTO, London, UK)

372 Merzbow / Hyakki Echo / UK / Dirter Promotions / DPROM CV133 / 2017.7.12

373 Merzbow / Eureka Moment / Japan / CD / Black Smoker Records / BSMX 073 / 2017.5.17

374 https://losapson.shop-pro.jp/?pid=118018404

375 Merzbow / Kaoscitron / Japan / CD / スローダウン R ecords / SDRSW 15 / 2017.10.22

376 Merzbow / Tomarigi / United Arab Emirates / LP / Bedouin Records / BDNOG 003 / 2017.11.13

377 Merzbow / Hyper Music 1 Vol. 1 / Japan / CD / スローダウン Records / SDRSW 27 / 2018.4.15

378 Merzbow / 1633+ / Japan / CD / スローダウン Records / SDRSW 98 / 2020.10.16
Merzbow / Gman+ / Japan / CD / スローダウン Records / SDRSW 127 / 2021.9.17

379 Merzbow, Duenn, Nyantora / 3Rensa / Japan / CD / スローダウン Records / SDRSW 16 /2017.4.16

380 2016 年 5 月 29 日（アクロス福岡円形ホール）

381 Merzbow / Merzbuddha Variations / Japan / cassette / Duenn / dnn 07 / 2012.7.31

382 2017 年 5 月 25 日　Vilette Sonique（Le Trabendo, Paris, France）

383 2017 年 5 月 27 日　Wiener Festwochen（Vienna, Austria）

384 2017 年 5 月 29 日（The Underworld, London, UK）

385 2017 年 5 月 31 日（St. Elisabeth Church, Berlin, Germany）

386 2017 年 8 月 22 日　Oddsound Festival 2017（The Wall, Taipei, Taiwan）

387 2017 年 10 月 10 日（Ääniwalli, Helsinki, Finland）

388 2017 年 10 月 12 日（Energetikos ir Technikos Muziejus, Vilnius, Lithuania）

389 2017 年 10 月 14 日　Skaņu Mežs Festival（Riga, Latvia）

390 Merzbow / Hermerzaphrodites / Italy / 2 × CD / Old Europa Cafe / OECD 269 / 2019.4.30

391 Merzbow / Kaerutope / Japan / CD / スローダウン Records / SDRSW 46 / 2019.1.18

392 Merzbow / Indigo Dada / Japan / CD / スローダウン Records / SDRSW 45 / 2019.1.18

393 2018 年 2 月 16 日（La BAM, Metz, France）

394 Keiji Haino, Merzbow, Balázs Pándi / Become the Discovered, Not the Discoverer / UK / CD / RareNoise Records / RN 111 / 2019.9.27

395 2018 年 5 月 17 日（Copper Owl, Victoria, Canada）

396 2018 年 5 月 20 日　Festival International Musique Actuelle Victoriaville（Victoriaville, Canada）

397 2018 年 5 月 18 日（Windsor Hotel, Winnipeg, Canada）

398 2018 年 6 月 23 日　Dark Mofo（Hobart, Tasmania, Australia）

399 2018 年 7 月 5 日　Roskilde Festival（Roskilde, Denmark）

400 2018 年 7 月 7 日（Mayhem, Copenhagen, Denmark）

401 2018 年 11 月 9 日　Drone Activity Chicago（Saffron Rails, Chicago, USA）

402 2018 年 12 月 8 日　Hospital Fest 2018（Knockdown Center, Queens, USA）

403 Merzbow / Noisembryo / USA / 2 × LP / Hospital Productions / HOS 594 / 2018.3.19

404 2018 年 12 月 14 日（Oakland Metro Operahouse, USA）

405 2018 年 12 月 15 日（The Regent Theater, Los Angeles, USA）

406 Blue Öyster Cult / Agents of Fortune / USA / LP / Columbia Records / PC 34164 / 1976.5.21 / B4: Tenderloin

407 Merzbow / 雀色 1 / Japan / CD / スローダウン Records / SDRSW 90 / 2020.5.15
Merzbow / 雀色 2 / Japan / CD / スローダウン Records / SDRSW 91 / 2020.5.15

408 http://studiowarp.jp/slowdown/sdrsw137-merzbow『2017-2020』5-cd-box/

409 Merzbow / Dead Lotus / Canada / cassette / No Funeral / NF 009 / 2019.7.6

410 2019 年 5 月 17 日　Tomorrow Festival（B10 LIVE, Shenzhen, China）

411 2019 年 5 月 24 日（Zal Ozhidaniya, Sankt Peterburg, Russia）

412 2019 年 5 月 25 日（Station Hall, Moscow, Russia）

413 2019 年 6 月 29 日　Open Frame（Carriageworks, Sydney, Australia）

414 2019 年 7 月 4／5 日（The Substation, Melbourne, Australia）

415 2020 年 2 月 29 日（The Old Museum, Brisbane, Australia）

416 Merzbow / Fantail Vision / Japan / 6 × CD / スローダウン Records / SDRSW 147 / 2022.12.15 / CD3: Mukotronics

417 Merzbow / Fantail Vision / Japan / 6 × CD / スローダウン Records / SDRSW 147 / 2022.12.15 / CD2: Mukomodulator

418 Merzbow / Fantail Vision / Japan / 6 × CD / スローダウン Records / SDRSW 147 / 2022.12.15 / CD1: Mukogenerator

419 Merzbow / Hikaru Hane / France / cassette / Vice de Forme / VF 01 / 2021.3.1

420 Merzbow / Screaming Dove / canada / LP / No Funeral / nf 031 / 2020.11.20

421 Merzbow / Flare Blues / Australia / Room40 / RM 4147 / 2021.10.8

422 Boris with Merzbow / 2R0I2P0 / USA / CD / Relapse Records / RR 7471 / 2020.12.11

423 https://www.indienative.com/2020/10/2r0i2p0/

424 Merzbow / Triwave Pagoda / USA / cassette / Elevator Bath / eeaoa 059 / 2021.6.18

425 Bastard Noise & Merzbow / Retribution By All Other Creatures / USA / CD / Relapse Records / RR 7451 / 2022.8.26

426 Merzbow / Animal Liberation / UK / Cold Spring Records / CSR 314CD / 2022.5.20

427 Merzbow / Hope / I Shall Sing Until My Land is Free / SONG 08 / 2022.11.22

428 Merzbow / Fantail Vision / Japan / 6 × CD / スローダウン Records / SDRSW 147 / 2022.12.15 / CD6: Magnetic Rain

429 Iannis Xenakis / Persepolis / France / LP / Philips / 6521 045 / 1972

430 Merzbow, Lawrence English / Eternal Stalker / USA / CD / Dais Records / DAIS 192CD / 2022.6.3

431 1979 年に公開されたアンドレイ・タルコフスキーの監督によるソビエト連邦の映画。

432 Merzbow / Fantail Vision / Japan / 6 × CD / スローダウン Records / SDRSW 147 / 2022.12.15 / CD4: Hinawave

433 Merzbow / CATalysis / USA / CD / Elevator Bath / eeaoa 065 / 2023.4.21

434 2023 年 9 月 15 日　Bizzare Voice Vol. 125（Earthdom、東京）

ＮＨＫの電子音楽Ⅳ

NHKの電子音楽　第4回　占領期編　1945年〜1952年

川崎弘二

第6章　1945年〜1952年（昭和20年〜昭和27年）

｜ラジオ放送の民主化｜

　日本のラジオ放送は敗戦によってその姿を大きく変えることとなる。この変化について「ラジオ年鑑」では、「その指標を日本の民主化実現に置き、番組編成に於ても専ら終戦直後の昏迷状態より国民を覚醒せしむると共に、適切なる慰安を与えつつ民主主義文化国家建設へ誘導することに留意し、演芸音楽番組を拡充して一定の休止時間以外は終日放送を送ることとし、且つ放送の時間単位を十五分とした。／番組の採択上特記すべきは、民衆に直接放送の機会を与えること、大衆の希望する番組による特輯の催を実施したこと等で、『私達の言葉』、『街頭録音』、『お好み演芸会』、『希望音楽会』、『素人音楽会』等に具体化した。又言論の自由の具現に照応して『天皇制に関する座談会』を始め、『選挙放送』其他政治に関する放送を実施して国民の政治意識の昂揚に資すると共に、特に婦人の政治意識の啓発に留意した」[1]と説明されている。この説明にあるように、ラジオ放送の民主化は民衆の直接的な参加によっても進められようとしていたわけである。

　1945年9月29日には録音自動車を利用した街頭録音が放送されることとなり、「ラジオ年鑑」には「終戦後は録音放送も取材方向に、新境地拓き、殊に録音車の街頭録音によって民衆の声を直接マイクに収録放送して、放送民主化のトップを切った」[2]と記されている。ラジオの民主化を謳うNHKにおいて、市民の声を電波に乗せるということは極めて分かりやすい「民主化」であり、そこには録音再生技術が大きく関与することとなった。さらに「従来は、音楽放送には、ほとんど利用されなかった録音盤が『週間録音』にはもちろんであるが、『日本の音楽』や『ラジオ歌謡』の時間に、さかんに利用されるようになった」[3]とも「ラジオ年鑑」には記されていた。1947年末の時点で市販のレコードの再生を除いた録音放送の割合は「全時間の二七％から三〇％」[4]にまで増加してお

り、敗戦前までの音楽番組はスタジオでの生演奏によって放送されることがほとんどであったわけだが、急速に円盤録音機によって収録された録音が音楽番組にも頻用されるようになっていったことが分かる。

　先の引用文にある「日本の音楽」という番組は1946年5月24日にスタートしており、「毎日朝九時一五分から一五分間の時間が与えられ（略）日曜、火曜、金曜の三日間はナマの演奏、その他の曜日は録音またはレコードによって邦人の作品」[5]が紹介されていた。そして、1947年7月3日から9月23日にかけては「火曜と木曜の午後六時から六時三〇分までの『夕べの音楽』の時間」[6]へと移動しており、1947年9月24日からは「現代日本の音楽」と題して「月・水・金の午後七時三〇分から八時（第二放送）」[7]に放送されることとなり、1948年4月1日からは週一回の放送となった。

　「ラジオ年鑑」では「日本の音楽」について、「現代邦人の作品を紹介するために生れた番組である。戦後の作曲界は概して振わないというのが常識である。しかも（註・「しかし」の誤植か）、創作活動がさかんになることなくして、音楽文化の質の向上はありえない。『日本の音楽』、真の『われわれの音楽』を創造してゆくために放送の面から少しでも寄与したいというのが、われわれの念願であったが幸に、作曲家諸氏の協力をえて、かなりの成果をあげることが出来た。ことに、小倉朗、團伊玖磨、林光その他年い若い作曲家の作品に、見るべきものが多いのは、大きなよろこびである」[8]と記されている。戦前から活躍した作曲家ではなく、古い体制に関与していない世代の作曲家を積極的に登用することによって、NHKはさらに「民主化」を推し進めていると対外的にアピールしたかったのかもしれない。

　「ラジオ年鑑」では1949年度の「現代日本の音楽」について、「1年間を通じての最も大きな特徴は、有能な若手ないしは中堅級の作曲家の新作によって、この番組の大半が占められていたという

ことである。いまそれらの作曲家中、特記すべき
ものをあげれば、(若手)芥川也寸志、團伊玖磨、
中田喜直、入野義郎、黛敏郎、(中堅)伊福部昭、
松平頼則、早坂文雄、小倉朗、高田三郎等の人々
である。(略)11月には『第18回音楽コンクール入
賞作品』として、石井歓、入野義郎(以上管絃楽
曲)、一柳慧、中田喜直(以上ピアノ奏鳴曲)の4曲
が放送された」[9]と記されている。こうしてNHKに
おいては、定期的に日本における最新の現代音楽
を紹介するための番組の基盤が作られていったわ
けである。

　1946年7月20日には「季節の音」という番組
がスタートしている。「ラジオ年鑑」ではこの年に
放送された番組の内容について、「録音の美的感覚
を素直に表現し訴えようとする動きとしては最初
のものであろう。(略)二一年(註・1946年)初夏か
ら始まり、季節を追い事物を求めて、そこに匂う
ものを音に捕えて『賑わう漁場』(註・7月20日放
送)『金華山沖に鯨を追う』(註・7月27日放送)『江
の島の見える風景』(註・8月17日放送)『海女の生
活記録』(註・8月31日放送)とつづき、更に、『稔
りの秋』(註・9月7日放送)『触れ太鼓』(註・11月9
日放送)そして秋風に追われる落葉のように寄せ集
め、漸くその頃から話題にのぼりはじめた上野地
下道住人の『地下道の夜』(註・11月23日放送)、
そして、また引揚孤児収容所にはじめて迎える『父
母の国の冬』(註・12月13日放送)に、冷い風と暖
い人情を感じる子供たち、若者たちに嵐のように
迎えられる社交ダンスのクライマックス『クリス
マスイーヴ』(註・12月27日放送)」[10]と記されてお
り、季節に応じた風物詩だけでなく社会的な題材
もこの番組には含まれていたことが分かる。
　そして、この文章は「明けて二二年(註・1947
年)、生きんがために死んだ八高線列車惨事(註・
2月25日に発生)を機会に、満員電車を扱った『ラッ
シュアワー』、若葉の萌える学園にはじめて英語を
学ぶ小学生のかわいい口元にマイクを近づけた『青
葉の子供』インフレのもと大蔵省印刷局の印刷機
の下で生れた百円札の辿る世相を擬人化して編集
した『あたしの季節』等々。/僅か一五分間とは
いえ作り物であって作り物でない録音放送の一形
態『季節の音』は約一年余りの生長の後、二二年

夏(註・7月27日)から『特集録音』へと転身」[11]し
たと続いている。

　1950年代になるとNHKだけでなく民間放送に
おいても、おもに社会的なトピックを扱う「録音
構成」と呼ばれるスタイルの番組が多く放送され
ていた。録音構成という番組は、プロデューサー
が企画を立て、企画にもとづいて取材の対象者な
どを選定し、ディレクターはインタビュイに対し
て当意即妙の受け答えができる有能なアナウン
サーと組み、携帯式の録音機を肩から下げてイン
タビューを収録し、この録音テープを活かすため
のナレーション原稿を執筆して、放送局にストッ
クされた膨大なレコードからBGMの選曲を行い、
そして、これらの録音を総合的に編集して作り上
げる番組である。NHKの局員らは戦時中の実況録
音や現地録音などを通じて、録音についての経験
を積んでおり、そのノウハウは「季節の音」や「特
集録音」といった番組へと引き継がれていき、さ
らに録音構成というスタイルの番組へと成熟して
いったわけである。

ラジオ実験室

　1947年2月12日から12月17日にかけてのNHK
には、「ラジオ実験室」という放送枠が存在してい
た。この番組の開始アナウンスは「これから30分
の間、ラジオ・トーキョーから、新しい実験的な
形の放送劇を、お送り致します。この放送に依っ
て音楽や音の効果的な使い方を、ご紹介したいと
思います。題名が示すように、これは実験的なプ
ログラムであり、また広く皆様方のお力添えによっ
て出来る番組でございます」[12]というもので、「ラ
ジオ年鑑」では「この番組の目的は新しい作家を
見出すことと細かい演出方法によって音楽や音
響を効果的に使って、ラジオ芸術に新しい分野を
開きラジオの進歩を図るという点にある」[13]と紹介
されていた。
　ただ「ラジオ年鑑」には「ラジオでなくては表
現できないような放送劇！　という鳴物入りの宣
伝で幕を明けたためか、作者も演出者も、如何に
して珍奇な音を折込むかに腐心した様子で、若干
音に曳摺りまわされた観があり、スタジオ内、所

狭きまでに、凡る擬音道具を散らかし、夫れ等を追うようにマイクロホンを乱立させて、調整卓を撫でまわすように忙しく活殺するという、労多くして効の尠ない番組であったが、回を重ねるに従って落付を見せ、脚色者・演出者・技術者夫々が一応は音を征服したらしく、折々はシットリとしたよいものを聴くことができるようになった」[14]とも記されている。すなわち、この番組は「音の珍奇さ」に振り回されることもあったようだが、局員たちは新しい音響的な実験を駆使した番組を制作しようという気概に満ちていたものと思われる。

　その背後には1946年からGHQ（連合国総司令部）のCIE（民間情報教育局 Civil Information and Educational Section）のラジオ課に所属していたベルナール・クーパーの存在が大きかったようである。クーパーは「ニューヨーク生れで、演劇、ラジオ、テレヴィジョン等に出演、演出の色々な経験をもつ」[15]人物であり、岩崎英雄（技術局技術部調整課）は「クーパーはドラマが担当だったからスタジオにも来て、本読みの時なんか役者にまでギャーギャー文句を言うんだからね。（略）せりふと音楽、せりふと効果音のバランスなんかをしつこく言われました。それと、個々のフェイドテクニック……フェイドイン、フェイドアウト、あるいは音楽をせりふのバックグラウンド（背景）にする時の音量の下げ方、下げてからの流しかた、せりふが終わったあとの上げ方なんかを相当言われました」[16]と述べていた。

　さらに岩崎はクーパーから「それまでは音楽をきれいに上げて行くことなんか思ってもみなかったんですよ。上げろって言われりゃ、考え無しにサッと上げていたんです。／彼は、それじゃあ駄目だと言うんですね。『もっとよく音楽を聴いて、曲に合わせて上げていけ』とか『音楽にはリズムがあるだろう、そのリズムに合わせたアップの仕方やダウンの仕方を考えろ！』」[17]などといった指導を受けており、「フェイドのように基本的なことさえ初めて教わったくらいですから（略）そこへいきなりフェイドだ、バランスだ、と知らない英語を言い出した上に、フィルターを使ったりエコーを付加したりする高度なテクニックを持ち出してきたから大変でした。／エコーを付けるなんて初

めてですからね」[18]とアメリカのラジオで用いられていたさまざまなテクニックが一気に日本の現場へ紹介された衝撃について語っている。

　「ラジオ実験室」はクーパーの主導によって制作が始められていたようで、こちらの「新しい実験的なかたちの放送劇」はCIEによってその扉が開かれていたことが分かる。なお、秋山邦晴／武満徹／福島秀子・和夫／山口勝弘／湯浅譲二らが参加していた前衛芸術集団「実験工房」は、1951年11月に最初の発表会を開催しており、その結成にもCIEの存在が影を落としている。1950年3月24日にはCIE図書館においてレコード・コンサートが開催されており、このコンサートを訪れた山口の日記には「福島姉弟、武光？鈴木氏など（何れも音楽をやる人々）に逢ふ」[19]と記されていたようであり、この出会いは実験工房が結成されるきっかけとなった。秋山は頻繁に開催されるレコード・コンサートで解説を務めることもあり、当然ながらそこで紹介される最新の海外の音楽は、作曲家として自立しようとしていた実験工房のメンバーたちの創作に影響を及ぼしたであろうことは想像に難くない。すなわち、敗戦後の日本の放送はGHQの文化政策によって、少なくとも技術的には大きな進歩がもたらされたわけである。

　1947年5月21日に放送された「ラジオ実験室」では、木下順二の作による「聴耳頭巾」という作品が放送されている。技術局技術部調整課（1946年6月15日に創設）に所属していた原弘男は、この番組について「鳥の声をフィルターであらわす。小さな小鳥からフクロウまで次々に出てくるので、ハイパスとローパスを（略）コンビネーションして、出てくる鳥に依ってキャラクターを変えた。ハイパスは1200サイクル以上、ローパスは300サイクル以下」[20]と説明している。この説明にあるように、遅くとも1947年にはフィルターを使用した音響の処理が普及するようになっており、さらに両者の「コンビネーション」によるバンドパスも行われていたことが分かる。

　1947年8月20日に放送された「ラジオ実験室」では、アウグスト・ストリンドベリの童話を渡邊伍郎が脚色した「海に落ちたピアノ」という作品が放送された。親子の鰻が海のなかで会話をする

際の残響の付与について、調整課の星野秀雄は「反響をもった部屋と、高声器及びフィルターを使用して、その感じを出しました。すなわち、スタジオ内でセリフ用に使用して居るマイク1個を、海中セリフ用と定め、そのマイクより出る音声電流を、フィルターに導き、その出力を高声器用増幅器に接続し、反響をもつ部屋にある高声器から出る音を、その部屋の中に別に置いてあるマイクにより、吸収取出して、海中の様子を出して見ました。但し、フィルターを使用した関係上、或る人の声の場合と、外の人の声の場合の時とではその声の周波数によりその効果も違って来ますので、その出演者によりカット周波数を替えて放送しました」[21]と述べている。すなわち、星野はまず出演者ごとに異なるフィルタリングを施しておき、その音声をよく響く部屋に置いたスピーカーから流して、残響成分が付与されたその音響をマイクロフォンで捉えるという、エコー・ルームによる残響付加のテクニックを説明しているわけである。

また、さまざまな水の音について「水槽の中には水中マイクを入れ（略）取出された（註・音は）やや金属性がする為、適当にフィルターを使用」[22]したと記しており、また「蒸気船がだんだん近づき、桟橋に横付けになり、エンジンが高まり、やむ場合が出て来ますが、その効果は蒸気船の出発する、録音盤を反対に回転させ」[23]て表現したと述べている。そして、人夫たちの運ぶピアノが海へ落ち、海底の岩に激突する場面では「水中マイクロホンにより、その突きあたる音を取り、岩にあたり流れだすメロデーは、水中の場面を出す為に、種々研究した結果、ピアノの底にクリスタルレシバーを取付け、これにより、ピアノの音をピックアップして、海中でピアノが音階を発する様な感じ」[24]が出るように工夫をしたという。

さらに魚たちが海中に沈んでしまったピアノを遊び場にするシーンでは「クリスタルレシバーを、やはりピアノの底に取付け、今度はピアノペダルを踏んで、銀線を鉛筆の様な細い棒で、はじきました。そして魚が銀線に触れる音を出し」[25]たと述べている。以上の発言から「ラジオ実験室」という番組では、エコー・ルームの使用／フィルターの使用／ディスクの逆再生／コンタクト・マイクの使用／ピアノの内部奏法など、新しい音響を獲得するためのさまざまな試みが行われていたことが分かる。

ラジオ・ドラマと芸術祭

1943年にNHKは「放送記念日」を制定することとなり、記念日として東京放送局が仮放送を開始した3月22日が選定された。その後のNHKでは毎年の3月22日の前後に「放送記念番組」が放送されるようになり、こうした番組はNHKにおける技術の向上を喧伝する機会としても機能するようになったわけである。1948年3月20日には放送記念番組として、三好十郎の脚本によるラジオ・ドラマ「山彦」が放送されており、この番組では「やまびこ」を表現するための装置が使用されていた。

NHK技術研究所の長友俊一は、「磁気録音を応用して、残響を合成しようとする事は、前にも、星（註・佶兵衛）氏により実験されて居る。われわれはこの装置を使用して、残響感の合成を研究中であったが、偶々現業部門よりの依頼により、調整課と協力して『山彦』の合成をする機会を得たので、その概略について説明する。これは（略）さる3月20日放送記念番組の放送劇『山彦』に実際に放送したものである。／使用した磁気録音機は（略）円周1米のアルミ板に線を24回位巻いてある無端綱線録音機で（略）最大2秒のtime delayを得ることが出来た」[26]と述べており、基本的な構造は第5章で触れた星佶兵衛の製作による残響発生装置に類似したものだったようである。

1948年4月21日に放送された内村直也の作／近江浩一の演出／長谷川良夫の音楽によるラジオ・ドラマ「道子」の脚本では、亡くなった姉のセリフやモノローグなどにフィルターの使用が多めに指定されている。すなわち、このころには脚本家のあいだにも、フィルターによって実現できる音響効果について広く認知されるようになっていたものと推察される。内村は「道子」について「現代人の心理のなかにある一つの陰翳を、こういう形式で描いてみた。舞台戯曲だったら、全然別個の形式が必要であろう」[27]と述べており、フィルターのような機器の使用を含めて、ラジオ・ド

ラマならではの「形式」を追究しようとしていたことが分かる。

1948年7月9日には三好十郎の脚本によるラジオ・ドラマ「女体」が放送されている。原弘男はこの番組における技術的な特色として、「これは女2人が温泉の浴槽で話あう、ラジオでなければ出来ぬ芝居であるが、浴槽の温泉、チョロチョロ流れ出る湯の音、浴槽での会話など演奏室からの直接音だけではどうしても温泉の浴槽というイメージを与えないので、(略)増幅器のあとで抵抗パッドを用いてブランチ(註・分岐)して、片方をエコー・ルームへ導き、その反響音をM4(註・エコー・ルームに設置したマイクロフォン)によりキャッチし、もう一方のストレートの音に、最も適当と思われる程度にコントロールしながらミクスしたものである。台本の内容により、『思い出』の長いモノローグなどのときには、M4をしぼって、不必要な反響音はところによりずっとおさえた」[28]と説明していた。すなわち、すでにこの時期までには東京中央放送局においてエコー・ルームの使用が日常化していたものと考えられる。

1948年8月20日には真船豊の脚本／岩淵東洋男と松永栄一の効果によるラジオ・ドラマ「仏法僧」が放送されている。原はこの番組における試みについて「小鳥や、童話劇に出てくる人語を話す動物などは、フィルターなどをコンビネーションで使用するのが普通であるが、録音盤を使って再生する際、その廻転数を変化させる方法がある。この手法はその操作が複雑であるが、単にコトバの音質ばかりでなく、そのイントネーションも独特のものとなり、ピッチ如何によりコトバの母音の持つ周波数が変化して別種の母音に近い音になるので非常に効果的である。真船豊『仏法僧』は特にこの方法のために具体化された」[29]と述べている。すなわち、この作品では再生速度の変化が試みられていたことが分かる。

さらに原は「ラジオにおいては、演技者の動作の音も効果マンがやるので、この場合の音は演技の一部と見なければならず、足音、戸の開閉など、そのアクションは登場人物の誰のやるものかによって、その音の大きさおよび音色そのテンポ……まで特定のものが要求される。さらに、ものによっ

ては効果の音だけの芝居が要求されることもある。真船豊作『仏法僧』の最後の場などその好適例で、遠く聞えていた瀧の音が次第に近づき、クレッシェンドして瀧の落口に近づく、そこには小さな蛙がないている。さらに瀧の中へとアップしてカットオフ。これがなければこの芝居は幕が降りない。(略)最初の瀧のロングはエコールームの鉄板の音」[30]を使用したと述べている。先に述べたように戦前にもラジオというメディアによる「効果音だけの芝居」はたびたび試みられていたわけであるが、ここに触れられているようにエコー・ルームの使用による残響成分の付加は、とくにラジオ番組の制作に大きな進歩をもたらしていたことが分かる。

1945年12月31日付で文部省の社会教育局には芸術課が設置されており、初代課長には今日出海が起用された。今の発案によって1946年の秋から「芸術祭」が開催されることとなり、その趣旨は「芸能文化を一堂に集めて覧賞し、再認識し、再検討することは、終戦一年後漸く祖国再建に立ち上った国民に必要且有意義なことと思います。古き文化を保存し、新しき文化を昂揚する芸術祭の催しは国民を鼓舞し明日の建設のための力を養うに足りる企てだと信じます。過去現在の文化の総決算とでもいうべき芸術祭は明日の文化創造の礎でなければなりません。この意味に於きまして(略)芸術祭を開催して新日本文化再建に寄与すると共に国境を越えて現代日本の精華を海外に宣揚せんことを期する次第であります」[31]というものであった。

1946年の第1回の芸術祭には、舞楽／能楽／人形浄瑠璃／演劇／歌劇／舞踊／音楽という7部門が設定されていた。そして、1947年度の第2回となる芸術祭では「九月、十月、十一月の間に東京都内で行なう興業のうち、執行委員会が適当と認めたものを芸術祭参加演目とする」[32]という方式が定められることとなり、「優秀なものには文部大臣賞(個人賞、団体賞)を授与する」[33]という基本となるフォーマットが策定された。1948年に開催された第3回からは映画と放送の2部門が新設されており、1949年の第4回では音楽部門のなかに放送による作品も加えられるようになった。さらに1950年度の第5回からは地方都市(仙台、名古屋、大阪、

広島、福岡)での芸術祭も行われるようになり、1951年度の第6回からは「執行委員会が企画し芸能界と共同して行なう」[34]主催公演と参加公演の二本立てとしたうえで、大賞に相当する芸術祭賞と、芸術祭奨励賞という二段階の賞が授与されるように変更が加えられていた。

1947年5月にNHKでは「新憲法施行記念週間の番組」[35]として「放送芸能祭」と銘打った番組の編成が行われていた。「ラジオ年鑑」には「特別番組としては(註・1948年)11月1日から7日まで、芸術祭参加の意味で(略)特別番組が組まれた」[36]と記されており、この年から芸術祭への参加番組を含めたさまざまな番組が「放送芸能祭」への参加番組として放送されることとなった。1948年11月1日には放送芸能祭のための番組として、谷崎潤一郎の作詞/富崎春昇の作曲と演奏による地唄「逢生」が放送されており、1948年11月7日に放送された田井洋子の作/近江浩一の演出による「魚紋」は芸術祭の放送部門へ出品されて、主演の加藤道子に文部大臣賞が授与されている。

1949年の芸術祭/放送芸能祭について「ラジオ年鑑」では、「11月3日を中心として、放送芸能祭番組を特集し、そのうち数種目をもって芸術祭参加番組とした。とくに放送劇、管弦楽曲を一般から募集し、これを芸術祭番組としたことは、芸術祭への公衆参加という道をひらくものとして、意義あるものがあった」[37]と記されており、この年の芸術祭の放送部門に参加したラジオ・ドラマは1949年11月3日に放送された八木隆一郎の作/近江浩一の演出による「流木」(文部大臣奨励賞を受賞)であった。そして、この年からは先に触れたように芸術祭の音楽部門へ放送による作品も加えられており、1949年11月2日に放送された大木惇夫の詩/深井史郎の作曲による交声曲「平和への祈り」や、1949年11月3日に放送された久保田万太郎の詩/六代目岡安喜三郎の作曲による長唄「旅ゆけば」(文部大臣奨励賞を受賞)などが出品されている。

1950年の芸術祭は「芸術祭執行委員会と興行会社、或いは芸能団体との共同による公演」[38]のみによって開催されたため、参加できた部門は共同開催のできない放送部門と映画部門だけであった。

1950年11月1日の「シンフォニーホール」という枠は放送芸能祭の番組として、尾高尚忠の指揮/NHK交響楽団の演奏による清水脩「印度旋律による四楽章」とシューマンの「ピアノ協奏曲」が放送されており、前者は芸術祭に参加するために行われた公募の入選作品でもあった。また、1950年11月3日にも芸術祭公募のラジオ・ドラマとして、長孝一郎(八木岡英治)の作による「秋祭り」が山口淳の演出により放送されている。また、芸能団体との共同公演としては、1950年11月16日に日比谷公会堂において、尾高尚忠の指揮による「芸術祭日本交響楽団演奏会」が開催されており、黛敏郎「交響的気分」/尾高尚忠「ピアノと管弦楽のための狂詩曲」/深井史郎「平和への祈り」が上演されている。

「ラジオ年鑑」では1951年の芸術祭/放送芸能祭について、「文化の日を中心に、1日から4日まで、恒例の放送芸能祭番組を編成した。このうち、芸術祭参加番組は1日の土岐善麿作詞、清元栄次郎作曲の清元『十三夜』、2日の懸賞放送劇入選作、高橋昇之助作『あたしの父母』、入野義郎作曲の室内協奏曲、3日のオペレッタ『宝石と粉挽娘』(註・音楽=須賀田礒太郎)、4日の管弦楽、池内友次郎作曲『交響的二楽章』を山田和男指揮、NHK交響楽団が演奏した。/その他、『二十の扉』、『話の泉』、『とんち教室』、『ラジオショウ』、『ヴァラエティ』等では、いずれもその分野で新鮮な機軸を出すように企画したが、『浪花節』、『講談』など既成芸能も、それぞれ新作を発表するなど、明るく楽しい番組を数多く提供し、放送芸術の成果を世に問うた」[39]と記されている。そして、これらの番組のなかで、「宝石と粉挽娘」の作詞/作曲/演奏/効果一同に対して芸術祭奨励賞が贈られることとなった。こうして戦後のNHKでは毎年の秋に開催される芸術祭に出品するため、芸術的/技術的に優れた作品を制作しようとする機運が高まっていったわけである。

| 磁気録音機の導入と普及 |

1946/47年度における「録音放送の運用される面」[40]として、「ラジオ年鑑」では次の三点が挙

げられている。それは「①出演者の都合や時間の都合で録音を使う。／②演奏室が少ないために空き時間を利用するために録音を使う。／③録音でなければ到底企画し得ないような独得なものの録音」[41]というものであり、「現在は前記何れの場合でも使用されているが、③の独得の活躍面において最近の増加は誠にみるべきものがある」[42]と記されている。すなわち、この時期のNHKの局員たちは、「録音でなければ実現できない音による表現」としてのラジオ番組の制作に意欲を持って取り組んでいたわけである。

1946年から47年度のNHKでは、録音装置の「大部分が円盤式録音機であり、ごく特殊な録音に際しては携帯用の小型磁気録音機」[43]が使用されていた。「ラジオ年鑑」では据置用／携帯用／16インチ盤用の大型という3種の円盤型録音機の存在が示されており、携帯用の磁気録音機としてアメリカのGeneral Electric社の製品が紹介されている。この磁気録音機は「ラジオ年鑑」によるとGHQの「民間情報教育部の好意により貸して貰っている機械である。録音時間三〇分の鋼線式磁気録音機で、極く小型でありマイクロホン及びそのコード・電源コード等一切を含めて一人で提げて歩ける程度の携帯用機械で操作も割合に簡単だから性能として頗る機動性に富んでおり、幾分音質において円盤式に劣るようだが活動の自由なことは円盤式の容易に及ばないところである」[44]とその可能性が高く評価されている。なお、1960年代以降にラジオ・ドラマを演出していた沖野瞭は、「16インチ円盤録音機とか、十数年に亘って主力マイクになったRCAの77Dとか、テープレコーダとか、最新鋭のものを本国からCIEのルートで入れたりしているんですね」[45]と述べていた。

そして「ラジオ年鑑」の文章は、「これと殆んど同型式の機械を日本でも試作しているところであるが、その実験成績を見ると比較的近いうちに実用になるのではないかと考えられる。ただ鋼線に非常に難しい問題が残っている。／鋼線式だけでなく携帯用テープ式も米国では非常に進んでいることが報ぜられているが、吾々の手で自由に使うまでにはまだ時間があることだろう」[46]と続いている。すなわち「ラジオ年鑑」で記載される年度末の1948年3月までの時点では、テープを使用し

たコンパクトな磁気録音機がアメリカで普及しているという情報がNHKまで届いていたものの、その詳細については不明であったものと思われる。

1948年度の円盤型録音機について「ラジオ年鑑」においては、「78回転の10吋式から33回転への変換、12吋または16吋式、即ち、大盤仕様の長時間式への変換は、本年度に入って、実現化され始めた」[47]と記されている。つまり、1948年度の時点においても、NHKでは円盤型録音機のスペックの向上を模索していたわけである。そして「本年度における録音機の一大進展は磁気録音機の躍進である。従来は米国製のワイヤ式磁気録音機の借用程度に止まっていたが、まずこのワイヤ式の国産化が具体的に可能となった」[48]と記されており、NHKではまずワイヤー・レコーダの導入に力を入れようとしていたことが分かる。ただ、この文章は「米国からテープ式の磁気録音機が出現した。その優秀な成績は全く驚くべきものであつて、折角できるようになった国産ワイヤ式録音機の今後が気遣われるほどである。更には、円盤式録音機にも優るくらいである」[49]と結ばれている。おそらくNHKの局員たちは、録音の分野の技術を更新する時期がすぐそこまで到来しつつあったことを認識していたものと思われる。

1949年3月ごろに東京中央放送局ではアメリカのMagnecord社製のPT－6型のテープ・レコーダを購入していたようである。「ラジオ年鑑」には「1台購入し、24年（註・1949年）6月から使用を開始した」[50]、「米国製品が7（註・1の誤植か）台輸入され、東京放送会館に設備された」[51]と記されており、「ラジオ科学」誌の1950年3月号には「目下AKに一台あり」[52]という記載がある。星佶兵衛は「無線と実験」誌の1949年9月号にPT－6型テープ・レコーダを紹介する記事を寄稿しており、「従来あった色々の種類の録音とは比べ物にならぬ程優れている。（略）なお信号対雑音比は50 db以上で、普通には録音による雑音は殆んど聴きとれぬ程である。（略）電気音響的性能に於ては円盤式よりも明かに勝れている。而も将来益々両者間の性能の間隔が大きくなるかも知れない」[53]とそのスペックを高く評価している。

しかし、星は編集について「録音放送のように色々の録音を多数に組合せ編集をして再生するも

の即ち複雑な編集をするものが比較的多く要求される場合には円盤式の方が遥かに便利である。たとえつぎはぎが容易に出来るといっても円盤式に於ける編集操作の方が現状では遥かに容易である」[54]と述べており、編集作業に関してはテープ・レコーダよりも円盤型に軍配を上げていたことが分かる。このころの円盤型録音機による具体的な編集作業については、音響デザイナーの大野松雄が東京放送効果団にも所属していた吉田貢のテクニックに関する証言を残している。大野はまず「吉田さんは皿回しの名人と呼ばれていて、録音盤を三枚再生できる装置を一台、二枚再生できる装置を二台の計七枚の録音盤を同時に扱う技を持っていました」[55]と述べている。

そして、大野は「例えば有楽町の駅に行ったとして、切符を買う音、切符にハサミを入れる音、階段を上がる音、ホームに流れるアナウンスの音、電車が近づいてくる音、ブレーキ音、ドアが開く音、乗客の乗り込む音、電車が発車する音、といった音響を一つずつの録音盤に入れ、頭出しをした盤を手で押さえて空回りさせ、タイミングよく手を放して再生する。それはまるで現実の空間のなかにいるかのように聴こえるんです。吉田さんは技術的にすごかっただけでなく、頭のなかで音と音の組み合わせを即座に構築できることこそがすごいと思います」[56]と解説していた。すなわち、生放送が多かったこの時代には高価なテープを切り貼りして編集してから放送するよりも、テクニックを持った技師によって、複数の録音盤を次々とかけ替えながらリアルタイムでの編集作業を行うほうが「遥かに容易」であると捉えられていたわけである。

1949年12月26日の讀賣新聞の夕刊の1面には、東京通信工業による「日本で最初のテープ式磁気録音機（手軽な豆録音機）」という文字だけの広告が掲載されている。すなわち、東京通信工業では1949年の末までにテープ・レコーダの開発がほぼ完了していたものと考えられる。そして「ラジオ年鑑」では、1949年度のテープ録音による番組の再生回数は383回であったと記されており、1日に1番組から2番組程度はテープ録音を使用した番組が放送されるようになっていたわけである。た

だ、1949年度の円盤型録音機による再生回数は9,930回にも及んでおり、圧倒的に円盤型が利用されていたことが分かる。

さらに1949年度のNHKでは「録音再生装置の整備は相当重点的に行われ」[57]ており、全国の放送局に据置用の16インチ円盤型録音機が27台、そして、携帯用の12インチ円盤型録音機が12組ほど配備されていたようである。携帯用の円盤型録音機は「根本的に新設計に改めたもので、従来の三分の二以下に小型化」[58]されていたようであるが、「従来依然として10数年前に輸入されたテレフンケンELaC44型携帯録音機の一部を改善した程度のものが使用され」[59]ていると記されており、録音された音の質の向上よりも、街頭録音で使用するための軽量化や、全国の放送局へくまなく配備することのほうが優先されていたようである。

「ラジオ年鑑」では1950年度の円盤型録音機について、「携帯用21台を製作し（日本電気音響）、各局に配布した。これはリム・ドライブ式、2速度用（78及び33⅓rpm）のものであるが、従来のものに根本的に検討を加え、軽量、小型でしかも性能の優秀なことを目指した新型で、重量は初期のものの約3分の1になっている。／再生機は据置用5台（日本電気音響製）、携帯用7台（芝電気製）を製作、それぞれ各局に配布した。このほか効果用の可変速度型2連再生機を24年（註・1949年）度から継続で、11台製作し（北辰電気、塚本電機、東亜無線電気製）、各中央局に配布した」[60]と記されている。この記述から円盤型録音機の小型化や高音質化を目指すだけではなく、先に触れた録音盤をかけ替えながらリアルタイムで編集するための再生機の開発にも力が注がれていたことが分かる。

1950年9月14日には「ラジオ小劇場」の枠から木村学司の作による「下水道」という作品が放送されており、東京放送効果団の荒川利雄は「ちょっと苦労しました。大きな鉄柵が地下下水道から抜ける音です。ゴーンゴーンと当る音なんです。それだけの幅のある音が出せない。放送局の地下室のお風呂場で、あの辺にあった鉄の破片を持って来て当てて、それを七十八回転で取って三十三回転に落して使ったのです。七十八回転だとコンコンコンと簡単です。それを三十三回転に落してかけるとゴロンゴンゴーン」[61]という響きの

音になったと述べており、再生速度の変化による効果音の作成にも円盤型録音機が活躍していたことが分かる。

磁気録音機について「ラジオ年鑑」では「24年（註・1949年）度外国製品7組が東京に設備されたのに引続き、25年（註・1950年）度大阪に1台配布された。この外国製品を参考として、国産品製作の準備を進めてきたが、大体成案を得たので、試用機器3台を東京、福岡、松江に設置するとともに、携帯用42台を発註した。26年（註・1951年）度初頭に製作完了の見込みである」[62]と記されている。そして、テープ編集については「従来録音の編集は、円盤録音の方が、便利とされていたが、つぎのような点でテープ録音の編集もまた便利である」[63]と記されており、現場でテープ・レコーダが活用されるようになったことで、そのアドバンテージが急速に認識されるようになったものと考えられる。

具体的には「㈠原音の試聴を何回繰返しても原音の音質は悪くならない。／㈡編集各篇が短くても容易に編集することが出来る。／㈢速度を変えることにより、所要時間は僅かではあるが短縮、延伸をすることが出来る。／㈣編集完了後でも試聴してやり直すことが出来る。／この編集に当って、特別な手段をとって編集する場合は、つぎのとおりである。／㈠無音と背音（拍手とか笑声）の切継ぎ　背音をフェードイン或いはフェードアウトして録音した別のテープを挿入継ぎ合せる。／㈡性質の異る背音　フェードイン、フェードアウトの混合背音を別のテープに録音して挿入継ぎ合せる」[64]などと説明されている。1949年の時点で星信兵衛は、円盤型録音機による編集のほうが「遥かに容易」であると述べていた。しかし、2年足らずで磁気録音には、円盤型録音機には備わっていないさまざまなメリットのあることが見出されていったわけである。

「ラジオ年鑑」においては、1951年度の「テープ録音機は使用の便利さと性能とを勘案して、つぎの3種類を製作した。このテープ録音機を活用することによって、録音放送は26年（註・1951年）度に面目を一新した」[65]と記されている。3種類のテープ録音機とは、①据置型の磁気録音機／②携帯型の磁気録音機／③肩掛型の磁気録音機であり、据置型の磁気録音機については「この機械は、スタジオや録音室等に設置して使用するもので、最も安定で最優秀の性能を有し、連続1時間の録音或いは再生をすることが出来る。VOA（註・アメリカの国営放送Voice of America）から寄贈されるシンフォニーの録音テープの再生、『NHKシンフォニーホール』の録音および再生は、すべてこの機械を使用している。26年度の製作数は5台で、放送会館、大阪および名古屋の演奏所で使用している」[66]と記されている。

携帯型の磁気録音機については、「この機械は、外出録音用として製作したが、持ち出しに便利なばかりでなく、その性能もかなり優秀なので、スタジオや録音室等に設備して使用しても、前記据置型録音機の代用とすることが出来て重宝なものである。26年度はこの録音機に重点を置いて製作した結果、109台を完成し、地方各放送局で縦横の活躍をしている」[67]と説明されており、全国的に磁気録音機が急速なスピードで普及していったことが分かる。

そして、肩掛型の磁気録音機については、まず「軽量で取扱いに便利な録音機は、長い間の録音技術界の夢であったが、テープ録音機の実用化によってこれが達成された。25年（註・1950年）度から製作に着手したこの肩掛型録音機は、26年度末には77台を完成し、各放送局で使用した。／この録音機は、電池を自蔵し、モーターは発条で駆動し、別に外部から電気を必要とせず、重量8kg弱、大きさ380mm×160mm×165mm程度で、1人で運搬、マイク操作、録音操作が出来るので、登山したり、人混みの中で録音したりすることも容易である」[68]と記されている。

具体的な使用例として「26年4月の講和条約調印式（註・対日講和条約がサンフランシスコで調印されたのは1951年9月8日）実況中継に際しアメリカで特派員が使用したのも、各国条約交渉でフィリピン（註・日比賠償交渉は1952年1月から開始）、台湾（註・日華平和条約は1952年4月28日に締結）への特派員が使用したのも、また朝鮮戦線（註・朝鮮戦争は1950年6月25日に勃発し、1953年7月27日に休戦）の現地録音、硫黄島戦跡調査（註・1952年1月から4月にかけて硫黄島と沖縄で遺骨収集のための予

備調査が実施）の現地録音も、すべてこの録音機により報道員1人で収録したのである。しかし、この録音機は連続5分間使用出来る程度で、5分毎に発条を巻き上げなければならない不便があるので、この点を改善するように努力が続けられている」[69]と記されている。こちらのいわゆるデンスケと呼ばれるようになる肩掛型の磁気録音機の登場によって、現地取材や録音構成の制作は飛躍的にその活動範囲を広げることになる。

テープの編集については「録音テープは切り継ぎが容易に出来るので、編集には便利である。『話の泉』、『とんち教室』、『世界の音楽』、『三つの歌』、『さて何でしょう』、『街頭録音』、『放送討論会』、『朝の訪問』は26年度中に編集方法を決定して、毎回編集して放送しているが、これに気のついている人は何人を数えるであろうか」[70]と記されている。ここに記された番組の多くはトークを中心としたものであり、談話の冗長な部分などをカットしてコンパクトにまとめるためにテープ編集が多用されていたものと考えられる。円盤型録音機で同様の操作を行うにはダビングが必要となるが、磁気録音機では録音済みのテープを切り繋ぐだけでそれを実現できる。その手軽さによってテープ編集は多用されるようになっていったのだろう。

さらに編集については「録音された番組の再生に当って、その編集が難しいという欠点がある。／テープ式録音編集装置は、この欠点を除くため製作されたもので、これにより録音されたテープを、容易に且つ確実に編集することが出来るようになった。／26年度は東京及び大阪に配布された。（日本電気音響株式会社製）」[71]と説明されている。ここで指摘されている編集の困難さとは、ディスクなら目を凝らせば溝を視覚的に確認して頭出しをすることが可能であるが、テープ上では録音された音の位置を目視で確認することが不可能であることを指していたものと思われる。この編集装置（ST−105型）には切断箇所を発見するための「試聴用と編集ポイント・ピックアップ用の2個の再生ヘッド」[72]が取り付けられていたようである。しかし、磁気録音機のリールを手で回して頭出しを行い、ダーマトグラフなどで切断箇所にマーキングをして、鋏と粘着テープで切り繋ぐという方法でも通常の放送では充分であるため、その後

にこうした編集装置が改良されていった様子は確認できなかった。

なお、当時は編成局演出部演出課に所属していた山口淳は、「放送文化」誌の1951年10月号においてラジオ・ドラマにテープ編集を用いる可能性に言及している。山口はラジオ・ドラマでの乱闘シーンについて「このダイナミックな演出も苦手の一つだ。——もし現実にラジオの出演者にとっくみあいをやってもらったところで、マイクロフォンに対するアングルは全然無視されてしまうので、口をついて出る悪罵、怒号、はげしい息づかい等が、存外ツブが立たない結果となる。これが映画手法のように、短いカットで十にも二十にも分解してそれをモンタージュするのだったら仕勝手がよい。そういう意味で今後のサウンドフィルムの編集のようにテープ録音による編集という事が、特にこのケンカ場などで考えられる。／非常に巧緻で素早い、細密にして計算的な分解と合成というような術が、テープ録音のハサミによる編集ではなし得られる」[73]と述べている。すなわち、畳みかけるような細かい編集は、磁気録音機によるテープの切り貼りでなければ実現することが困難であり、これまで行うことができなかった音による緻密なモンタージュの可能性に高い期待が寄せられていたわけである。

1946年6月15日に日本放送協会では「国民大衆を中核とする放送の確立と放送将来のための科学的な基本調査を行うことを目的として（略）従来の調査部を発展的に解消」[74]することにより、「放送文化研究所」が設置されることとなった。1948年5月の時点で放送文化研究所は、第1部／第2部／庶務課から構成されており、第1部では「①放送基礎資料の蒐集作成並びに整備、②放送番組・記録等の整備並に保管、③放送文化並びに放送事業についての文献の蒐集・整備、④放送年鑑・業務統計その他出版物の刊行、⑤図書室の管理」[75]が行われており、第2部では「①放送救果（註：効果の誤植）についての調査研究、②放送についての世論の調査研究、③放送用語の調査研究、④業務の統計、⑤海外における放送団体との連絡並びに海外における放送事業の調査研究」[76]が推進されていた。

1951年12月3日からは放送文化研究所において、「音のライブラリー」という事業が実施されることとなった。「ラジオ年鑑」ではこの事業について、「音の文化財の体系的な収集保存は、かなり以前からその必要が認められていたが（略）体系的に科学的に広く深く収集することは、公共事業体であって、しかも音による文化の向上を念願する日本放送協会にして始めて可能的な文化的事業」[77]であると記されている。そして、当初の方針としては、①文化勲章受章者などの「人物」／②ニュースや東京裁判などの「事件・事象」／③雅楽や義太夫などの「芸能作品」／④「話の泉」といった番組の「放送形式」／⑤「滅びようとする鳥獣類の声、火山の爆発音、名鐘の音」[78]といった「自然界の音」／⑥滅びつつある「生活・風俗・民族的なもの」／⑦全国の方言の「ことば」／⑧音楽資料課で収集する「民謡俚謡」が収集されていた。こうしたさまざまな現実音のコレクションは、のちに広義の電子音楽の制作現場でも使用されていくこととなる。

｜箏響台｜

柴田南雄は「新しき作曲家」という特集が組まれた「音楽芸術」誌の1949年11月号のために、「現代音楽上の一問題」という文章を寄稿している。この文章でにおいては柴田の考える「未来音楽の様相」[79]について述べられており、まず「諸楽器改良の努力が百年このかた、殊に今世紀に入ってよりさっぱり停頓状態に入っている様に思えるのだ。（略）私達にとって、生命ともいうべき楽器類が、どうしてこんなにも近代科学の進歩から置き去られたのであろうか」[80]という問題が提起されている。

そして、柴田は「将来の或時期に、進歩した科学技術と工業力を極度に利用した非常に性能の高い楽器が設計されるであろうこと。その楽器は凡ゆる種類の音の波形を合成し得ると同時に、いかなる音の組合せも可能で、しかも甚だ容易に操作し得ること。そして十二平均律以外の音調をも利用し得ること。従ってかかる楽器を以てする音楽の様相は今日のそれとは一変するであろう」[81]と主

張している。1916年9月生まれの柴田は、戦前に紹介／開発されたテルミンやオンド・マルトノを始めとするさまざまな電子楽器についての知識を持っていたはずであり、それを踏まえたうえでの電子音楽やシンセサイザーの登場を予見するような発言をここに確認することができる。

日本大学の工学部の学生であった田中幸雄は、「無線と実験」誌の1950年8月号に「箏響台について」という文章を寄稿している。田中は箏という楽器に対して「音量の小なこと、音色感があまりにも透明すぎていわゆる雄大さがない」[82]という問題があると感じていたようである。そこで田中は箏の下に置く「箏響台」という装置を考案しており、この装置は箱のなかにマイクロフォンとアンプとスピーカー、そして、複数の共鳴箱を取り付けたものであった。田中は「①音量の大になったこと。（最大はピアノより大きい）。／②洋楽器との合奏可能となったこと。（略）④使用する箏及び吸音物により音色感を自由に変化させ得ること。（略）⑥音量を適当に変化し得ること」[83]などをこの装置の特長として挙げている。

1913年3月に中島雅楽之都が創立した生田流箏曲の流派である「正派生田流」は、1952年3月24日に日比谷公会堂において「正派四十周年記念名流音楽祭」を開催した。この演奏会を報じる新聞記事には、「生田流家元中島雅楽之都こと利之氏の音頭で平井康三郎氏が特に『箏と管弦楽のための協奏曲』を作曲し中島靖子さんが高周波電流によりピアノより大きく響く現代的な箏『箏響台』を弾いてこれに東京フィルハーモニー管弦楽団が合奏する」[84]と記されている。当時はこのような特定の楽器のための電気的な装置の開発にも意義があったものと思われるが、その後のPAの発達のためか箏響台が普及していった様子を確認することはできなかった。

｜映画のサウンドトラック｜

1950年4月9日にマキノ雅弘の監督／鈴木静一の音楽／大沢光一の録音による東日興業と新演技座の製作による映画「傷だらけの男」が公開され

ている。この映画は磁気録音が使用された最初期の日本映画だったようで、東京通信工業の技師であった安田庸三は「磁気録音を我が国で、一番最初に映画に採り入れたのは、確か、マキノ雅弘氏であろう。氏は昭和25年（註・1950年）初め頃から、まず、テイプ・レコーダーの構造より研究し、積極的にこれが映画への利用を考えられたらしく、手取り早く、氏のプロデュースになる映画『傷だらけの男』に使用されたのである。／これの利用方法について、関係者から聞いたところでは、6㎜の普通のテイプ・レコーダーで、一応同時録音で全部録音し、後でOKカットのみ光録音機へリレコーディングする方法であったらしい。しかしその結果は失敗に終り、マキノ氏の信用問題にもなったようである」[85]と述べている。

　この「傷だらけの男」には音質の問題やシンクロナイズの不具合などの問題が生じてしまったものと推察されるが、この映画を手がけた東日興業は引き続き1951年1月26日に公開されたダレルとスチュアート・マックガワンの監督／アルバート・グラッサーの音楽／チャールス・キングの録音による映画「東京ファイル212 Tokyo File 212」を、アメリカのブレイクストン・プロダクションとの合作により製作した。安田はこの映画にて「『キネボックス』35㎜磁気録音機が使用され」[86]たと述べていることから、この映画の日本ロケのためにアメリカからKinevox社製のテープ・レコーダが日本に届けられていたものと考えられる。

　1950年8月26日には黒澤明の監督／早坂文雄の音楽／大谷巌の録音による大映製作の映画「羅生門」が公開されている。この映画の概要はよく知られているように、殺された武士の死体が発見されるものの、検非違使庁の庭での取り調べにおける盗賊や武士の妻らの証言が食い違っていくという多面的な進行によるものである。殺された武士は巫女によって取り調べの場に霊として呼び出される。早坂は事前に音楽の設計のための構成表を作成しており、武士の霊が呼び出されるこちらのシーンには「一旦録音し回転を遅くして録音し直し（略）その上で生を重ねて」[87]と記しているようである。ここでは男性のヴォカリーズに規則的な太鼓の音を重ねた音楽が使用されており、この

音楽は再生速度を落として約1.2倍に引き伸ばされているようである。

　1952年10月には黒澤明の監督／早坂文雄の音楽による東宝製作の映画「生きる」が公開されており、この映画においても歌の再生速度を落とすという処理が行われている。35㎜フィルムによる映画は1秒間に24コマで記録されており、これを29コマに引き伸ばすと約1.20倍の長さになる。早坂は「生きる」の歌について「回転を二十九駒に落として（略）あの世から、聞えてくるような感じにする」[88]と述べており、同様の処理はすでに「羅生門」でも試みられていたことが分かる。

　1951年1月29日には豊田四郎の監督／芥川也寸志の音楽／下永尚の録音による藤本プロダクションの映画「えり子とともに」の第1部が公開された。安田は「丁度その頃、東京通信工業でも、研究中の磁気録音テイプ並びに機器類を国産化し、初の量産に成功して斯界の好評を得たことから、早速社内に、映画への利用研究部門を設けると共に、25年10月藤本プロの好意によって、『えり子とともに』の撮影に、最初のテスト的に実用する機会を得た。／これはロケイションの一部に、同時録音用として使用されたもので、使用機械はG型と言う普通のテイプレコーダーを若干改造した程度のものであった。その使用方法はOKカットのみを、後で光録音機へ、リレコードするという一番簡単な方法で行った。／結果をみると音質はもちろん、心配していたシンクロナイズの問題もまず良好であった」[89]と述べている。

　そして、1951年3月3日に公開された小田基義の監督／河崎一郎の音楽／三上長七郎の録音による綜芸プロダクション製作の映画「宝塚夫人」では、全面的に磁気録音機が使用されることとなった。安田は「宝塚における、ロケイションの全部に同時録音又は、プレイバック方式により使用したもので、撮影終了帰京後、OKカットのみリレコードしたものだけでも、4000呎の多きに達した。しかしその結果は（略）シンクロナイズの問題があり、ラッシュ試写の結果は相当の『ズレ』を生じ、テイプ・レコーダーの信用も一ぺんに丸つぶれとなり、やはり新らしいものは簡単には使えないと散々の酷評を受けた。もっともこの映画が

市場に出たときは、御覧になった方はうなずけると思うが、どこがテイプ使用箇所か判らない程うまく出来上っている。これは関係者がテイプの面目にかけて、苦心の結果修正をしたもので、筆者等も一時このために神経衰弱にかかった程であった」[90]と述べている。

1951年8月3日には本多猪四郎の監督／服部正の音楽／三上長七郎の録音による東宝製作の映画「青い真珠」が公開されている。安田は「そのサウンド・エフェクト全部に東通製M1型小型携帯用テイプ・レコーダーを使用し、海浜に或は漁船上に、従来の録音機では困難な場所に進出し、これを縦横に駆使してその映画のローカル味を充分に出した。従来のエフェクトでは出せなかった効果を簡単に出せると言う、テイプ利用の一面を開拓したものとして、注目された」[91]と述べている。このように1951年には映画の世界においても東京通信工業を始めとする企業の協力を受けて、テープ・レコーダの使用が次第に普及してくこととなった。

| テープ・レコーダの普及 |

1951年の新日本放送ではエコーを歌に付加するという試みを行っていたようである。1946年から1951年にかけて大阪中央放送局の現業課に勤務していた吉田悦三は、開局とともに新日本放送へと移っており、遅くとも1954年までに第1調整課長を務めるようになっていた。吉田はテープ・レコーダを使用して「エコーのついた歌をつくり出したのもNJB（註・新日本放送 New Japan Broadcastingの略）だ。あれはレコードの『グッドモーニング・シスター・エコー』からのヒントだが、寿屋のテーマにはじめて使った。本番中歌手はエコーが自分の耳にかえり、錯覚をおこしてしばしばやりなおすという苦心を重ねた」[92]と述べている。吉田がヒントにしたのは1951年にアメリカでレコードが発売されていたマーガレット・ホワイティングの流行歌「Good Morning, Mr. Echo」[93]であり、壽屋（のちのサントリー）が提供する番組のオープニングキャッチにテープによるエコーが使用されていたのかもしれない。

1952年1月21日に大阪中央放送局から放送された「食後の音楽」という番組でも、マーガレット・ホワイティングの「Good Morning, Mr. Echo」が取り上げられていた。大阪中央放送局では事前にテストが行われることとなり、関信夫（技術部中継録音課）らはこのときのテストについて、「使用したのは日電（註・日本電気音響）PT－12型テープ録音機で、No.1のマイク・コンセントにマイクロホンをつなぎ、No.3のマイク・コンセントと録音状態の増幅器の出力モニターとをジャンパーし並列にモニター・スピーカーを接続する。No.1のマイクロホンで短い言葉を録音すると、テープが再生ヘッドを通過するとき、その再生モニター出力はスピーカーへ入ると同時にNo.3コンセント入力となりテープの次の部分に録音されることになる。この部分が更に再生ヘッドを通過して前と全く同じことが繰返され、結局はじめに録音した短い一言が限りなく再生され続けることが確められた」[94]と述べている。

「食後の音楽」における放送では、歌手の宝とも子と楽団がスタジオに入って演奏を行い、歌手へのエコーの付加については「1組の再生ヘッドと録音ヘッドを用い、再生ヘッドの出力をエコールームに送ると同時に録音ヘッドに返してその再生音を録音し、それを再び再生するというような『ループ』回路を用いる方式」[95]が採用されていた。さらに「所要の時間のおくれを持ったエコーを作るために、録音ヘッドと再生ヘッドの間からテープを取り出し、別に取り付けた迂回用ローラーにかけて、走行距離を伸ば」[96]すという処理も施されていたという。遅くとも1952年5月までにはNHKの技術研究所が製作したエコー・マシンが東京中央放送局で使用されていたようだが、テープによるエコーの威力を前面に押し出した番組の制作は大阪中央放送局のほうが早かったようである。

「放送技術」誌の1952年2月号においては「テープ録音」という特集が組まれており、テープ・レコーダについての4つの文章が掲載されている。東京中央放送局の遠藤幸男（技術局技術部録音課）による「録音テープの編集」という文章では、「テープ式磁気録音機のすばらしい発達は、ディスク式に比較して操作が簡単、録音成績が安定、

抹消が出来、また作品の一部分の添加及び削除が自在であって編集の融通性が大きいのに基因している」[97]と記されている。すなわち、このころまでには円盤型録音機と比べて、テープ・レコーダのほうがさまざまな点で有利であると認識されるようになっていたことが分かる。そして「NHKで実際の放送にテープ編集を始めたのは約1年前からで、現在テープ編集によって放送されているものは『とんち教室』『話の泉』『放送討論会』『皆さんの相談室』『街頭録音』等である」[98]と記されているため、やはりテープによる編集はおもに談話などを切り繋ぐために使われていたことが分かる。

さらに遠藤は「円盤とテープの編集は互いにその特徴を異にしている。そしてテープと円盤はその目的によって選択して使わなければならない。例えばニュース録音のように、収録後、短時間で編集し、或いは収録すると片っぱしから編集して放送せねばならぬ時は、円盤編集の方が適している。それも小さい盤を使用した方が簡便である。即ち円盤編集はテープ編集に比べて、比較にならぬほど時間的に能率的である。しかし円盤編集では、ごく短い部分のみを削除したり挿入したりするような技巧的に複雑な編集は不可能である。また試聴を繰返す毎に雑音が増加し音質が劣化して行くことは、テープに比べて決定的な欠点としなければならない」[99]と円盤型録音機の利点と欠点を記述している。なお、1960年4月にNHKへ入局した技師の小島努は、入局当時のラジオ番組について「そのころの多くのラジオ番組では6 mmのテープに録音してから放送するようになっていたんですが、生で放送するラジオのニュース・ハイライトに関しては円盤型の録音機を使って解説コメントなどをそのまま録音し、生のアナウンスに合わせてそれを再生して放送していました」[100]と述べていた。すなわち、1960年代に至っても円盤型録音機は、その機動性の高さから現場で使用され続けていたわけである。

続いて遠藤は「従って編集箇所が非常に短く、また非常に多い時には、テープの方が遥かに優っている。何故ならば、編集個所の音質を低下することなく、また再生時の継ぎ目に対する不安が減少するからである。テープの方が編集能率が悪いという理由は、編集されたテープではFade out、

Fade in、Cross Fade が出来ないことである。そのためには整合用の音を選択して挿入するか又はDubbingする時間が必要となる。しかし、テープ編集の方が、歪み、S/N比、技巧的に緻密である点で遥かに優れている」[101]と結論づけている。テープ・レコーダが東京中央放送局へ導入されてからの3年弱のあいだにさまざまな実践がなされたことによって、テープ・レコーダによる編集は円盤型より「遥かに優れている」と考えられるようになったものと思われる。

「放送技術」誌の「テープ録音」特集には、井口喜雄（技術局技術部録音課）による「録音機のいろいろ」という文章も掲載されており、当時の東京中央放送局で使用されていたテープ・レコーダについて概説されている。井口はAMPEX社製のAmpex 300型は、「最優秀品に属し、現在の録音機としては最も理想的なもの」[102]であると述べており、Magnecord社製のPT-6型は「携帯用録音機として優秀なもの」[103]であると紹介している。そのほかに東京通信工業の製作による携帯型のテープ・レコーダPT-11型も紹介されており、のちにデンスケと呼ばれるようになる肩掛型のテープ・レコーダについては、Stancil Hoffman社製のMini Tape型と東京通信工業製のPT-1型が取り上げられている。そして、こちらの文章では最大5分程度のエンドレス録音が可能な録音機も紹介されていた。

| おわりに |

本連載では1923年9月に発生した関東大震災に始まり、1952年4月にサンフランシスコ平和条約が発効するまでの約30年間の「放送メディアによって実現する新しい芸術」への取り組みを記述してきました。1952年6月には日本初の電子音楽ともいえる芥川也寸志「マイクロフォンのためのファンタジー」という作品が放送されており、ここから「NHKの電子音楽」はいよいよ本格的にスタートしていきます。本連載は今回で終了しますが、1952年5月以降のアクティビティについては別の機会に公表する予定にしております。貴重な機会を与えていただいたことに感謝いたします。

1 日本放送協会編『ラジオ年鑑 昭和22年』日本放送出版協会(1947年9月)19頁

2 註1、60頁

3 註1、72頁

4 日本放送協会編『ラジオ年鑑 昭和23年版』日本放送出版協会(1948年12月)218頁

5 註4、87頁

6 註4、87頁

7 註4、87頁

8 註1、72頁

9 日本放送協会編『ラジオ年鑑 昭和25年版』日本放送出版協会(1950年12月)145頁

10 註4、116頁

11 註4、116頁

12 星野秀雄「手のこんだラジオ小劇場」『放送技術』1巻2号(1948年5月)26頁

13 註4、13頁

14 註4、210頁

15 Bernarr Cooper、高橋太一郎訳『ラジオ演出読本』日本放送出版協会(1950年9月)1頁

16 沖野瞭『音屋の青春』沖野瞭(2010年3月)18〜19頁

17 註16、19頁

18 註16、20頁

19 立花隆『武満徹・音楽創造への旅』文藝春秋(2016年2月)112頁

20 原弘男「ラジオドラマのミキシング その2」『放送技術』2巻3号(1949年3月)25頁

21 註12、26〜27頁

22 註12、27頁

23 註12、27頁

24 註12、27頁

25 註12、27頁

26 長友俊一「山彦 磁気録音の応用」『放送技術』1巻4号(1948年7月)19頁

27 内村直也『跫音』世界文学社(1949年6月)317頁

28 原弘男「ラジオドラマのミキシング その1」『放送技術』2巻1号(1949年1月)21頁

29 註16に同じ。

30 註28に同じ。

31 文部省社会教育局芸術課編『芸術祭十五年史』文部省(1961年11月)2頁

32 文部省社会教育局芸術課編『芸術祭十五年史 資料編』文部省(1962年3月)279頁

33 註32に同じ。

34 註32、80頁

35 無記名「放送芸能祭はじまる」NHKラジオ新聞(1950年10月28日)6面

36 日本放送協会編『ラジオ年鑑 昭和24年版』日本放送出版協会(1949年12月)83頁

37 註9、31頁

38 註31、16頁

39 日本放送協会編『NHKラジオ年鑑 1953』ラジオサービスセンター(1952年12月)264〜265頁

40 註4に同じ。

41 註4に同じ。

42 註4に同じ。

43 註4、218〜219頁

44 註4、219頁

45 沖野瞭『ミクサーのラジオ・ドラマ史』私家版(発行年記載なし)30頁

46 註4、219頁

47 註36、189頁

48 註36、189頁

49 註36、189頁

50 註9、251頁

51 註9、289頁

52 星佶兵衛「最新の磁気録音機」『ラジオ科学』8巻3号(1950年3月)62頁

53 星佶兵衛「磁気録音機をめぐって」『無線と実験』36巻9号(1949年9月)7〜8頁

54 註53、8頁

55 川崎弘二編『日本の電子音楽 続々 インタビュー編2』engine books – difference(2020年4月)9頁

56 註55、9〜10頁

57 註9、289頁

58 註9、289頁

59 註9、250頁

60 日本放送協会編『NHKラジオ年鑑 1951』ラジオ・サービス・センター(1951年12月)292頁

61 江口高男、吉田貢、岩淵東洋男、荒川利雄、石川博造「1950年に生れた音」『NHKラジオ新聞』(1950年12月16日)2面

62 註60に同じ。

63 註60、302頁

64 註60、302〜303頁

65 註39、334頁

66 註39、335頁

67 註39、335頁

68 註39、335頁

69 註39、335頁

70 註39、335〜336頁

71 註39、346頁

72 田尻正弘「ST－105型テープ編集機」『放送技術』5巻9号(1952年9月)17頁

73 山口淳「ラジオドラマ苦手三題」『放送文化』6巻10号(1951年10月)25頁

74 註4、282頁

75 註4、282頁

76 註4、82頁

77 註39、109頁

78　註39、110頁

79　柴田南雄「現代音楽上の一問題」『音楽芸術』7巻11号
　　（1949年11月）21頁

80　註79、21〜22頁

81　註79、22頁

82　田中幸雄「箏響台について」『無線と実験』37巻8号（1950
　　年8月）9頁

83　註82、11頁

84　無記名「琴とオーケストラの合奏」『讀賣新聞』（1952
　　年3月22日）4面

85　安田庸三「我国映画の磁気録音使用状況」『映画技術』
　　20号（1952年5月）14頁

86　註85に同じ。

87　国立映画アーカイブ、清水範之、川上貴編『公開70周
　　年記念 映画「羅生門」展』国書刊行会（2020年10月）
　　55頁

88　早坂文雄、友野房二「映画音楽と早坂文雄」『丸』5巻
　　10号（1952年10月）67〜68頁

89　註85に同じ。

90　註85に同じ。

91　註85、18頁

92　吉田悦三「録音機は魔術師」野依三郎編『NJBの四年』
　　新日本放送（1954年12月）98頁

93　Margaret Whiting with Lou Busch and His Orchestra
　　/ River Road Two Step c/w Good Morning, Mr. Echo
　　/ USA / SP / Capitol Records / 1702 / 1951

94　関信夫、奥田久雄、角口恒夫「『Good Morning, Mr.
　　Echo』の放送」『放送技術』5巻5号（1952年5月）31
　　頁

95　註94に同じ。

96　西川禹「磁気録音機による残響とエコーの附加」『放
　　送技術』8巻3号（1955年3月）20頁

97　遠藤幸男「録音テープの編集」『放送技術』5巻2号（1952
　　年2月）17頁

98　註97、19頁

99　註97、19頁

100　註55、43頁

101　註97、19頁

102　井口喜雄「録音機のいろいろ その1 現用テープ録音機」
　　『放送技術』5巻2号（1952年2月）20頁

103　註102、21頁

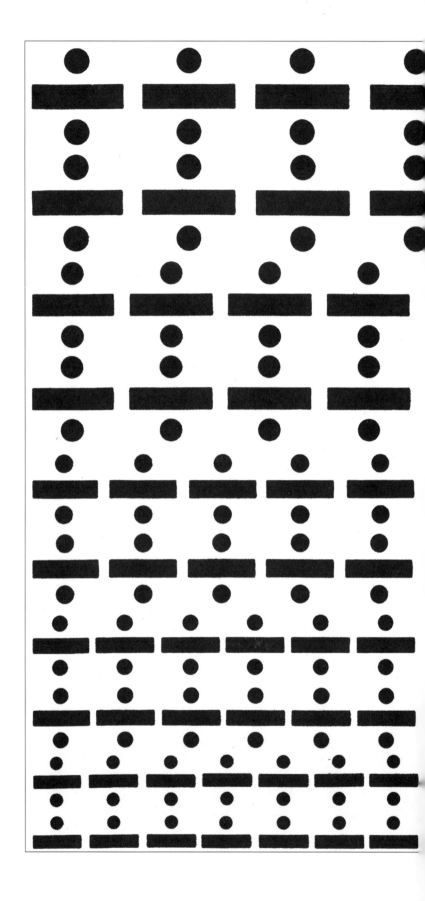

R.N.A.ORGANISM 『R.N.A.O Meets P.O.P.O』

Vanity 0006 LP Vanity Records 1980

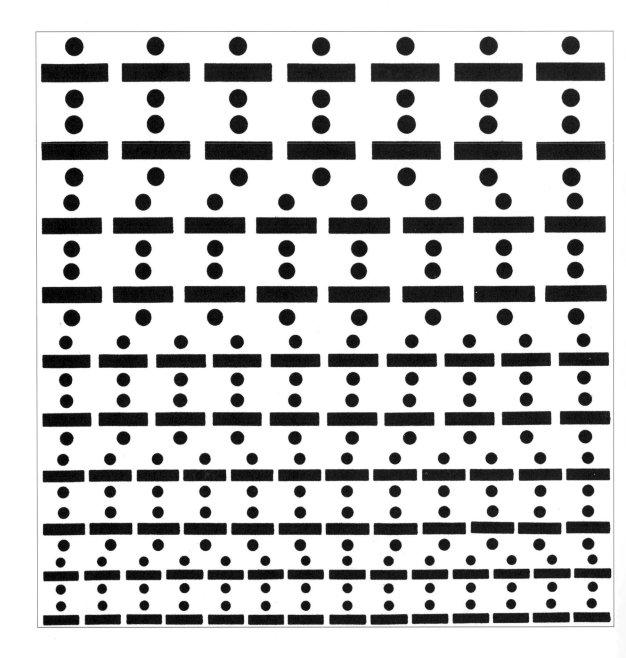

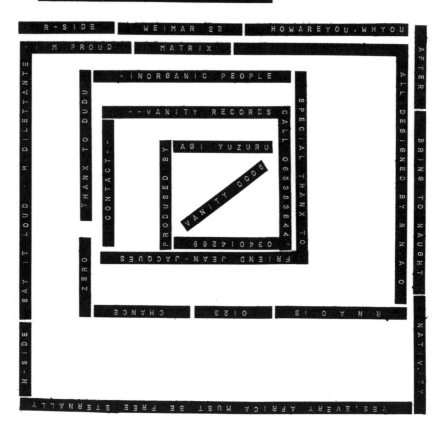

R.N.A-ORGANISM
R N A O MEETS P.O.P.O

R-SIDE   WEIMAR 22   HOWAREYOU.WHYOU
I'M PROUD   MATRIX
+INORGANIC PEOPLE
--VANITY RECORDS
AGI YUZURU
VANITY 0008
PRODUCED BY
CALL 06538 3644
SPECIAL THANX TO
03401 4269
FRIEND JEAN-JACQUES
CONTACT--
THANX TO DUDU
ZERO
CHANCE   0123   R N A O IS
SAY IT LOUD M DILETTANTE
N-SIDE
YES,EVERY AFRICA MUST BE FREE ETERNALLY
AFTER ALL DESIGNED BY R N A O BRING TO NAUGHT NATIVITY

Morley meets R.N.A.O

親が国際結婚ということもあり、ぼくは何度も引っ越しをしていた。15〜6歳の頃は母の出身地富山県の町、何もないスティーブン・キング的な雪国世界が広がっていた。なぜかライブハウスがひとつあって、そこでパンクに出会った。オーナーは何か変な人で、飲み屋街の隅っこの小さな店でも旧式ダブとか偏った音楽をかけていた。1980年、そこに『R.N.A.O Meets P.O.P.O』があった。マスターは「これを聴いたらブッ飛ぶぞ！」と言う。ヴァニティとかロックマガジンなんてまったく知らない、カウンターの向こうにいる彼だけが情報源。"スペシャルズ"と"RNAオーガニズム"どちらを買うか!? おもちゃがガチャガチャ動いていてなんか人をバカにしたような雰囲気に子供なりに感じるところがあり、意を決してRNAオーガニズム（以下、RNAOと表記）を買った。LPレコードは高い買い物だったけど、何か最先端のモノを買いたいという気持ちが大きかったのだ。

ライブハウスに熱狂的に通いながら、パンクバンドを組み「東大に合格したら門前でパンクを演って全て終わりにする」という起承転結を頭に浮かべ、心はパンクなのに上辺だけ優等生のふりして駿台ゼミの夏期講習に行き、近くのディスクユニオンで色々買って、RNAOもカセットで持ち歩く変な二重生活、「みんな気づいてないけど、俺は最後にテロを仕掛ける！」みたいな……。で、本当に合格しちゃったのでテレビ局も巻き込んで東大に押しかけるつもりが、バンドのメンバーがビビってぼくをク

ビにするという、衝撃的な顛末！
東大入学後はメディア露出と音楽業界デビュー、そこでフールズメイトやロックマガジンに詳しいお兄さんと知り合い、パンクな音づくりに拍車がかかるも周りの

モーリー・ロバートソン
（タレント・DJ・ミュージシャン）

大人に説き伏せられて思うようにいかなかった。困ってフリクションやリザードのメンバーに相談に行ったことも。とにかくいろんなことがわらしべ長者の如く連鎖し、何か変なごった煮状態でレコードリリース、関係は破綻、ぼくはアメリカに逃亡──。すべてRNAOのせい（笑）。

アメリカでは、RNAOみたいな音楽が大好きな人たちと出会って、それをハーバードでも広げるつもりでいたのに、当時のアメリカはUKや日本とは完全に分断されたフラッシュダンスの時代。もう「どうせ誰もわからないんだ！」と籠城し、フリッパー、デッド・ケネディーズ、スロッビング・グリッスル、そしてRNAOなんかを自分ミックスで聴く日々。隣の部屋でそれを聴いていた弟（絶対音感の持ち主）はすっかり覚えてしまい、RNAOの例

の逆回し「ハンニャキルコトニ……」を韓国語のパロディと勘違いし口真似する始末。

そんな中、モジュラーシンセ開発者サージ・チェレブニンの弟イワンに師事して電子音楽を学び始める。真っ先にRNAOとシンパシー・ナーバスをイワンに聴かせるとRNAOが好きだという。ぼくは若さ故の承認欲求から「そうか、じゃあこっちで行く！」って感じで、富山のあの圧力釜のような熱狂を失うまいと必死だった。教室にはジョン・ケージがやって来て「楽譜なんていらない！」と語ることも。一方でちゃんとした音楽教育の初等科にも入学してみたけれど、わざと不合格になっ

たりして「俺は西洋の音楽の権威には負けない！ ジョン・ケージが真実を知っている。心の奥にはRNAOとリザードがいる！」って(笑)。

日本に帰ると、偶然が重なってJ-WAVEの深夜音楽番組をやることに。かなり自由なキュレーションができたので、シュトックハウゼンやRNAOも何回かかけた。でも次第に、偏ったものを聴かせて偏った人を再生産するより趣味とは別のものを聴いた方がいい、「ああ、俺今までただの食わず嫌いだったかも」と変な具合にごちゃ混ぜになってしまった時期も。しかし、RNAO等から受けた薫陶というか影響を大切な宝にして、勝手にそう決めて、10年以上守り続けた。身体は売ってもキスはさせない♡。

最後に、RNAOのなんちゃってレゲエの曲「Yes, Every Africa Must Be Free Eternally」。アメリカでピーター・トッシュを生で観た時には「なんでRNAOみたいにできないんだー！ 誰か聴かせてあげて、本物はここにいるんだ！」ってなってた(笑)。自分で音楽をつくるようになってわかったけど、あの異様な手づくり感が生々しくて、ぼくの中であの曲"アフリカ"は、ちゃんと自分のヴァージョンをつくって落とし前をつけるしかないと、今でも思っている。

P.S.『Unaffected Mixes ±』のCDも聴きましたよ。ぶっ飛んでますね！ それであの当時は出さない方がいいって感じだったんでしょうね。

協力：渋谷 Organ Bar

R.N.A. Organism 『R.N.A.O Meets P.O.P.O』

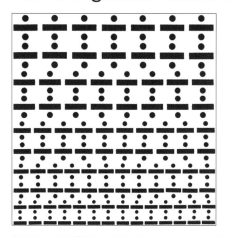

後にEP-4の主導者として世に知られることとなる佐藤薫がプロデューサーとして関わった謎多きユニットR.N.A. Organismが、1980年5月にVanity Recordsよりリリースしたデビューアルバム。メンバーのクレジットは0123、Chance、Zeroという記号的なもので、デモはロンドンからエアメールで送られ、ライブの際には現場に姿を現さず送り付けたテープを再生させるなど、素性を明かさず周囲を煙に巻く戦略性が徹底されている。音楽的な特徴としてはパンク以降な感触のギターやベース、ファンク、レゲエ、ダブ由来のエフェクト、そしてリズムマシンの使用などが挙げられ、同時代のThe Pop Group、またはCabaret VoltaireやThrobbing Gristleなどのインダストリアルとの共時性を感じさせる。しかしながら様々な音楽要素が互いのアクティブ性を増幅させる饗宴的な融合を示すThe Pop Groupに比すると、RNAOのサウンドはルーツを異にする個々の要素がそのフレームを保ったまま並列される印象が強く、リズムマシンの使用も相まって冷たい明瞭さを露にする。また電子的な音響工作やリズムマシンの使用といった側面を共に有するCabaret VoltaireやThrobbing Gristleに比しても、RNAOは（彼らの場合はファンクやレゲエに紐づく）引用の要素を、コラージュ的手法だけでなく楽器演奏（ギターやベース）の次元でもクリアに感じさせる点で差異が際立つ。本作のリリースと近い時期にオープンされ、佐藤薫らが拠点としていた京都河原町の「クラブ・モダーン」では、当時の先端であるニューウェイヴとアフリカの民族音楽などが並列され、客はそれで踊っていたことが伝えられているが、本作にはそういった機能性への独自の視点だけに収斂され切らない気怠いアンサンブル感覚や音響工作への欲望も捉えられており、その掴み難いバランスが謎であり最大の魅力だ。

よろすず

R.N.A. Organism 『Unaffected Mixes 土』

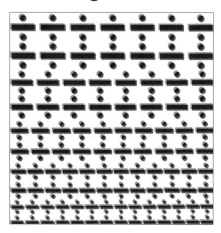

佐藤薫がプロデューサーとして関わり短期間活動したユニットR.N.A. Organismは、残された活動の記録がVanity Recordsからリリースされた『R.N.A.O MeetsP.O.P.O』、そして81年にイーレムからリリースされたコンピレーション『沫』、83年のTACOのファー

スト『タコ』(収録曲「人質ファンク (リハビリ・バージョン)」へ参加)と非常に限られており、長きに渡って謎多き存在であった。しかしその活動期から40年を経た2020年以降、リリースされることなく残されていた当時のカセット音源を元に、「Unaffected Mixes」と題された一連の未発表音源集がリリースされることとなる。未発表音源はまず2020年にremodelよりリリースされたCDボックス作品『Vanity Box Ⅱ』の中の一枚として『Unaffected Mixes』との題で世に放たれたが、本作『Unaffected Mixes ±』は翌2021年に佐藤薫が主導するレーベルφononより単独作としてリリースされたCDヴァージョンである(LPヴァージョンとなる『Unaffected Mixes Plus』も存在する)。『Unaffected Mixes』のアディッショナル・エディションである『Unaffected Mixes Plus』とほぼ同内容ではあるが、それら双方に収録されていた「Matrixing Contagion」が本作ではオミットされ、代わりに「Vanishing Mutation」という新たなトラックが最終曲として収録されている。収録音源はVanity Recordsからのリリースへ向けて行われたレコーディングの過程で生まれた断片をカットアップ／ダビング／エディットしたものであるため、これらを『R.N.A.O Meets P.O.P.O』において阿木譲が選ばなかった楽曲／ヴァージョン群と捉えることも可能だろう(ただし録音とミックスのクレジットは1979~1981年であるため、Vanityからのリリース後の試みも含まれている)。しかしながらその編集／音響操作は、『R.N.A.O Meets P.O.P.O』のダブ・ヴァージョンといって済ますにはあまりに過激である。そして本作はその振り切れた仕上がり故に、現代の私たちの耳を掴んで離さない。

よろすず

R.N.A. Organism 『Unaffected Mixes plus』

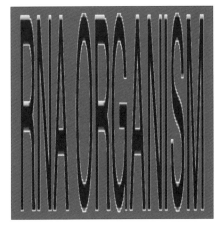

佐藤薫がプロデューサーとして関わり短期間活動したユニットR.N.A. Organismは、残された活動の記録がVanity Recordsからリリースされた『R.N.A.O MeetsP.O.P.O』、そして81年にイーレムからリリースされたコンピレーション『沫』、83年のTACOのファースト『タコ』(収録曲「人質ファンク (リハビリ・バージョン)」へ参加)と非常に限られており、長きに渡って謎多き存在であった。しかしその活動期から40年を経た2020年以降、リリースされることなく残されていた当時のカセット音源を元に、「Unaffected Mixes」と題された一連の未発表音源集がリリースされることとなる。未発表音源はまず2020年にremodelよりリリースされたCDボックス作品『Vanity Box Ⅱ』の中の一枚として『Unaffected Mixes』との題で世に放たれたが、本作『Unaffected Mixes Plus』は翌2021年に佐藤薫が主導するレーベルφononより単独作としてリリースされたLPヴァージョンである(CDヴァージョンとなる『Unaffected Mixes ±』も存在する)。収録内容は『Unaffected Mixes』に収録された全10曲に加え新たに6曲が追加された、いわばアディッショナル・エディションといえるものだ。収録音源はVanity Recordsからのリリースへ向けて行われたレコーディングの過程で生まれた断片をカットアップ／ダビング／エディットしたものであるため、これらを『R.N.A.O Meets P.O.P.O』において阿木譲が選ばなかった楽曲／ヴァージョン群と捉えることも可能だろう(ただし録音とミックスのクレジットは1979~1981年であるため、Vanityからのリリース後の試みも含まれている)。録音時にリリースされた楽曲群に比して数段奔放なダブ・エフェクト(ともはやその範疇を越えていく音響工作)が成されたその内容は、彼らのオルタナティブなダブ精神をエッジーなかたちで伝えてくれる。

よろすず

「掴み難さ」の政治性

―― R.N.A. Organism の戦略を巡って――

よろすず

R.N.A. Organismは厄介な存在だ。70年代の終わりから80年代の始まりに、京都のアンダーグラウンドで催された非音楽家を多く含んだ不定形な活動の一端であり、後にEP-4の主導者としてシーンに登場する佐藤薫がプロデューサーとして関わったことをメイントピックに語られる彼らの存在は、同時代のCabaret VoltaireやThrobbing Gristleらのインダストリアル、そして佐藤薫の（後の）活動から日本のポストパンク～ニューウェイヴの文脈へ紐づけられることが多い。しかしながら（おそらくそのサウンドに触れたものの多くが朧げに感じ取っているのではないかと思うが）、サウンドとしても戦略の面でもRNAOのそれは先に挙げた先行者、もしくは事後の流れとストレートに結び付けられない性質を含んでいることも事実だ。そこで本稿ではRNAOが持つ、前／後の事象との共通項を確認しつつ、そこから差異を浮かび上がらせることで、その独自の性質や戦略性を推定することを試みたい。

〈音楽的位置〉

RNAOの音楽性に見られる要素を列挙してみるなら、パンク譲りの粗削りな演奏、ファンク、レゲエ／ダブ、そして（ダブだけでは収め切れない）電子的な音響工作といったところだろうか。ファンクやダブ（そしてフリー・ジャズ）を昇華したパンク以降のソリッドなバンドサウンドといえば真っ先に想起されるのはThe Pop Groupであるが、彼らのアジテーティブな引力で多様な音楽要素が強引に1曲の中に巻き込まれるような音楽性に比すると、RNAOのサウンドはドラムパートをリズムマシンが受け持つことが多い点や、そもそもリズムがサウンドを束ねる機能を果たしていない（あくまで並走するサウンドの一種として鳴っている）楽曲もあるという性質から、静的もしくは分断された印象だ。リズムマシンの使用[1]や電子的な音響工作の観点からいえば、重要な先行者となるのはやはりCabaret VoltaireとThrobbing Gristleだろう。インダストリアル・ムーブメントのパイオニアとして名高い両バンドのバックボーンとして欠かせないのが美術など音楽以外の諸芸術からの影響であり（主なところでは前者にとっては言うまでもなくダダ、後者においては雑多だがハプニングとしての芸術表現全般だろうか）、サウンドの持つぶっきらぼうで不整合な実験性も前者においては主にバロウズのカットアップからの影響、後者においては（例えばコズミックなフリー・ロックとフォーディズムの大量生産のイメージを写し取った単調な反復性といくつかの曲で顕在化してくる悪意に満ちたディスコ・ミュージックのシミュレーションなど）節操なく多彩な象徴的事象にタッチしていかずにおられない分裂症的身振りによってもたらされている。このような観点で捉えてみるなら、RNAOのサウンドはファンクの引用、レゲエのグルーヴ、ダブの音響操作、アフリカ音楽由来と思われる音色など、影響源が過度に抽象化されない状態で俎上に乗り、個々の要素がそのフレームを保ったまま並列されるような、シュールレアリズム的具象性を特徴としている。『R.N.A.O. Meets P.O.P.O.』から聴き取れる様々な音楽的影響源はおそらく佐藤薫のDJとしての経験やその周辺にあったと思われる機能性、すなわち何でどのように踊れるかへの視座[2]から選定されたものであって、シュールレアリズムに認められる（無意識の探求によって得られた）そのイメージを客観視した際の意外性とは重心が全く異なっているはずだが、具象性がもたらすマテリアルの冷たい分離の感触はどこかそれに通じているように思われる。そのためか、この作品にはいつどのタイミングで関連性のない楽想が飛び込んできても不思議ではないという、スリリングな感覚が薄っすらと持続している。

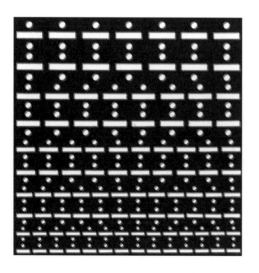

〈社会／政治的態度〉

先に挙げたポストパンク期のバンドたちとの比較は、音楽的位置だけでなくRNAOの社会／政治的態度を検討するうえでも有効だろう。RNAOのこういった面における態度や戦略は、ポップ・グループのアジテーティブかつ直接的なそれとも、TGのパフォーマティブな露悪によるそれとも異なり、強いて言うならばこの2つのバンドほどには明確な指向性を明かさないキャバレー・ヴォルテールに近いようにも思える。しかしながらサイモン・レイノルズが「もしキャバレー・ヴォルテールに何かポリシーがあるとしたら、それは無政府変質狂の類だろう[3]」と表現したように、どこかアンコントローラブルな印象がある彼らに比して、RNAOの「明かされない」性質は明確に意図されたものだろう。RNAOはそれについて得られる情報やサウンドから固有の政治的声明を取り出すことこそできないが、その活動の在り方（記号的に、ごく僅かにしか明かされぬメンバーの素性、現場に姿を現さず送り付けたテープを再生させるのみという特殊なライブ活動）からは自身らの実態を「掴ませない」ことへの確かな指向性が伺える[4]。毛利嘉孝は著書『ストリートの思想』において、EP-4の活動をシチュアシオニスト（状況主義者）的実践として捉えているが、同じく佐藤薫が関わったRNAOにおいても、シチュアシオニスト的実践の核といえる「私たちを取り囲む資本主義の大量消費社会（スペクタクル）への、それが私たちを知らず知らずのうちに受動的な存在としてしまうことへの危機感、それへの対抗として自らの手で状況を構築する」ことの重要性は、決してその存在を「取り囲ませない」活動方針によって、暗に発されていたと捉えられないだろうか[5]。TGのパフォーマティブな露悪は社会通念への挑発であり、それはジェネシス・P・オリッジの根のひとつであるサイケデリック・カルチャー譲りの「解放」の精神と情報化社会における主体性への意識がないまぜとなった複層的な自己変革への誘いであった。この方法論は自身を「取り囲む」種々のイメージに対し戯れることで憑りつき、まがい物を生み出すことで陳腐化＝客体化させる、ある種ウイルス的なものであると表現することができるだろう。対してRNAOの方法論はイメージに憑りつかれない態度、在り方を巧妙に示すものであり、TGのスタンスに比するならばその「裏」に位置するのではないだろうか。RNAOは、そのインパクトのあるネーミングに釣られてか（何せそれ以外に鍵となる情報が少ない）、存在そのものや戦略性がそのまま（多くの場合はキャッチコピー的に）ウイルスに擬えられることもあるが、ウイルス的な戦略が見られるのはむしろTGであり、RNAOはそのアンチとして捉えるのが妥当に思える。

〈反作用〉

ここまでRNAOの音楽的、更には社会／政治的な面での性質や戦略性を、同時代の海外のバンドとの対比によって推察してきたが、ここでは実際問題彼らのそのような性質や戦略が、周囲の事象にどのような効果を生んだかを検討してみたい。しかしながらRNAOは現在顧みることができる活動の履歴が僅かであり、またその性質上具体的な社会への訴えかけを残したものでもない。そのような状況から事例を捻り出すにあたって重要となるのが、長らくRNAOが単独で残した唯一のオフィシャルな記録[6]となっていたアルバム『R.N.A.O. Meets P.O.P.O.』のリリース元であるVanity Recordsのプロデューサー阿木譲と、近年になってリリースされた未発表音源集「Unaffected Mixes」シリーズを（おそらくはリリースの意思決定、内容の選定など全局面において）主導した当事者である現在の佐藤薫である。

まずは阿木譲との関わりについて見ていこう。『R.N.A.O. Meets P.O.P.O.』の制作過程における阿木譲の役割について、佐藤薫は書籍『vanity records』におけるインタビューにて「音楽プロデューサーとしてではなく、エグゼプティブ・プロデューサー（統括制作者）か、レコード会社の担当ディレクターという感じで意見をもらいました」と語っている[7]。また佐藤は『Unaffected Mixes ±』リリースに際した野田努によるインタビュー[8]において、「Vanityのアルバムでは、曲

の体を成さないような感じのミックスやDJ仕様のビートトラックを使ったものは、全部リジェクトされてしまったんです」や「阿木さんはライヴもしてほしかったんで、最初のアルバムではわかりやすい曲をピックアップしたということだと思いますよ」など、『R.N.A.O. Meets P.O.P.O.』には反映されなかった側面がRNAOには在ることを皮肉っぽく語ってもいる。これらから鑑みるに『R.N.A.O. Meets P.O.P.O.』に収められているRNAOの姿は、阿木が（バンドへの具体的かつ直接的な指示こそできなかったものの）彼らの持つ様々な側面から「切り出した」ものと捉えるのが適当だろう。そして阿木がそのようにして「切り出した」結果である作品には、彼がVanity Recordsにおいて提示したかったビジョンが表れているはずである。しかしながら本作の仕上がりはその映し出されているはずのビジョンを、明確に見定めることができない厄介さを抱えている。Vanity Recordsにおけるこの後の作品群から顧みるに、当時の阿木にはレーベルを電子的な要素やそれに基づく実験性を強めた方向へ進めたいビジョンがあったはずだが、その思惑を持って「切り出す」のであれば、後に日の目を見ることとなる『Unaffected Mixes』のヴァージョンがむしろここに含まれるべき音源に思えてしまう。視点を変え、後のSympathy NervousやBGMに連なる「ダンス・ミュージックとしての有効性」をここに見出そうにも、（それに当てはまる象徴的なトラックがいくつかあるものの）どこか消化不良で上手くいかない。このように、本作は（個々の楽曲における構成要素やその鳴りは先に言及したように具象的であるにも関わらず）作品全体としては核たる方向性が掴むに掴み切れない、霧散するような抽象性を帯びている。だがこの「掴めなさ」は、既に述べたように筆者がRNAOの戦略面での神髄として推察するものであり、すなわちこの仕上がりはそれを「掴める」ように単純化せず提示した結果と捉えることができるだろう。阿木がそこまで見据えて「切り取った」のか、それとも阿木には他に明確な目論見があったうえで、そのビジョンをRNAOから掴み取り成形することができなかったのかは定かではないが、いずれにせよ本作は、後年佐藤が皮肉交じりに語る心境に反して、RNAOのあるべき姿を提示し、その戦略性を際立たせて（しまって）いるように筆者には感じられるのである。RNAOの掴めない、周囲を煙に巻く在り方は、まず彼ら自身によって意図的に、いうなればプロデュースされたものであるが、こと外部からの何らかのディレクション（彼ら自身以外からのプロデュースと言い換えてもいいだろう）に対しては欺きを企てる。そして阿木はこの時代の音楽業界にあって、その明確な指向性によって際立つ人物である。つまり彼らは互いが互いにとって招かれざる客であり[9]、『R.N.A.O.

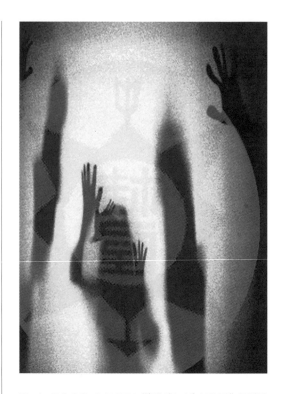

Meets P.O.P.O.』にはそこに避けがたく生じる反作用が記録されているのではないだろうか。

最後に、近年になってリリースされた「Unaffected Mixes」シリーズ[10]について考えてみたい。ここに含まれている音源は「Vanity Recordsからのリリースへ向けて行われたレコーディングの過程で生まれた断片をカットアップ／ダビング／エディットしたもの」と伝えられているが、録音とミックスが1979~1981年とクレジットされていることも考慮すると、『R.N.A.O. Meets P.O.P.O.』において阿木が選ばなかった素材（アウトテイク）であり、またそちらと重複する断片も多く聴き取れることからそのダブ・ヴァージョンであるともいえ、更にはアルバムのリリース以降の試みを含んだエクステンディッド・エディションとしての側面も持つものと捉えられる。「Unaffected Mixes」シリーズにおいて興味深いのが、佐藤薫の過去に対する態度である。過去の音源をこのタイミングで世に出すに際して、佐藤及びメンバーはそれらに現代の感性で（さながら河本真理『切断の時代』における「分析的コラージュ」の手つきで以って）手を加えることもできたはずだ。しかしここで佐藤は残された音源を「ほとんど加工しない」ことを選択している[11]。もちろんバンドやアーティストが過去の未発表音源を手を加えずに出すということ自体は珍しくないどころかありふれた事象とすらいっていいだろう。しかしことRNAOについての佐藤のこの選択は、RNAOの性質とプロデュースという行為の関係性を考慮すると、意味深なものとなる。『R.N.A.O. Meets P.O.P.O.』のリ

リースに関わった阿木が明確にバンドの外部の人間であったのに対し、佐藤は内部の人間とはいえるのだが、彼が一貫して自身の立場をメンバーでなくプロデューサーとしていること、その役割が避けがたく有する客観的な視点、そして実に40年もの時間的隔たりがあることを考えると、外部的視点も有する、故に曖昧な位置に立つ人物と捉えるのが妥当だろう。そして外部からのディレクション（プロデュース）に対しRNAOが企てる反作用は、阿木のケースで実証済みであることを鑑みると、佐藤は過去に企てられたRNAOの戦略にそれとは異なる角度から切り込むことのできる人物であり、何らかの目論見が隠れているように思えてならない。そしてそれを詮索させる資料として(も)、「Unaffected Mixes」シリーズのサウンドはヴィヴィッドである。なぜなら本作の大胆なダブ・エフェクト（ともはやその範疇を越えていく音響工作）に塗られたサウンドは、ここまで述べてきたRNAOの「掴み難さ」に、当時新たにもたらされた録音環境であったカセットMTRとその限られた機能に対する格闘と

いう、いわば「枠」と「指向性」を与えてしまうものに思えるからだ（皮肉なことに、それ故に本作は音楽的にエッジーであり、現代の私たちの耳にとってはその魅力を「掴みやすい」）。「Unaffected Mixes」シリーズのリリースは、現在の佐藤による過去の自分たちに対するある種の告発、ゲリラ的報復なのだろうか。それともここで報復を仕掛けられているのは、私のような鑑者がRNAOに読み取った戦略なりイメージであるのだろうか。もしくは「ほとんど加工しない」という選択は「プロデュース」の放棄として在り、つまり佐藤はRNAOをここに来て戦略性というタームから解放し、サウンドの評価を問うたのだろうか。結局のところ、このような詮索も確たる答えには結びつかず、煙に巻かれてしまうだろう。そもそも私が見出した「掴み難さ」自体、大いに疑わしく危うい見立てであるだろう。そう、私は彼らの戦略に取り囲まれ、「スペクタクル」に飲み込まれただけなのかもしれない。

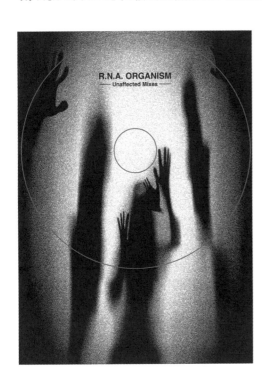

注釈

1　ドラムマシンの使用に至る両バンドが、共にロックバンドらしさをドラマーという存在に見出し、それを忌避したことは興味深い。"リチャード・H・カーク「これ見よがしにドラム・ソロを披露するロック野郎はいらなかった」、ジェネシス・P・オリッジ「ドラマーは入れない、何故ならロックバンドにはドラマーがいるものだから」（ともにサイモン・レイノルズ著『ポストパンクジェネレーション 1978-1984』より）"
RNAOについて語られた佐藤薫の言葉などから、これと通じるドラマーへの忌避を直接見出すことはできないが、そのサウンドや戦略からありきたりなバンドサウンド及びバンドという枠組みへの疑義があったことは想像に難くない。

2　この視座においてRNAOがディスコ・ミュージックと一線を画していることも、そのイメージとの戯れを選んだTGとの特徴的な差異といえるだろう。

3　サイモン・レイノルズ著 野中モモ／新井崇嗣訳『ポストパンクジェネレーション 1978-1984』118pより

4　書籍『vanity records』でのインタビューにおいて佐藤薫は、RNAOを彼らが拠点とした京都河原町の「クラブ・モダーン」と結びつけて捉えようと試みるインタビュアーの嘉ノ海に対し、「R.N.A. Organismに関しては、そのヴェニューに直結した位置づけはありません。」と答えているが、これもRNAOの「掴み切れない」性質を際立たせる回答に思える。

5　シチュアシオニスト的実践という観点で、RNAOとEP-4の活動に共通性を見出しつつ、その間の変化に目を向けることも重要だろう。EP-4はかの有名な「EP-4 5・21」などゲリラ的な戦略が語り草だが、そこにはRNAOに比すると（情報の限定などの面で共通性こそあるものの）より直接的な身体性が認められる。彼らが『昭和崩御』という、検閲に引っかかる、すなわち直接的に物議が認められるタイトルでアルバムのリリースを試みたこともこのようなスタンスの変化を物語っている（RNAO的なスタンスであれば、検閲をすり抜ける＝掴ませないステルス的な方法をとっただろう）。RNAOの活動がリリースに結び付き、更にEP-4の結成がなされたのと同時期(79〜80年頃)には、ポップ・グループのマーク・スチュアートがサッチャー政権の誕生に時代の変化を嗅ぎ取り、よりわかりやすい大声の語りと社会的な抗議運動への関わりを強めていたわけだが、佐藤薫もRNAOとEP-4との間に時代の変わり目、すなわち状況の変化を見たということだろう。

6　『R.N.A.O. Meets P.O.P.O.』以外では、81年にイーレムからリリースされたコンピレーション『沫』、83年のTACOのファースト『タコ』（収録曲「人質ファンク（リハビリ・バージョン）」へ参加）において、その活動が確認できる。

7　Vanity Recordsの多くの作品において阿木はプロデューサーとしてクレジットされ、実際録音の際にコンセプトや音楽的な提案を行ったケースも語られているが、『R.N.A.O. Meets P.O.P.O.』においてはプロデューサーは佐藤、阿木はDirectorという変則的なクレジットとなっている。

8　ele-king掲載「甦る、伝説のエレクトロ・ノイズ・インダストリアル」https://www.ele-king.net/interviews/008225/index.php

9　RNAOと阿木の間に性質上の相容れなさがあることは確かだと思われるが、しかしRNAOの戦略は阿木のような強力な指向性を持って自身らを規定しようとする外部との接触によって初めてヴィヴィッドに浮かび上がるものであった。すなわちRNAOはどこかで、彼のような外部との接触を欲していたのかもしれない。

10　「Unaffected Mixes」シリーズは本稿執筆の2023年8月の時点で、2020年リリースのCDボックス作品『Vanity Box II』の中の一枚としてリリースされた『Unaffected Mixes』、翌2021年に佐藤薫が主導するレーベルφononよりリリースされた『Unaffected Mixes Plus』と『Unaffected Mixes ±』の全3作がリリースされている。

11　「曲の頭出しで削ったりしたほかには加工はほとんどしてないです。あと断片を多少つなげたりしたトラックも入ってますね。で、カセットで残っていたので、すべて一度しっかりアップコンバートしてからリマスタリング的作業をしただけです。」(ele-king掲載「甦る、伝説のエレクトロ・ノイズ・インダストリアル」https://www.ele-king.net/interviews/008225/index.php)

ウイルスをつくる 〜 逆転写されたアナログ・テープ

森田 潤

R.N.A Organism『R.N.A.O Meets P.O.P.O』(Vanity records)のオープン・リール版マスター・テープは、発売43年を経た現在でもメタル・ボックスに除湿剤入りの完璧な状態で保存されている。数年前にカセット・テープに残されたデモ音源のデジタイズ作業を進めていた僕は、このLPアルバムの素の音質をどうしても確認してみたくなり、プロデューサーの佐藤薫に無理を言って、テープ現品を借り受けた。向かうは都内屈指のマスタリング・スタジオ。80年代に業界標準だったマスター・テープ・レコーダーStuder A-820が鎮座し、J-POPのゴールド・ディスク級の著名作が壁に並んでいる。結果から先に述べると、Vanity作品がまとめて再発された『Vanity Box』盤のCDマスタリングは上々の出来で、わざわざ手間暇を掛けてアナログ・テープを借りる必要はなかった。それでも、特記すべき出来事が起きた。アルバム5曲目「Nativity」の冒頭に、数秒だけ30Hzあたりが強調された、異常な低音が入っている。立ち会ったエンジニアが一斉に喚声を漏らす。地鳴りのする凄い音だ。これは果たして意図して挿入された低音なのか? 少なくとも、歌謡曲を扱うメジャー・レーベルの作品ならば、不要なノイズとして削除するべき要素であろう。しかし、仮に低音の挿入を意図したとしても、それを正確にアナライズできる環境と感受性が、1980年当時の日本の民生用スタジオにあったかは若干に疑わしい。日本でのレゲエ／ダブ受容がまだオシャレ音楽だった時代。低予算のインディーズ・レーベルならではの偶発的な事故? それとも10年後のクラブ・エイジを見越したオーパーツ? 一聴での判断に苦しむ愉楽的音響の妙味こそ、彼らが仕掛ける音楽ゲームの真骨頂であると思わせる一件だった。

こうした音遊びの細部に着目して、残された作品から彼らの思考を辿ってみるのが本稿の趣旨だが、本題に入る前にデモ音源について軽く触れておこう。デモはカセット・テープの形態で10種類ほど残されている。録音時期は内容から78年〜81年の制作と推測するが、残念ながら収録日は未記載。『R.N.A. -O 10min』、『XXRNA O』などと簡単にタイトルが記されているだけだ。『Demonstration tape』とダイモのエンボスラベルで印字されたカセットは、ロックマガジン、Vanity Records主幹の阿木譲宛に送付されたデモのコピーだろうか。このラベルはアルバム・デザインにも継承されており、グラフィックのアイデアが最初期から明確であった事を伺わせる。LPに収録された曲の大半は既にデモで準備されている。その多くは『Unaffected Mixes±』(φonon)、『MOODOOISM ~An Eclectic Collection Of Works By Kaoru Sato~』(Super Fuji Discs)などでCD化されたが、カセット現品のS/N比は悪く、トラックによってはかなりの量のホワイト・ノイズが乗っている。『R.N.A.O Meets P.O.P.O』はこうした音源を基本にしてスタジオで再制作されたトラックで、音質は著しく向上している。また、演奏にも変更が掛かっている。本稿はVanity盤LPを基本に話題を進めるが、アレンジのヴァリエーションとして、デモ音源集も参照する。ちなみに、このほかにも、デモのエフェクトのテストやトラック別の音の断片が無数に収録されたワークテープらしきカセットが5本ほどあり、デモと組み合わせれば多くの別ヴァージョンや新曲に生まれ変わったであろうと推測される。

LP3曲目「After」から取り上げてみよう。児童向けの玩具をマイクの前に並べて、好きに鳴らしてみた作品だ。何やら足穂的なセルロイド感覚が、クールなイメージを持つこのグループにしては異色。背景に無限音階のシンセサイザーが目立たずに薄く弾かれている。同曲デモの「Later」も似た発

想でテープのカット・アップを行った作品だが、シンセサイザーの音色と音量が異なっており、松武秀樹『謎の無限音階』(78年)に似たサウンドを前面に強調している。酷似と形容しても良いが、シンセサイザーを使った無限音階は誰がやっても似たような音になる。つまり、78年もしくは79年の時点での彼らが持っていた同時代的な興味の一つが、80年のLP製作時には早くも色褪せていた。同じく無限音階を扱ったYMO『BGM』の発売が81年3月だから、彼らが如何に先進的なアイデアを試みていたかの証左だろう。なお、同デモの別ヴァージョン「Post Later」ではシンセサイザーのパートは省かれている。

次にサウンドのトレードマークと言えるドラム・マシンについて考察をしてみよう。メインで使われているのはRoland Rhythm Machine CompuRhythm CR78。国産品ながら独自のリズム・パターンを作成可能にした機種で、70年代末期のテクノ・ポップを代表する機材だ。パターン作成機能は無いが、やはりRoland製であるCR68も導入された。両機の音色は同じとされるが、実は質的には若干の違いがある。多くの楽曲は、パラアウトした複層のドラム音群に個別のエフェクト処理を行なって、リズム・パターンの反復に変化をつけているが、こうしたアレンジにマシン二台の使用は都合が良い筈だ。中でも「Howareyou,Whyou」、「Yes, Every Africa Must Be Free Eternally」はブレイクをきっちりと打ち込んで、彼らなりの生ドラムのシュミレーションを試みている。これらは素朴で何とも微笑ましい味わいがある。デモ「Substance Came From You (Singular)」、「Afreaque」は違う打ち込みパターンになっているのも興味を惹く。また、エフェクト処理もデモでは試行錯誤を繰り返している。「Substance Came From You (Plural) 」のスネアなどWIRE『154』(79年)あたりの影響があるのでは無いか。Vanity盤は比較的にシンプルな仕上がりの音色だ。

こうした作業の屋台骨を支えるのが、ビルボード誌等から史上最も革命的な製品と評価されたらしい国産カセットMTRの存在だ。79年当時に発売されたばかりのTEAC Cassette 4 Tracks MTR TEAC 144、別称「サウンド・クッキー」は定価17万5千円。宅録でハード・ロックを全世界に売りまくったBostonのトム・ショルツ使用のオープンリールの8トラック・マルチ・レコーダーTASCAM 80-8は定価4倍の80万円。金の無いパンクスにはうってつけの画

期的な価格設定である。4トラックの録音、EQ、パン、AUX SENDで、ベッドルームでダブ・ミックスの制作が遂に可能になった。ワンタッチで録音ボタンを押して、更にカセットを裏返せば、逆回転再生も簡単にできる。逆回転は彼らの基本的なテクニックの一つで、作品の随所に使われている。「Howareyou, Whyou」のゾッとする様な逆ナレーションはどこから取られたのだろうか。しかし、作品を仕上げるにはまだトラック数が足りない。彼らはSgt.ペパーさながらのピンポン録音の技術を駆使して、ドラム、ギター、ベース、シンセ、ボーカルの空間を見様見真似で作り上げた。CMTRをすでに楽器として活用していた(!)と言えるだろう。勿論、ミックス・ダウンの参照があの忌々しい産業ロックである筈は無かろう。Cabaret Voltaire『Mix-Up』(79年)の手法を入念に検証し、テクノロジーのオルタナティヴな使用法を好き勝手に模索した筈だ。そして、自身のディレクションによって、非楽音も積極的に楽曲の中心に織り込まれた。例えば「Matrix」の曲中を占めるアンビエンス・ノイズは、元々はセッション中の偶発的な記録なのかもしれないが、最終的にはレコード溝のエンドレス・ループにまで、極端に延長される事になる。

しかし、ここまでの議論は、テクノロジーのガジェット的な側面を強調し過ぎている。何故ならば、演奏の多くは人力によって支えられているからだ。「Weimar 22」の特徴的なグロッケンシュピールとクラップ音を現代のマシンで再現する事は決して容易ではない。もちろん、当時のシーケンサーを使っての自動演奏は不可能である。ヴォーカルにはギター用のモジュレーション・エフェクトが過剰に掛けられているが、音声合成の技術が進んだ今時の聴覚からすると、機械を通す事で、むしろ発声の肉感的なニュアンスを強調している様に聞こえる。また、マイクとして玩具のヘッドホンを誤用し、わざとチープでクリーピーな音を作っている。阿木譲は誤用を面白がって、周囲に吹聴していたらしい。ウォークマン時代のダダイズムかくあるべしと、ナンパの会話に盛り込んだかまでは不明。JBのオマージュ「Say It Loud, I'm Dilettante, I'm Proud」の単純な4ツ打ちバスドラは、明らかに(そして恐ろしく下手糞な)人間の仕事だ。これはThe Flying Lizards「Money」(79年)から着想を得た、彼等なりのディスコ・デモリッション・ナイト、Disco sucks宣言なのだろうか？ 時期を同じくして、最低ヘタウマDilettante路線を打ち出したベルリンのDie tödliche Dorisのデビューは81年。連中はVanity盤を知っ

ていたのかどうか。いや、それよりもまずはPublic Image Ltd「Death Disco」(79年)だ。ポスト・パンクのダビーでシニカルなサウンドの影響は「Bring To Naught」に顕著である。もしかしたら、この時期の日本で誰よりもキース・レヴィン＋リチャード・H・カークしていたのが、このバンドの匿名ギタリストなのかもしれない。しかし、一体が誰がどのパートなのか。公式には未だ何の情報も無い状態である。LPには女性ボーカルが参加する曲が二つ入っている。彼女らはクレジットに反映されているのだろうか。覆面メンバーは実際にはもっと沢山居ると考える方が普通とも思えるが……いや、これ以上の野暮な憶測は止めておこう。

Vanity盤のラストを飾る「Matrix」についてもう一度触れておこう。デモではこの曲のプレ・トラックと思しき音源は見つからないので、スタジオ録音の際に新規に準備された楽曲だろう。深いリバーブが掛かった単調なドラム・マシンとドローン状のノイズに、作品中で唯一の生ピアノ演奏が被せられる。このピアノは大阪の録音スタジオに急遽呼び出されたロック・マガジンのスタッフが弾いたものだという。デモ「Matrixing Contagion」(『Unaffected Mixes Plus』、『Vanity Box II』に収録)は恐らくLPマスター完成後のエディットで、テープの回転速度を半分にしただけ。スウェーデン現代音楽の傑作Folke Rabe『What??』と同じ発想ではあるが、彼らはこのテープを当時にどうしたかったのだろうか。その秘密はカセット・テープの再生でライブ活動を行う突拍子も無いアイデアにある。一度ライブに載

せられたトラックはすぐにメンバー間で飽きられ、エコー・マシン(Roland Space Echo RE-201だろう。)とシンセサイザーのノイズ、回転数の調整で更なる加工が施された。折りしもニュー・ウェイブが加速度を増して変貌を遂げていた時期であり、耳についた新しい情報はすぐにテープに反映された。逆に言えば、手垢の付いたアイデアはさっさとお払い箱である。勝手にライブ会場と目された大阪の店「バームス」、京都の「クラブ・モダーン」に出入りしていたメンバーは、当時最新のレコードを聴く機会が日常的にあった筈だ。

1980年のダブ処理を強調した話題盤から、時系列を整理してみよう。ロック・マガジン宛のカセットはロンドンから送り付けられたらしいから、ポスト・パンク周辺の選択で差し当たり問題は無かろう。ロックにデタラメな音響工作をかまして話題になったMr. Partridge『Take Away』は80年2月発売。『R.N.A.O Meets P.O.P.O』の主なレコーディングは80年4月、発売は早くも翌5月である。Dennis Bovell参加のLinton Kwesi Johnson『Bass Culture』、『LKJ In Dub』も80年。坂本龍一『B-2ユニット』はそのDennis Bovellをスタッフに迎えて、Mr. Partridgeのエフェクト処理に影響を受けた作品で80年9月発売。ポスト・パンクとダブにより決定的な方向性をつけた『The New Age Steppers』は81年春。一連の動向の影響はデモ「African Development Of Mutation」、「Codice Sur Africa」に明らかだ。そして、81年8月に「Murderous Act」収録の『Awa 沫 Foam』(YLEM) が発表される。日本の自主盤のディストリビューションはまだ未確立で、実質的な

127

流通は秋だった様だ。提供曲はLP発売以前のデモであろう。YLEMは、70年代後半に活動したインプロ・グループ"GAP"のメンバーで作曲家の故・佐野清彦を中心に設立されたインディー・レーベル。佐野は教職の傍ら女子高校生の集団即興を指導するなど、若い世代の音楽に積極的な関心を持っており、Vanity盤を絶賛した事が収録の契機となった。GAPの初期演奏を聴くと、確かに相通じるフリーキーな感覚があると思える。

さて、ここまでは何らかの形でR.N.A.O名義の活動は継続されていた。また、R.N.A.Oのクレジットはないが83年の『タコ』(ピナコテカ)にもメンバーが潜入している。録音は82年頃だろうか。

では、ライブの実態はどうだったのだろうか。プロデューサーの佐藤曰く「インターミッションのBGMのように通り過ぎて、メンバーが客席にいても誰も気づかないし気にも留めないという事態となりました(笑)。」考えてみれば当たり前のことだ。すなわち、人を喰った試みは観客から全くの無反応で、無残な失敗に終わった。そして、カセット自体が手垢のついた前時代の遺物として数十年間も放擲される事になる。さしずめ、ウイルス粒子検出不能の暗黒期と呼ぶべきか。かくして、彼らの無謀な音響ゲームは聴き手たる宿主に参加を委ねたまま、音粒子の放出機会を未だ虎視眈々と見据えた状態での放置プレイとなったのである。

Sô-si SUZUKIへ、

φononレーベルから2年前に出たR.N.A.オーガニズムのアルバムを聞いた。奇妙な感じだ。これについて君に向かって手紙を書くということが。グループの名前には聞き覚えがある。その記憶の縁には、君もEP-4の初期メンバーとして俺から見た〈界隈〉の一人を構成していた、というどこまで正しいのかよく分からない事実がぶら下がっている。一体、君は40年前のあの頃何をしていて、この音とどういう関係を結んでいたのだろうか。しかし奇妙なのは必ずしもそこではない。俺にとってはこのアルバムが今日、φononレーベルの一枚を構成するものとして発表されていることが、まずもって少し奇妙。ちょっと浮いていないか? ここにある音は確実に、一種のダンスミュージックだろう。そんな指向性を持ったアルバムがこれまでφononレーベルにあったか? まだ足の悪くなかった君はこれにどう踊ったのだろうか。

ダンスミュージックとはいえ、それに合わせたダンスのあり様をそう簡単に思い浮かべさせてくれる音ではない。フロアで踊るにはリズムというか音のループがとりあえず必要になる。何に合わせて身体を揺らし動きを反復するかの、その〈何〉だ。それがここでは意図的に多層化されたり、ずれたりするよう組み合わされている。どの層に合わせるかによって動きはまったく違うだろうし、どれにも合わせないで「ノル」ことも可能な気がする。どうだ、これでどう踊れる? と佐藤薫たちは挑発しているように聞こえる。行進曲からアンビエントへ、さらに露骨に「工業的 industrial」な金属音を響かせて、さて君たちはどう踊る? レゲエも混ぜて聞かせてあげたのだから、挟み込まれる「風」の音にも反応して見せろよ。アフリカもソ連／東欧もアジアもダルムシュタットも、カットアップとサンプリングされてマルチトラックレコーダーの上で重ねられれば、要素として平等。しかし、それらを〈まとめて〉踊らねばならないとしたら? 俺にはこういう演出が空想される。舞台に数人のダンサーを上げ、彼らに対し、聞こえてくるどれか一つの音層にだけ反応して踊ってみろ、と指示する。他は一切気にするな。真ん中には、〈すべて〉だけに耳を傾けて踊るダンサーを一人配置する。彼ないし彼女はじっとしているだけでもいい。それも踊りだ。さてどんな舞台が現れるだろうか。そんな身体的可視化を空想させるという点で、このアルバムはφononの他の作品から浮いているように思えた。他のアルバムは概ね、作品として何か〈風景〉を呼び起こすように聞こえた気がする。現代的であったり未来的であったり原始的であったりする〈風景〉を。とにかくそれがここにはない。

40年前ということは、これが極東日本のポスト・パンクというやつ? 音楽から情念なり情緒なりを音の起伏とともにどんどん削っていくことがポスト・パンクの「ポスト」性だったとすれば、このアルバムは確かにそこに連なってはいるだろう。けれども、俺が少しだけ知っているポスト・パンクのグループ──Cabaret VoltaireとかThrobbing GristleとかPop Groupとか──にははっきり「パンク」性があったような。ギターは削っても、バンド形式によるライブ演奏を想定して単純なコードとリズムは残し、そこにノイズを重ねるといったね。本家イギリスとの関係で言えば、俺がこのアルバムをめぐって思い出したのは、マーティ・フリードマンがJ-Popのコード進行について言っていたこと。「向こうのはもっとシンプルで予想がつくけど、日本のものは〈ええ? !〉と思うような進み方をする」。要は手が込んでいるということだろう。このアルバムも時間をかけてカットアップとサンプリングされたようだし、踊ることの可能性と不可能性を本家イギリスのものより煮詰めて掛け合わせようとした形跡が窺える。

けれども何より目に浮かんだのは、〈ギター一本あれば音楽ができる〉と歓喜した遥か昔の少年少女たちの姿。マルチトラックレコーダーを手にした40年前の青年たちは、これで素養なんかなくてもダンスミュージックが作れる! と喜び勇んだのではないだろうか。〈俺もDJだ〉。言わば音楽そのものの〈はじまり〉への回帰。それが40年前にもあったことは記憶されて然るべきだろう。ではデジタルに作られるデスクトップ・ミュージックの始点? いや、それは違う。というか、そういうところがあってもそう考えるべきではないと思う。何を切り取り、何と組み合わせるかの選択は、それ自体極めてアナログな操作だ。テープの切り貼りであるから。そして何より、スイッチを押す、つまみを回す、これは一つのダンスではないのか。そしてこの〈はじまり〉について特記しておくべきは、アルバムが « Unaffected Mixes± »と題されていることだろう。どんな « affection »（情動）も除去したリミックス。「情動」を排して踊れるのか? アルバムはそれに対しただ〈私は踊っている〉と答えたわけである。〈君も踊れ〉と鼓舞したわけである。できるともできないとも答えずに。可能性と不可能性がアナログ的に掛け合わされた結果、ただ音楽と踊りの中性的な「ある」がある。それが本家ポスト・パンクよりもポストな日本発のアルバムだとすれば、日本の音楽シーンの現在はほんとうに「歴史の終わり」なのかもしれない。

あれ、これは40年前の音ではなかったっけ? あの頃君は何をしていた? そして俺は? もう覚えていない。あの頃Vanityレーベルから出た « R.N.A.O Meets P.O.P.O »がアナログ盤で再発されるそうだが、Vanityと阿木譲をめぐる当時のかなり胡散臭い印象──『ロックマガジン』に由来する──が、φonon版への俺の感想には影を落としているのだろうか。冷静に考えれば昔の印象に操られているような気もするが、それでは40年とはいえ「歴史」なんかなかったのかもしれない。

市田良彦

Cher ami,

佐藤薫がR.N.A.オーガニズムをプロデュースしていた頃は、前回書いたように、僕はEP-4のメンバーだった。当時、僕が何をやっていたかだって？　ああ、記憶のなかの「主体」はほぼつかみどころがないじゃないか！　それ自体における証言はないし、告白もあり得ない。ともあれ、細部はほとんど覚えていないが、とにかく踊っていたさ。文字どおりの意味で、そして文字どおりの意味じゃなくてもね。それに佐藤の構想におけるEP-4自体、ダンス・バンドだった。少なくとも僕はそう思っていた。ポップ・グループやキャバレー・ヴォルテールやスロッビング・グリッスルどころか、「変則的ファンク＋現代音楽」だって十分踊れるはずだけど……

メンバーではなかったのでR.N.A.についてはっきりしたことは言えないが、少なくともEP-4のほうは、「踊ってみろ」と観客を挑発していたことは明らかだった。踊れない奴は巻き込むことができない。おまけにR.N.A.というバンドの形態あるいは佐藤の考えを、当時、関係者たちを含めて理解する奴がほとんどいなかった節がある。いざこざは当然起きる。そのために我々は不機嫌になったり、いらいらした。かなりの確率で！　踊りに関しても闘争状態があった。我々はクラシック音楽をやっていたわけではない。踊れる白鳥も踊れない白鳥もいるだろうが、彼らに対する親切心は持ち合わせていなかった。今にして思えば、アルチュール・ランボーは、詩のなかで、文脈とは無関係に、突然「ダンス、ダンス、ダンス、ダンス！」と言い始めるが、まあ、そんな感じだったと言えるかもしれない。だから君が言うように、R.N.A.オーガニズムはφononの他の作品から浮いているのかもしれないけれど、このレーベルからR.N.A.オーガニズムが出ていることに僕はまったく違和感はないな。

舞踏家たちがやっていた踊りとは毛色が違うだろうが、そのような踊りは奇妙なダンスになるに決まっている。それでいいと思っていた。君が言うように「不動の」ダンスだってあるし、踊りのどんな激しい動きのなかにも「不動性」がなければならない。踊りの歴史を素人としてしか知らないが、世阿弥から土方巽までそう言うことができると思う。「音楽」に特化して述べるなら、リズムとリズムの不在は共存する。あるいはリズムの混在はそのヴァリエーションの一つにすぎない。R.N.A.の場合も同じじゃないかな。したがってリズムの仕組みや変容は問題にならない。「ノル」ことはどんな場合も可能だよ。裏返しのダンスがある。「舞台に数人のダンサーを上げ、彼らに対し、聞こえてくるどれか一つの音層にだけ反応して踊ってみろ、と指示する。他は一切気にするな。真ん中には、〈すべて〉だけに耳を傾けて踊るダンサーを一人配置する。彼ないし彼女はじっとしているだけでもいい」。君の提案しているこの演出はかなり面白いが、逆に不意打ちでそのようにあえて踊らせる、あるいは踊らせないようにする音楽を提示することもできる。

君は音楽における「風景」のことを少しだけ問題にしているけれど、例えば、僕が森田潤とやっている音楽だって、打楽器を多用しているのだから、踊りを前提とした「イージー・リスニング」（！）だし、「風景が成立しない」アンビエントなんだ。風景を感じるのはロマン派の音楽家たちばかりではない。逆に、我々は個々の「風景の死滅」を経験すればするほど、全体としてそれに捉えられているのかもしれない。日常から非日常的経験までそうだ。それは僕には一方で「感情」的問題のように思える。それに関して「音楽」の側から言えば、そうではなく、音が発せられるとき、まさにそのとき、風景も感情もないことがある。ほとんどの音楽に関してそうは言えないことは知っているけれど、ミュージシャンとしては、そのように「音楽」を発見し、発想し、音楽の「非風景」を創造することができる。感情と連動していた風景が消えてしまうか、そのような風景を消してしまうんだ。まさに『Unaffected Mixes±』だよ。「情動」の廃止のプロセスを音化する。R.N.A.オーガニズムとは別物だが、例えば、ベートーヴェンの「晩年様式」である『ディアベリ変奏曲』にも同じことが言える。そんな「風景」がどこにもない。

君の言う、ポスト・パンクにおける「〈ギター一本あれば音楽ができる〉と歓喜した遥か昔の少年少女たちの姿」。実際、そういう人たちはかなりいたと思うよ。故・角谷美知夫がそうだった。ギター一本あれば、どころじゃなく、角谷のギターには弦が四本しかなかったと思う。EP-4のギターだった故・好機タツオは色々工夫して逆にそのようなギターを、普通に弾いても、弾ける奴の音とは違う音の出るギターを演奏していた。角谷美知夫はバンド「腐っていくテレパシーズ」を始めた頃はコードも弾けなかった。「あ、何々君はコード弾けるんだ！　いいね」、スタジオで彼はそう言っていた。R.N.A.オーガニズムのガジェット感は、ひとつには、それにも通じているし、それを逆手にとっているとも言える。音楽史を書き換えなければならない。超絶技巧のヴィルトゥオーソもいいけれど、ギターの弾けないギタリストもありだ。後者の場合、普通は、忍耐が続かないというか、一定の時間演奏を維持できないことだけが難点だ。演奏し続けた角谷美知夫はその意味でひとりのミュージシャンだったと思う。これも一つの「匿名性」だ。だから二人はR.N.A.の初期メンバーだったかも……？。

最近なら、周りを見回して、逆に、「君たちは踊っていると思っているのだろうが、それが踊りなのか、何て踊りなんだ‼」、と言うこともできるわけだ。踊ってるふりをしているだけ。これは近ごろの僕の感想だ。

だったらこれで踊ってみろ、踊れないだろ。いいから踊れる人は手を挙げて！

鈴木創士

親愛なる市田さま、

2枚のR.N.A. ORGANISMがある。昔レコードが出たやつ『RNAO meets POPO』を聞くと誰もが感じる（当時も同じだった）スカスカといっていいガジェット感。この印象的なガジェット感は嫌いではないが、何でだろうと思っていた。必ずしもオモチャの楽器を使っていたからだけではないはずだ。1979年あるいは1980年には佐藤はEP-4を始めていて、二つのバンド（?）は同時期なのだから、その落差はわざとやったことだろうと漠然と思っていた。佐藤はほかにもいくつかのグループをプロデュースしていたし、別々のユニットで別々のコンセプトなのだから、方法的には違って当たり前だ。でも、EP-4はこの際おいておくとして、数年前に出た『Unaffected Mixes』のほうを聞くと、『RNAO meets POPO』とのかなりの違いを誰もが思ってしまうじゃないか。ある時間領域からある時間領域への移行があったのではないかと錯覚してしまう。僕は、てっきり新しいやつを作るにあたって、佐藤薫は森田潤とつるんで新しい音を当時のテープ録音に加えたんじゃないかと思っていた。でもそれは僕の見当違いだった。実際には、当時、『RNAO meets POPO』はレーベルの都合で納期を急がされ、佐藤が提示したトラックがリジェクトされたらしい。結果、『RNAO meets POPO』は偶然というか外部的な作用をこうむったわけだが、『Unaffected Mixes』のほうには新しく付け加えた音はなく、当時の音源をゆっくりトリートメントできたからああなったということらしい。『Unaffected Mixes』はそのままで存在していた。それを知ってちょっと驚いたけれど、なかなか感慨深いものがある。『RNAO meets POPO』とは別の次元で、『Unaffected Mixes』はいま聞いても僕の琴線に触れるし、しかも当時佐藤が知的に感覚していたであろうこと、そればかりか彼が苛立っていたであろうこと、そんなことまで思わせてしまうところがあるからだ。めんどくさいことを含めて、僕の知る限り、いろんなことが同時に起きていたからね。つまりR.N.A. ORGANISMというバンドは「状況的」なものを体現していた。

まあ、いずれにしてもR.N.A.は変なバンドだったし、おまけにEP-4とはかなりの点で別物だったと言っていいと思う。だから僕にとっても余計に『RNAO meets POPO』は奇妙なレコードだった。当時、ヴァニティ・レコードが他のポストパンクのバンドと比べてどの程度その特別な意味を意識してリリースしたのかは知らないが、僕も変なレコードを持っていたよ。R.N.A.は、騒音の聞こえる地下から確固として湧いて出てきたか、空気の層を通って京都の路地あたりに必然的に出現した感があった。路地にはチューリッヒ・ダダのカフェだったキャバレー・ヴォルテールではなく、クラブ・モダンが開店中だった。だがバンドのメンバーは透明とは言わないが、空気人間みたいなものだ。当時のメンバーが誰だったのか、みんなあえて佐藤には尋ねなかっただろうし、もっと言えば、そんなことを根掘り葉掘り聞いてはならない雰囲気があったと言っても過言ではなかった。僕はメンバーが誰なのかだいたい察しがついていたけれど、そのことを確かめたりはしなかったし、その気にもならなかった。当時、ライブイベントに出演するために名を連ねていても、そこにR.N.A.の生身のメンバーが姿を現さなかったことは君も知っているだろう。

だけどこのようなことは全部、間違いなくプロデューサー佐藤が意図的に画策したことだった。そのこともまた確かめたことはないが、多分そうでしかないと僕は思っている。徹底的な「匿名性」。EP-4の場合との違いはこの徹底性の質によるものだったかもしれない。これは現在のR.N.A.でも変わらない。R.N.A.のライブ（昨年だったか?）、ドミューンのときは、メンバー（諸々の事情で当時のメンバーではないはずだ）全員が被り物の仮面姿だったし、京都のアーバンギルドの際は、垂れ幕の向こうで演奏して、メンバーの姿はシルエットしか見えないようになっていた。実際、メンバーは誰でもいいし、匿名性は遺漏があってはならず、そのまま保存されなければならない。想定される「全体」が影のバンドというわけだ。最近のライブの観客はきっとメンバーが誰なのか知りたかっただろうが、今もなおそれをあえてプロデューサーの佐藤に問いただす者はほとんどいなかったはずだ。

そして最近の『騒音書簡』で君が言及していたモーリス・ブランショをあえて取り上げて敷衍すれば、まさにR.N.A.は「政治的」なバンドだったのだから、一方において、匿名性は伝達される前でさえ、他者たちの前にさらされることを必要としていた。言ってみれば「匿名の現実主義者たれ、不可能を要求せよ」だ。五月革命のとき、ブランショは「学生・作家行動委員会」に属していた。君も知ってのとおり、このグループでは過激な政治的実践のために匿名性が反組織的な基盤として徹底された。学生たちに混じっていたのが、ブランショ、デュラス、アンテルム、マスコロ、ゲラン、シュルレアリストのシュステル、デュヴィニョー、デ・フォレたちだったことは後でわかったことで、何年か後、何周年か後になって「五月」について書かれたどのような学者やジャーナリストの本も彼らにとってあらかじめ無意味だったのだから、匿名性の暴露は、まあ、読者の覗き趣味と言っていい。「拒否以外の何ものも我々を結びつけない」と後にマルグリット・デュラスは証言している。僕はR.N.A.のことを思い出すたびに、テクノポップやインディーズ云々ではなく、この「匿名性」の悦びみたいなことを考えてしまう。

鈴木創士

2023年9月12日

創士くんへ、

匿名性か。俺はそもそもR.N.A.オーガニズムについて名前以外に何も知らなかったから、どうもピンとこないところがある。それにバンドの名前は「音」の名前、作家名と思っているところがあるから、作品とともにしかない個人なりグループの名前は、ある意味すべて匿名性を持っているのかもしれないという気がする。背後にどんな人がいてもいい、それはこの「音」には関係ない、という意味で。まあ佐藤薫たちにしてみれば、EP-4とサウンドイメージをダブらされたくなかっただろうし、誰にでも──イギリス人でも日本人でも──今やこれくらいできるよ、という姿勢を匿名性に託したかったのかもしれない。EP-4と似てるじゃん！と結果的に思われても、それもまた匿名性のなせるわざだろう。似てるってことは違うってことだから。

さて、40年前の「音」、《R.N.A.O Meets P.O.P.O》(以下、P.O.P.Oと表記)のほうを聞いてみた。《Unaffected Mixes±》と比べて「素材感」が強いことからも、俺にはどうしても阿木譲の名前と結びついてしまう。相対的にミックスの度合いが小さく(加えられたり弄られたりした形跡が少ない)、ダンス音楽としての自己主張が薄い(特に曲順)ように感じる。たんに完成をせかされたことの効果なのかもしれないが、その分、全体的に「〜音楽」に分類されまいという意思を前面に感じる。それがどこか「阿木譲」っぽいと俺に思わせる所以かもしれない。まあアルバムがVanityから出たと知っているからなんだろうけど。彼の名前に結びつけないほうがおかしい。不思議な雑誌だったよ、彼が編集長を務める『ロック・マガジン』は。熱心な読者ではなかったし、記事によっては何を言っているのかよく分からなかったし、特にかっこいいとも思わなかったけれども、自分の知らない「地下世界」が大阪にはあるんだ、とは強く感じた。いや、大阪にというのは正確ではない。マイナーなものが別のマイナーなものと繋がり、その線がどこに延びていくか予測できない、という事態が自分のすぐ近く──その頃は俺も大阪在住だった────にある感覚。今思えばだけど、阿木はR.N.A.オーガニズムを「かっこいい」バンドにしたくなかったんじゃないだろうか。箱でキャーキャー言われるようなものには。彼の文章には一種の戦略的デタラメさが垣間見え、それが俺にとっては間章と似て非なるところだった。間は阿木と同じように「マイナー音楽」(©大里俊晴)の発掘者だったけれども、間は言っていることがしばしば意味不明──そこも阿木と同じ──でも、長く「かっこいい」と受容されるような「音」を見つけようとしていた気がする。実際、俺も間の文章からいくつか今でもたまに聞き返したくなるバンドやアルバムを教えてもらった。けれど、阿木にはそんな意思さえあったのだろうか、と思いたくなってしまう。ただただ、横に延びて繋がる線を探す。誰にも結節点に止まらせない。その痕跡を、《P.O.P.O》の未完成さ、というかあくまで《Unaffected Mixes±》が事後的に感じさせる「素材感」が、まさに事後的に発見させてくれる。

二つのアルバムに入っている、ミックスは違えど同じ曲──「私はディレッタント！」と女性コーラスが入るやつ──を《P.O.P.O》で二度目に聞いて、思わず笑ったわけですよ。これって阿木譲のことじゃん、と。「ディレッタント」であることを「誇りに思う」と茶化した調子で歌う、ほんと阿木譲だよな、と。知識量はおそらく半端なく、アンテナは至る所に貼っている、けれどそれがどうした？と自分で言う。この姿勢は、音楽や文学や思想等々、様々な輸入「カルチャー」のその後と現在を見るにつけ、掛け値なしに稀有なものだったと思う。最近もとある思想系イベントをYouTubeで見て、恥ずかしいと同時に腹が立ってきたのよ。外国産品の使い回しが実に上手、そのことにね。ちょこちょこと概念？キーワード？を拾ってきて「現代社会」をスパッと切って見せるのだが、自分の手際良さに対する恥じらいの微塵もないところが恥ずかしい。腹立たしい。阿木も間も輸入屋さんだったかもしれないが、そんな手前味噌な利用をよしとしていなかったはず。間は輸出屋にもなろうとしていたし、阿木がその点どうだったかは知らないけれど、彼には自分のデタラメぶりに「現代日本」を映し出した上で、I'm dilettante, I'm proudと言える度胸と恥じらいと冷静さがあったように思う。これも、あるいはこれが、日本の今なんだよ、と外国人にも教えてやろうとする気概もまた。西洋人よ、君たちの音楽のこういうアレンジはどうだ？君たちはポスト・パンクとか言ってるけど、俺たちはI'm dilettante, I'm proudと言う！俺たちにはI'm black, I'm proudと言えない代わりに、「あらゆるアフリカ」Every Africa──そんなものはない！アフリカ大陸は一つしかないんだから──を歌にできるんだぜ。俺を見よ、極東の島国には関ヶ原以降、歴史なんてなかったのさ。阿木のそんな声が、《P.O.P.O》の向こうから聞こえてくる。

「マイナー音楽」なら、現代ではマイナーな消費者を見つけることができるだろう。西洋人も日本の「マイナー音楽」を勝手に見つけてくれるだろう。現に灰野敬二も裸のラリーズも、最近では青葉市子も、「発見」された。《P.O.P.O》と《Unaffected Mixes±》も発見されるかもしれないが、阿木譲はどうなんだろう。プロデューサーという、作品が出た後は消え去るしかない、作家ではない人は。わけの分からん、君──創士くん、君のことだよ──の言う「状況」があったことぐらいは二つのアルバムから伝わってほしいと思う。Vanityは、アメリカ人が最近すべて再発したらしいPSFレコードの音源よりわけ分からんぞ！諸君──誰のことだ？？

市田良彦

甦る、伝説の
エレクトロ・ノイズ・
インダストリアル

——佐藤薫、インタヴュー

取材・序文：野田努　写真：青木一成

「過去をコントロールするのは誰だ」と言ったのは
ジョージ・オーウェルだが、音楽作品における未発表
曲集というのは、ときに過去の意味を変えることがで
きる。じっさいはもっと違った音楽がプロデューサーや
レーベルの意向によってひとつの局面にのみ焦点が
当てられた場合は、とくにそうだ。1980年に大阪の
〈Vanity〉から『R.N.A.O Meets P.O.P.O』なるアルバ
ムをリリースしたR.N.A.オーガニズムという佐藤薫が
プロデュースしたプロジェクトの未発表音源集を聴い
ていると、思い通りに発表できなかった過去が現在に
おいて新鮮に聴こえることもありうるのだと、あらため
て思う。高価に取引されている1980年の〈Vanity〉盤
をユーチューブで聴いてみると、なるほどたしかに時
代を感じさせて面白いのだが、棚からキャバレー・
ヴォルテールの"Nag Nag Nag"を引っぱり出している
ことは明白で、しかし佐藤薫のレーベル〈φonon〉から
リリースされる未発表音源集『Unaffected Mixes ±』
においては、より抽象的で、このプロジェクトの遊び心

と実験性がより際立っている。ときには（それこそその
後のEP-4に通じるところの）露骨なまでの政治性もあ
り、R.N.A.オーガニズムのラディカルで、アイロニカルな
表情は際立っている。暗い時代に虚飾の明るさを描
くのではなく、むしろ悪夢を描いて逆説的に夢を見る
というメソッドは、それこそ70年代末のUKポスト・パン
クの多くがやったことだった。

　以下のインタヴューは、今年（2021年）の2月に
ZOOMにて収録したもので、R.N.A.オーガニズムや
今回リリースされる『Unaffected Mixes ±』について
の話以外にも、ぼくにとって佐藤薫は近くて遠い人
だったこともあって、作品のこと以外にも、個人的に知
りたかったことも脈絡なく訊いている。散漫になってし
まったことをお詫び申し上げるとともに、その全貌がい
まだ不明瞭なままの日本のポスト・パンク期における
重要な記録（ドキュメント）に注目していただけたら幸
いである。（敬称略）

ティアックのカセットマルチトラックレコーダーが79年に出るんですよね。
それによってかなり状況が変わりました。
まず、スタジオではなく家でも自由な時間に音を作れるようになった。
それで、どんどん断片を作っていった。

——　R.N.A. オーガニズムのことはまったく知らなかっ
たんですけど、今回聴かせていただいてまず思ったのは、
いまの音だなと。たとえば〈Edition Mego〉や〈Diagonal〉
みたいなレーベルから出ても全然不自然ではない音ですよ
ね。佐藤さんもそう思ってリリースするのでしょうけれ
ど、まず、この作品をお出しになることの経緯みたいなと
ころから教えてください。

佐藤：ちょっと複雑でしてね。基本的にこれらは〈Vanity〉
での音源なんですよ。〈Vanity〉で録った1枚目のアルバム
（『R.N.A.O Meets P.O.P.O 』）の音源をもとに、ぼくたちが
自分たちで勝手に作っていたやつなんですよね。要する
に、阿木譲が諸々の事情によってリジェクトし、出さなかっ
た音源です。

——　もともとは〈Vanity〉で出すつもりで録音したも
のだったということでしょうか？

佐藤：いや、〈Vanity〉で出した作品を録ってるときに、仮
落としとかの音源をカセットコピーしていろいろ自分たち
でカットアップ／ダビング／編集などアレンジしていたん
です。でも一応〈Vanity〉でスタジオも用意してもらって
録ったものですから、好き勝手にするつもりはなかった。
阿木譲との関係がもっとうまくいってれば早いこと出せて
た気もするんですけどね。まあ、当時出たアルバムのほう
は、阿木譲の好みによってストレートな感じのミックスのア
ルバムになってるんですね。その意味ではボツテイク集と

いうことになります（笑）。

——　今回この未発表音源を出すにあたって、佐藤さん
のほうである程度リマスタリングはされたと思うんです
けど、若干の、音の加工みたいなことはされたんですか？

佐藤：曲の頭出しで削ったりしたほかには加工はほとん
どしてないです。あと断片を多少つなげたりしたトラック
も入ってますね。で、カセットで残っていたので、すべて一
度しっかりアップコンバートしてからリマスタリング的作
業をしただけです。

——　R.N.A. における佐藤さんの役割は、全体のプロ
デュース、サウンドのプロデュースですか？

佐藤：そうです。録りはじめたのが 78 年くらいで、初期の
音源も入ってるんですけど、みんなでリハーサルスタジオ
で遊びで録ってた音源も含まれています。〈Vanity〉で出す
という話になった段階で録音したものもありますし、大阪
でのレコーディング中に録音したものもあります。

——　佐藤さんはもともとは京都でずっと DJ をされて
たんですよね。R.N.A. の人たちは佐藤さんの DJ に来るよ
うな人たちだったんですか？

佐藤：ではないです。美大の学生であったり、ひとりはディ
スコの従業員というかそんな感じで（笑）。みんな音楽家

ではない。好きに集まって遊んでいた一部がユニット名を名乗ってやりはじめた感じですね。

―――　いまだとこのサウンドはグリッチとかミニマルとかインダストリアルとか呼ぶと思うんですけど、冒頭にも言ったように、いま聴いて充分に魅力があるサウンドだと思いました。だからこの先駆的作品が、佐藤さんとバンドのメンバー3人のあいだでどうやって作られていったのかを知りたく思います。

佐藤：アルバムのリリースが決まったころ、ティアックのカセットマルチトラックレコーダー（CMTR）〈ティアック144〉が79年に出るんですよね。初代ウォークマン発売と同じ年です。それによってかなり状況が変わりました。まず、スタジオではなく家でも自由な時間に音を作れるようになった。それで、どんどん断片を作っていった。あらかじめ曲があって作っていたわけじゃないんですよ。それまでは、オープンテープやカセットテープを再生しながら音を重ねてダビングしたりと、面倒で涙ぐましい作業を練習スタジオで繰り返していたわけです。宅録黎明期の到来です。大音量のアンプ出力や繊細な生音はスタジオにCMTRを持ち込んで録音。それを自宅であれこれいじりまくるという。それにCMTRだと、ちょっとした過大入力でサチッたり特定の音源で隣の別トラックに音漏れしたりと、ピグマリオン効果というか実験者効果がおもしろくて。CMTRはプロやプロの卵の音楽家に貢献したのはもちろんですが、アマチュアや非音楽家にとっては革命的ツールでした。

―――　ちょっとエキゾティックな感覚のコラージュも試みていますよね。1981年にはイーノとデヴィッド・バーンの『マイ・ライフ・イン・ブッシュ・オブ・ゴースツ』が出て来ていますが、ああいうの出たとき俺らのが早かった、とか思いませんでした（笑）？

佐藤：そこまでは思いませんでしたけど（笑）。ただ、ぼくはDJでそういうことをやっていましたね。

―――　クラフトワークやカンと同時にフェラ・クティやブラジル音楽なんかもかけたりしていたそうですね。

佐藤：そう。それ以外にも、かけ方であったりとか、BPMを合わせるとかそういう単純なことではなく、エフェクトを入れたり、LチャンとRチャンで違う曲を流したり、そういう遊びをぼくは70年代から相当やっていたんです。だからサウンドをコラージュするということに関しては、ぼくのなかでは自然だったんですよね。

―――　DJだったということが大きかったんですね。

佐藤：いまから考えるとそういう気はしますね。

―――　率直にいってキャバレー・ヴォルテールからの影響を強く感じたんですけど、実際はどうでしたか？

佐藤：みんな好きでしたからね。アイドルと言ってもいいくらい（笑）。

―――　〈Vanity〉から出ているアルバムはキャブ色が強いですよね？

佐藤：そうですね、それは阿木さんの好みも大きい（笑）。〈Vanity〉のアルバムでは、曲の体を成さないような感じのミックスやDJ仕様のビートトラックを使ったものは、全部リジェクトされてしまったんです。今度出す未発表トラック集にはたくさん入ってるんですけどね。

―――　今度〈φonon〉から出るアルバムの音源は、かなりアブストラクトですもんね。

佐藤：そうですね。

―――　阿木さんがボツにしたという今回の未発表のほうが圧倒的に尖ってます。

佐藤：阿木さんはライヴもしてほしかったんで、最初のアルバムではわかりやすい曲をピックアップしたということだと思いますよ。

―――　でも、当時じっさいのライヴはやらずにカセットテープだけ流したんですよね？

佐藤：そう、そうなんですよ（笑）。なにも説明せずに流れるもんだから、インターミッションのBGMのように通り過ぎて、メンバーが客席にいても誰も気づかないし気にも留めないという事態となりました（笑）。

―――　それはもう、佐藤さんらしい発想じゃないですか？　いかにもEP-4的な。

佐藤：そうですね（笑）。まあ、本人たちもまったく音楽家でも何でもなかったんでね。だったらそういう形でやってみようかと。

―― 佐藤さんの場合はシステムに対するテロリズムじゃないですけど、音楽のメタなところから揺さぶりをかけるみたいなことをしてきたと思います。R.N.A.にもその感覚があるのかなと思いましたが、先ほども言いましたが、DJだったことが大きかったように思います。

佐藤:非常に大きいと思います。いろんな箱でまわしましたから。六本木でもやっていたし、関西に移ってからはパートタイムで何件か回るみたいなことをやってたんです。だから、ほかのDJがやっていないようなこと、違うことを意識して、工夫してやるようになった。いまでは当たり前ですけど、当時はあまりそういう考え方はなかったと思います。選曲もそうですけど、どういうミックスをするか、そういうことには人一倍気を使ってたところはありますね。

―― 当時の佐藤さんの選曲リストとかみたいですね。

佐藤:75年くらいまでは基本的にブラック・ミュージックばかりだったんですけどね(笑)。

―― しかしなぜ佐藤さんは、ディスコから離れてパンクやポスト・パンク、あるいはクラウトロックみたいなところにいったのでしょうか?

佐藤:ひとつ大きかったのはアフリカ音楽とブラジル音楽でした。それに当時のディスコには制約があって、70年代前半からかけたいけれどかけられないというフラストレーションがずっとあったんです。同時にアメリカのリズム&ブルースがどんどん判で押したようなディスコ・ミュージックになっていってしまった。そういうことが重なったんでしょうね。

―― 佐藤さんにとって、クラフトワークやポスト・パンク的なものの魅力とは何でしたか?

佐藤:黒くないのに踊れることと、汗をかかないこと(笑)。単純にダンス・ミュージックとして新しいという直感。そこがいちばん惹かれたところじゃないかな。

―― 失礼な言い方になってしまいますが、ぼくのなかで佐藤さんはリチャード・カークとすごく重なっているんです。

佐藤:ははは。

―― だって、あの人たちはもともとブラック・ミュージックが大好きですよ。それがああいうインダストリルな

サウンドになった。インダストルになってからも、キャブスには強いビートがあるじゃないですか。同じように、ブラック・ミュージック的なものは佐藤さんにもずっとあるんだと思います。だからEP-4にはファンクがあるわけだし、じっさい数年前にユニットでやったライヴでもパーカッションを取り入れてリズムには注力されていた。決してホワイティーな音楽とも思えないんですけど、ブラックネスがないところに共感したとはどういう意味でしょうか?

佐藤:おそらく黒さって言い方がちょっと違うのかもしれませんが、どういったらいいかな……、ビートがこう埋没していくような音楽が、まぁいわゆるブラック・ミュージックのなかから生まれてきたら面白いなと、いまそう思ってるんですけどね。波形としては明らかなリズムを持たない音楽がブラック・ミュージックのなかから出て来たら面白いんじゃないかと、ぼくはずっとそう感じているんです。わかりやすい音の例だと、サン・ラや電子マイルスの弾くシンセサイザーかな。クラフトワークにはそれがあった。ノイにもそれを感じたんです。これで踊ったら気持ちいいなと。まあどちらも現代音楽的遺伝子の濃い音ですから、特殊なウイルスが情報交換に関与したのかも――というのがR.N.A.オーガニズムのスタートアップコンセプトの中核です(笑)。

―― やっぱり、佐藤さんにはダンス・ミュージックというコンセプトはひとつありますよね?

佐藤:それはありますね。だから、ダンスにはけっきょくビートがなくてもいいんじゃないかとなってきたんですよね。70年代の終わりから80年代くらいにクラブ・モダーンでDJをしていたとき、その前後にはいろいろ違う曲もかけましたけど、完全なノイズ・ミュージックでも人が踊りはじめたんですね。そのときの状況をみて、やっぱりそういうことだったんだと確信しましたね。まあ、外から見ると異様な光景でしたけどね。

―― でもひょっとしたらそれが20年早いことをやってたかもしれない。

佐藤:ははは、まぁそうですね(笑)

―― メビウスとコニー・プランクの『Zero Set』が1983年だから、アフリカ音楽とヨーロッパ的なるもののミクスチャーは70年代末から80年代初頭にかけてあったひとつの共通感覚なんでしょうね。京都では佐藤さんがそれを実践されていて、ほかの都市でもそうしたことが起きていた。

佐藤：そう思いますね。ただぼくの場合は、踊りを突き詰めて電子パルスに行ってしまった。リズムを切り刻んだり圧縮／伸長してるうちに、人間の技では認識不可能なハイパーポリリズムや、数年に一拍刻まれるような日々の生活に埋没したリズムというか、リズムではなくパルスに行きついたというね。『Zero Set』の名が出たので補足しておきますが、オーネット・コールマンの『Dancing In Your Head』なんかも複雑なバイアスのかかったミクスチャーとしての共通感覚を感じますね。『Zero Set』のひと時代前の作品ですが、オーネットは母国よりヨーロッパで圧倒的人気があったし、特にドイツでは現代音楽を学んだりしていてクラウトロック周辺には影響力があったと思います。

でも当時これを出していたらやっぱり厳しかったなっていう感じはします。
アナーキックなパンクのように受け取られて、
そのままでは理解されなかったんじゃないかな。
やはり適切な時間というのは必要かと。長いか（笑）。

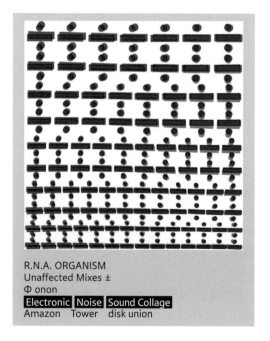

R.N.A. ORGANISM
Unaffected Mixes ±
Φ onon
Electronic | Noise | Sound Collage
Amazon　Tower　disk union

—— 佐藤さん個人としては今回 R.N.A. オーガニズム出すにあたって、どのような感想を持ってますか？

佐藤：けっきょく記憶との戦いになっていて、俺ほんとにこんなんやっていたのかなっていう（笑）。まったく記憶にないものもあったり面白い。でも当時これを出していたらやっぱり厳しかったなっていう感じはします。アナーキックなパンクのように受け取られて、そのままでは理解されなかったんじゃないかな。やはり適切な時間というのは必要かと。長いか（笑）。

—— でも〈Vanity〉って、当時 3〜400 枚とか、そのぐらいの枚数しかプレスしていないじゃないですか。しかも海外には熱を入れてプロモーションしたようですが、おそらく国内ではほとんどされていませんよね。こういう音楽がもっとしっかりした流通のもとプロモートされてリリースされていたら、日本の音楽シーンも少しは違ったものになっていたんじゃないかなと思いますけどね。ぼくなんか全然知らなかったし。佐藤さんにとっては、いまこうやって評価されることは複雑だったりしますか？

佐藤：阿木譲は意図してなかったと思いますが、はなから〈Vanity〉は日本の音楽シーンに向けて音を発信していたレーベルではなかったように思います。R.N.A. の場合も明

らかに海外からのオファーが多くて、R.N.A. は〈Vanity〉の
なかでも特殊なのかなという感じはしますけどね。だいた
い〈Vanity〉はいろんなものを出していて、それこそプログ
レからパンクまで。ヴァイナル・コレクター向けのショー
ケースみたいな。そこでも R.N.A. はちょっと特殊だったと
思います。

———— この時代の佐藤さんにとってなにか大きな影
響ってありましたか？

佐藤：このころは本当に目まぐるしい時代だったので、と
にかく場所のことや音のこと、そういうものを支えるため
の組織を作ったりだとか、そっちのことをより考えていま
したね。自分たちでオーガナイズして演奏できる場所を
もっと広げていくということですね。音楽に関しては、ぼく
は自分でやる音楽と聴く音楽があまりに違うので人は驚
くんですけど、聴いていたすべての音楽から影響されてい
るんじゃないでしょうか。

———— それでは別の質問にいきます。佐藤さんにとって
阿木譲さんとはどういう存在でしたか？

佐藤：ぼくと阿木さんの関係は、あんまり触れちゃいけな
いと思われているみたいです。でもじっさいは、ぼくと阿木
さんと特別なにかあったわけでもなんでもないんです。む
しろいい関係にあったんじゃないかな、とぼくは思ってい
るんだけど。ただ、周りからはね、阿木さんからこうされ
た、ああされたという話ばかりでね（笑）。

———— 佐藤さんがそこであいだに入ったりしたんです
か？

佐藤：それでぼくが煙たがられる存在になってしまった。
だから『ロック・マガジン』には EP-4 のことはまったく書
かれていないんです。

———— ポスト・パンク時代に日本からは良い作品がたく
さん生まれているんですけど、いくつかのレーベルに関し
ては問題があったという話は聞きますね。UK の〈ラフ・ト
レード〉みたいなレーベルはアーティストとの契約の仕方
まで公平にするよう変えましたけどね。

佐藤：阿木さんはもともと歌手だったから、歌手時代に自
分がやられたことと同じことをやってしまったんでしょう
ね。ただね、亡くなるちょっと前にも同じようなことがあっ
たんですよ。〈Vanity Records〉の音源に関しては全部自
分だけのものだって言い張るわけです。歌謡界と同じ発

想で日本初を謳うインディー・レーベル運営しちゃうのは
まずい。いくらなんでもそれはない、少なくともアーティス
トとレーベル半分半分だと思います。

———— 少なくとも著作権は曲を作った人のものです。

佐藤：基本はアーティストのものですが、阿木さんはスタ
ジオ代を払っているから、そういう意味では一緒に作った
ようなものじゃないですかと言ったんだけど、死ぬまで譲
らなかったですね。だから曲が切り売りされていたことも
あったりして。しかも無断でやるんです。ほかのアーティス
トも同じことをさんざんされている（笑）。いくら音楽を聴
く耳が先端でも、そんな態度では音楽も DIY もへったくれ
もないですからね。まあ晩年はずいぶん落ちついたようで
すが。

———— 今回、R.N.A. についての当時の阿木さんの文章
（P.145 R.N.A. ORGANISM テキスト 1980　阿木譲、匿
名・著）を読ませていただいたんですけど、何を言いたい
のかぼくには理解できない文章でした。ただ、熱量は感じ
ますけどね。

佐藤：音楽の紹介誌としては先端をいっていたとは思い
ます。

———— それはたしかにそうですね。それでは、松岡正剛
さんは佐藤さんにとってどんな存在ですか？

佐藤：松岡さんはもう、お兄さんみたいな存在ですね。

———— 松岡さんは佐藤さんのことが大好きなんですよ
ね。いまでも佐藤さんのことを話しますから。

佐藤：77〜78 年ぐらいですかね、松岡さんが京都に遊び
に来てらしたときに初めて会いましたね。別人だと思って
いた DJ をやっている人間と音楽を作っている人間が同
一人物だったことが松岡さんには面白かったそうです。松
岡さんが京都に来るといっしょに遊んでもらって、ぼくが
東京にいたときには泊めてもらったりしていました。

———— 佐藤さんは一時期音楽活動から遠ざかってまし
たが、この十年間は精力的に動いています。レーベルも
始められていたり、活動を再開されていますけど、現在の
ようにはじめた理由はなにかあったんですか？

佐藤：いちばんの理由は居所を探し出されてしまって、音
源を形にしてくれる〈ディスク・ユニオン〉がアーカイヴとし

てちゃんと取り上げてくれたことがきっかけです。以前に
もそういう話はぽつぽつあったんだけど、一切応じなかっ
たんです。自分で作ってきた音は自分たちでやりたい形で
表に出したかった。EP-4以外の仕事を形にしてくれるん
だったら活動を再開しましょうという話で始まったんです。

────　2018 年から〈φ onon〉もスタートされています
が、レーベルをはじめたのはどんなきっかけがあったんで
すか?

佐藤:2013 年くらいからレーベルのやり方をいくつか考
えていました。アナログがやりやすくなってきたということ
で、当初はアナログ盤のレーベルを考えていたんです。同
時に EP-4 の新作を作りたいと思っていましたから、アー
カイヴがひと段落したところで、そういう作業に入りつつ
あったんですけど……、一身上の都合というか、家族の介
護にシフトしなければいけないことになって、いま信州に
住んでいます。だから、移動しないでレーベルをやる方法
を考えはじめたんです。ネットと知り合い関係をうまく繋
いで、制作費基本ゼロの現物支給でという最低限のシス
テムを考えて、これだったら電子系の人たちとか、すでに
音源を持っている人に声を掛けたらなんらかのかたちで
やっていけるんじゃないかなと。それで始めたのが〈φ onon〉
です。
　だから、一般的なバンド形態の音はちょっと無理なんで

す。制作費もないから、録音スタジオを使うのも難しい。
フィジカルで出したいと思うものがあれば聴かせてもらっ
て、ぼくの方でも面白いと思ったら出すという。レーベル側
でのネット配信による販売は基本ありませんし、すべての
権利はアーティストが持つので配信したい場合は自由に
してもらっています。お金をかけないで、最低限の流通は
確保して、なおかつアーティストは現物支給で手売りすれ
ば、最低限の収入にはなる。だいたいそういうシステム・
モデルができたので、なんとかここまで続いてます。

────　もうそろそろ EP-4 の新作が出てもいいんじゃな
いかなと(笑)。

佐藤:いまのところどうしようもないです。EP-4 の命運は
家族の案配にかかっているとよく言われます(笑)。

────　そうですか、でもシングルぐらいはそろそろ聴き
たいですね。今日はどうもありがとうございました。
(2 月 26 日、ZOOM にて)

試聴リンク(シェア可):
https://audiomack.com/sp4non
φ onon レーベル・サイト:www.skatingpears.com

R.N.A. ORGANISM 関連テキスト
（＊1980年、リリース当時に執筆されたもの）

R.N.A.O on『ロック・マガジン』　　阿木譲

Vanity Recordsからこの5月下旬（＊1980年）に発表する『R.N.A.O Meet P.O.P.O／R.N.A. ORGANISM』も、音楽の本来持っている力を具現化しようとしているようだが、フーゴ・バルやトリスタン・ツァラが中心だったチューリッヒ・ダダがパリにおいて集会を行なったのが、1923年のワイマールなのだが、彼らR.N.A. ORGANISM も「ワイマール22」という曲を呪術的でエレクトロニックな原始リズムにのせて、音声詩さながらに国籍不明の曲を作り上げている。彼らも又、キャバレー・ヴォルテールやバウハウスというバンドと同じようにバルの精神を明確に受け継いでいる。

工業都市ミラノのルイジ・ルッソロが騒音音楽宣言をしてから、もう70年という時間が経過しようとしている。この脈々と流れる騒音機械主義は、イントナルモーリの都市風景化により、体内リズム変化を我々にもたらしている。イントナルモーリとは元々、都市騒音や車の音を表現するためにルッソロが作り出したシンセサイザーのようなものだ。

今や機械というこの肉体や精神の外延にあるシステムは、我々の生活のリズムとなり、それはとりもなおさず機械のリズムであり、心臓のリズムでは、もはやない。このシステムは我々の感覚でありエクスタシーである。

今世紀のアート、精神活動を根底から揺さぶった最大のマテリアルでありコンセプトである機械は、現代においてついに呪術儀式にまで登場することになった。

この未来派、バウハウス、表現主義、ダダ、構成主義、キュビズムなどの20世紀初頭の精神活動を魅了しつづけた機械は、今や商品とともに我々の体内にまで入り込んでしまったようだ。そういった意味では芸術家などもはや存在しないし、成立もしえないといえるだろう。

R.N.A. ORGANISM が「SAY IT LOUD！」と金属の声でうたうと、人々は「WE ARE DILETTANTE！」── 我々はアマチュア芸術愛好家だと叫ぶ。彼らR.N.A. ORGANISM は全く新しい現代の呪術的儀式を生み出そうとしている。

それはアフリカの民族音楽にみられる呪術や、バルがボール紙というプラスティック美学を肉体に纏い、言葉の本来の力によって行なった音声詩朗読の呪術儀式と変わりはしない。彼らは音楽が持つ本来の力によって、超自然的な生命力を身体に精神に宿らせようとしているのだ。

ジョルジュ・バタイユが「アルタミラの壁画」の研究の中で言っているのは、あの壁画が芸術でもなんでもなく、生産のために神とポゼッションし、エクスタシーに達するための儀式の一部として描かれたということなのだ。

太初、絵や音楽など呪術にかかせないものは、総て占い師が司どっていたという。

芸術家などは存在しなかった。

そして不思議なことにロック・エンド宣言の時代である現代も、それと同じ状況にあるのだ。ジョニー・リドンは誰よりもそのことを知っている。

RNAO on HEAVEN #3 '80

R.N.A. ORGANISM：匿名・著

[1] システムとアノニム

① ロンドンはケンジントンの消印の押された封筒が届けられる。中にはカセット・テープが一本入れられており場所の謎を告げる。

② ところが、こった事にカセット・テープの表面には「咳止め薬」の（おそらくは日本の大正時代のものらしい）ラベルが貼られており、その記号の謎が脳をよぎる。

③ テープの再生回転数の指示は？　（くわしくは『遊』1013号 1980／06　ナム・ジュン・パイク 参照）

④ 実体不明、性別不明の声（マントラ）が、リズム・ボックスのリズムに乗って流れてくる。どのようにして制作したのか不明のまま、人々はその「音頭」的な原始音に耳をかたむける。日本人？　実体の謎。

⑤ このテープを聞いた Mr. A はレコード発売を企画する。彼はこの顛末を文章化することになる。（『遊』1013号　プラスティック時代の呪術 参照）

⑥ ５月末レコード発売。デビッド・カニンガムのフライング・リザーズやスロッビング・グリッスルなどと比較されるだろう。

⑦ 京都河原町三条のクラブMODERNでのオルタナティブ・ダンス・パーティには、テープのみのライブを行なうことにする。

　手の上に置かれた、セロハンに包まれたカセット・テープには音は録音されていない。私は一本のテープがこれからたどる①〜⑦のプロセスを設定しようとしている。このプランは一本の磁性帯が見る、うたかたの物質の夢の如きものかもしれない。アクリル床の上で光をあびたメタル＝プラスチックなケースは充分に生体以上に生理的だ。この、バタイユならば「呪われた部分」と呼んだであろうカセットテープを「MUSIC」と呼ぶにはやぶさかとしても、システムそのものを音楽と呼ぼう。人は音楽にコンセプトの流束を時代の精神幾何学と相似させて聞いているのだから。テープレコーダーが音を鳴らす前には、アノニム（匿名）な影があるばかりで一方、「労働？　そんなものは機械にでもまかせておけ！」というようなリラダン調の人間人形がダンスをしているシーンを想いうかべていただければよいだろうか。ともかくも、ここに音楽家（ミュージシャン）などというような実体はない。よしんばあったとしても、それはまるで、マルセル・デュシャンの「独身者の機械」の九つの鋳型のように、中が「ウツ」な代物ときている。システムとは、産業革命以降、生産効率とともに歩んできた組織論であったが、この時代の平面の上では、関係こそが、「社会物質」という価値形態なのである。言いかえれば、われわれは、ファンクション（函数）上の存在にほかならない。「システムとしての音楽」とは、音楽産業ではなく、新たに「産業音楽」のシステムを作り出すものだ。それはちょうど、中世における呪術や観念技術、あるいは、結界の張り方とよく似ている。トマス・ピンチョンが『V.』や『グラヴィティズ・レインボー』で描いてみせた暗号都市のまっただ中で、物（モノ）と霊（モノ）の流通をつかさどることこそ音楽の機能である。テクノロジーと魂は今や、二つで一つの関係なのだ。存在学こそシステムであり、「間」は匿名にほかならない。

[2] オーガニズムとSPY

命のないところに魂はありえない。「気質（かたぎ）」とは、気と器の存在様式を指すことばである。生命の置かれる環境が、加速度的にアーティフィシャルになっていく中で、存在様式は当然ながら 変 容（ミューテーション）する。中国において、「理気哲学」の興隆が、一方で世界に比類ない「官僚制」を伴なっていたことは意味深長である。有機体思想（オーガニズム）が問題にされるとき同時に、機械的な国家レベルでのシステム化が強力に行なわれているわけだ。一方、生命は、シュレディンガーが言うように、エントロピー増大に対して、「負のエントロピー」を喰い続けている。今やテクノロジーとオーガニズムの接点あたりでは、存在の様式はあたかもスパイのような連続変換的な構造を持つに至るのである。ルネ・デカルトの「機関（オルガン）」では

ないけれど、世の地下秘密工作隊は時としては、敵も味方も喰いやぶる「命」として機能する。あまたの秘密結社が国家のへりで発生し、国境を越え国家を喰いつくし、もう一つの領土に向かわんとするわけだ。1922年のワイマール。チューリヒではダダが発生し、クルト・シュヴィッタース は音響詩を歌い、ロシアではフレーブニコフが革命の言語、ザーウミを発明した。歌と普遍言語は別世界をめざす。人々は R.N.A. の中にそれを見い出すことになるだろう。「0123」、「ゼロ」、「Chance」という記号とも名前ともつかないものでワレワレを呼ぶことになる。ダダがちょうどヨーロッパを包むころ、魔都上海、ゼムフィルド大通りでは殺人が横行した。国民党、中国共産党、日本軍のあやつるC・C団、藍衣団、76号などの結社が「機関」として暗躍した。そして、R.N.A. は場所から切りはなされたメディアという領土の中で、ポスト・インダストリアルな時代の「機関」そのものとなるだろう。交響的陰謀（オーケストラル マヌーバス）。

[3] メディウムと浄土

では、ならば R.N.A. は何故にあるのだろうか？　いや、その問い自体意味をなさない。かって、ケプラーは月を観念のエイジェントと見立てた。月とは中世の夢の棲み家であったわけだ。この至福千年の王国の地上的投影こそ「都」の造営の作業であった。北斗を地上に現実するものとして都が出来上がったり、熊野詣でをしたりすること、あるいは共産社会の前段階としてのフーリエやオーエンら空想社会主義者がファランステールという定員制国家を作らんとしたことこそ、「夢の領土」の造営であったのだ。ケプラーの言う「夢（ソムニウム）」とはアソコとココの関係として想定されるのではなく、ココが即アソコであるような場所を言うのである。江戸時代の華厳経五十三次は幕府というものが、国家内の結界を支配していたことのみならず、国土と浄土をしきる「幕（マク）」をつかさどっていた。商いは、物の交換であるとともに霊の交感であった。この人間人形たちをメディウムと呼ぶ人類の「類」とはこのことを言うのだろう。浄土というのは、人類が木の上で生活していたころへの追憶かもしれない。アルミサッシのはまったビルの５Ｆからザワザワゆれる木を見ていると、そういう思いがやってくる。人工自然の中にこそ平等院は現実されるだろう。それが人工幻想都市の店だ。店こそ21C.の魂函（たまばこ）としての可能性を秘めている。そこにこそ人間人形の楽土がある。ワレワレの室内に貼られた写真にうつる人は緑色の髪をしている。彼は数枚の写真の中を旅する。

[4] 自在機械と観音

風体。風が吹いてくる。アーティフィシャルな光景の間をぬってインスパイアされてくる「惑物」たちは、このウツなる都市のあちこちでノイズをあげている。量子雑音事件たちのぼる街のたたずまいの中でふりこめられてくるものがある。その出所は？　およそこの国体（ナショナル・ボディ）は人類がえいえいと作り出したものだ。シャルダンが地球精神圏と呼び、バタイユが生命の経済圏としたものは、宇宙と地殻のカンショウ物だ。それが生命のエピジェネティック・ランドスケープである。それはオーガニズムであると同時にシステム！　そう、人工こそ自然にほかならず、国家こそアナーキーであるという姿が見える。エピジェネティックな光景こそデジタルなのだ。遠くで聞こえる道路工事の音やTVの会話、植物のざわめき、骨のきしむ音。人工自然のただ中で生まれたワレワレにとって、機械は「惑物」をふりこむ装置である。音が音づれる。活字化される直前の言霊や音の中にこそ、シンクロニシティーや「未来の記憶」がひそんでいる。ルッソロの騒音音楽は言わば、それを方法論としたものだ。言わずともデパートの音はコラージュされている。テクノロジーと環境音をここに導入すると、機械学的呪術性が強まる。この振りこまれるプロセスを観「音」と言う。これはサイ科学でいう五次元情報系にあたる。来たれ機械時代の魂ふり！

[5] 姫

「なにもしないのに、こうなっちゃうの」

[6] 時代からの逃走とHEIAN

「あわれ」という構造は、あるシーンを別の座標から見ている姿になる。言わば、神ののぞき穴からの視点である。これは中世におけるヒエラルキアにあたる。ワレワレはアーティフィシャルな Chinese Box の中にいる。アインシュタインの相対性原理を説明する図のように別の系が多数ある。バルは機械が神に代わって登場した時あらわれた。彼は、強烈なDADAIST であると同時にビザンチン研究をしつづけた。さて、テクノポリスに幽妙なる魂さぶらわせる時節ともなり、バル氏は平安をこそ求めるとしても、彼は彼の属する宿業の系のヒエラルキアからはそう簡単に出られない。矛盾に向かえるもののみそのサイクルを横超できる「Chance」をもつ。ヨーロッパのヒエラルキアは重力方向に出来上がっていて、その斗争のいい例がヴェイユだ。ところがワガ日本国の場合は、遍路していく構造が横にむかっているわけだ。とも

147

かくも、この宿業を転ぜぬかぎり、他の系へは行けない。あわれである。気狂わしたとしてもそれまで。ならばこの地獄を当然とせぬかぎり風の如く涼しき境地へおもむくことなぞできまい。グルジェフのヒエラルキー理論をくぐりぬけ、今ここにいる。遊星上のオルタナティヴな景観、HEIAN。

◎ ５月末　R.N.A. オーガニズム LP発売

R.N.A örganism

僕の手元には毎月全国から数本のカセット・テープが送られてきて、その中には驚くほどの才能を持ったソニック・デザイナーたちの音楽に巡り会うことが多い。この四月から彼らのアルバムをヴァニティから毎月一作ずつ発表してゆくが、その中でも特に彼らのアルバムを紹介しよう。一つは「R・N・A─organism」というロンドンのケンジントンの郵便局の消印がついた茶色い封筒に入れられて送られてきたものだ。ヴァニティでレコード化して欲しいとの短い英語のメモと、そのテープには昭和の初期の頃の咳止めの丸薬"強力セキドメ"の袋のコピー用紙が添えられてあった。おそらく誰か日本人が旅行した時にこのコピー用紙を送ってきたものだと僕は想像しているのだが、今だに確かなことは分からない。彼らが（彼女たちが？）僕の前に現れるのを楽しみにしながら、その七曲が収められたテープをヴァニティから5月末までには発表するが、その曲などはデヴィッド・カニンガムが次作のアルバムで発表しそうな新鮮な驚きを与えそうなポップなもので、フーゴ・バルの音声詩にも似た英語とも日本語とも判別しにくい無意味な言葉の呪術的なヴォイスが入り、エレクトロニックな基調ビートと時おりリズミックに入るオモチャの鉄琴を使ったような高い音は妙に心地よいモダニズム感覚で満ちあふれていて、言葉ではちょっと表現できないほどショックだった。

R・N・Aとはウィルスのことで、それがある条件下で活性化すると細胞を癌化させるという。彼らの音楽は一度聴いたら誰もが感染してしまうだろう。

彼らのポップなデザインの音楽を聴けば、彼らが素性をあらわさなくともモダニストとしての身分を立派に証明している。そして、もう一つのテープは「ノーマル・ブレイン」という大阪芸大の先生でもある藤本由紀夫のものだが、自宝のモノラルのテープ・レコーダーを使ってデザインした彼の音楽はアイデアがとても生きている。「倹約「Thrift」」という曲などは、英会話の学習テープの単語の発音とその意味を日本語で喋る解説者の言葉をリフレインさせたものの基調にして、それにエレクトロニクスやノイズをコラージュさせた楽しいものだ。

彼は自分の作品をレコード化するよりも（ヴァニティでレコード化を発表するが）ソノ・シート一〇枚組の作品がレコード店に並ぶかも知れない。いずれはソノ・シートの使い捨て安物臭さに着目しており、ヴァニティ工場に出し、シングルやLPを発表していこうと思っているあなたが自分の部屋で録音したソニック・デザインを今すぐ送って欲しい。

そんなレコードがラジオから流れてきたら、どんなに楽しいことだろうか。あなたもそう思わないか。ミュージシャンだけが音楽を独占するなんてもう古いよ。サラリーマンだって高校生だって音楽をデザインすることはできるのだから。音楽そして誰のものでもあるのだから──。

デザイナーは総てを包括する統合者であるといったが、いったいそれは何を意味するのだろうか。平面上のキャンヴァスの上だけで、または立体オブジェという商品をアトリエでデザインすることが決して僕のいうデザインを意味しない。ソニック・デザインとは何なのか、シンパシー・ナーヴァスというバ

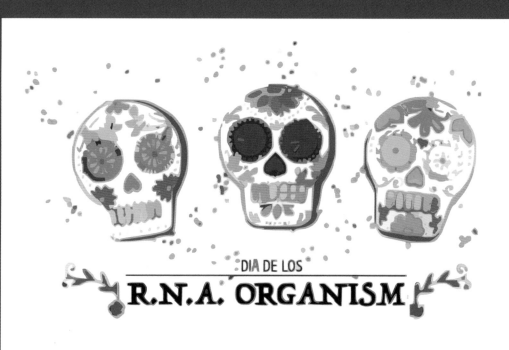

DIA DE LOS

R.N.A. ORGANISM

DIA DE LOS

R.N.A. ORGANISM

DIA DE LOS
R.N.A. ORGANISM

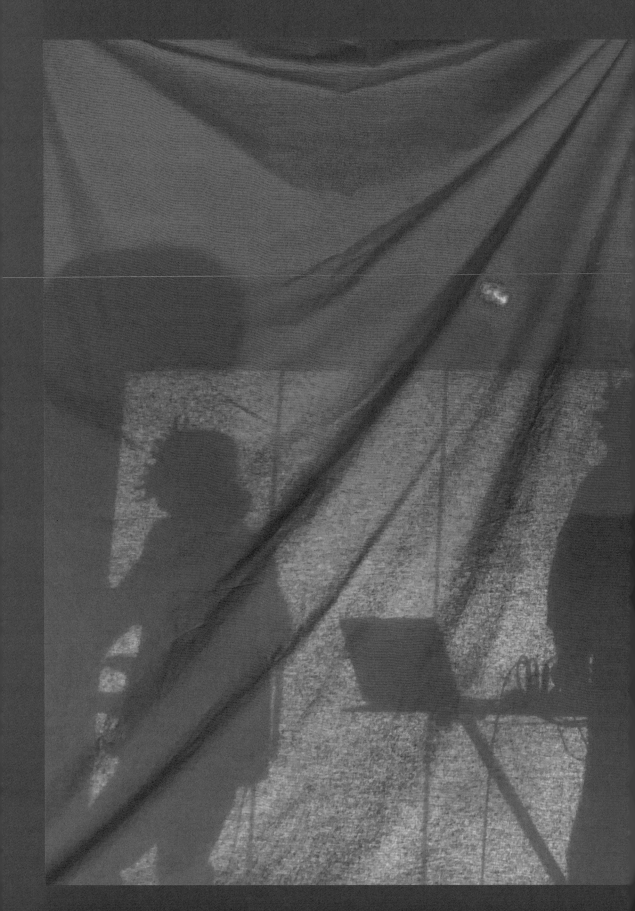

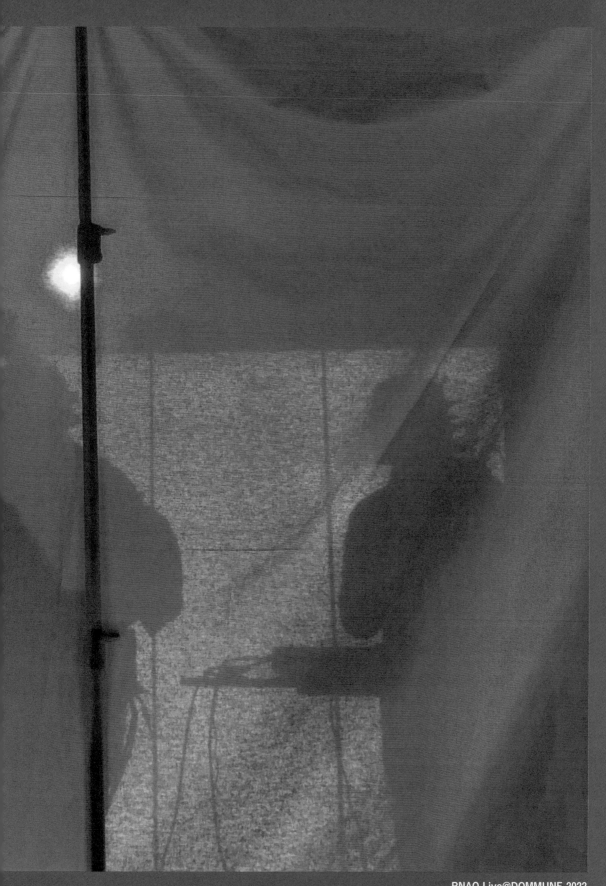

RNAO Live@DOMMUNE 2022

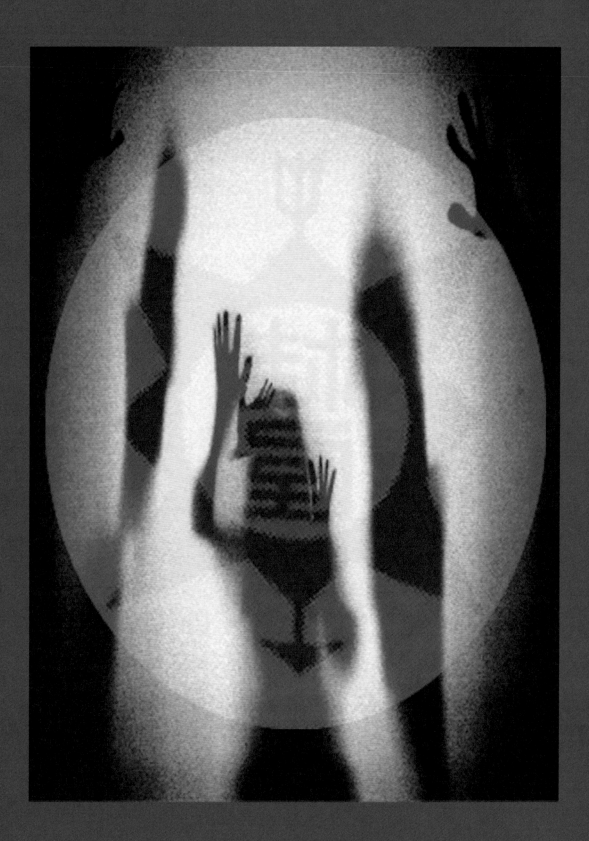

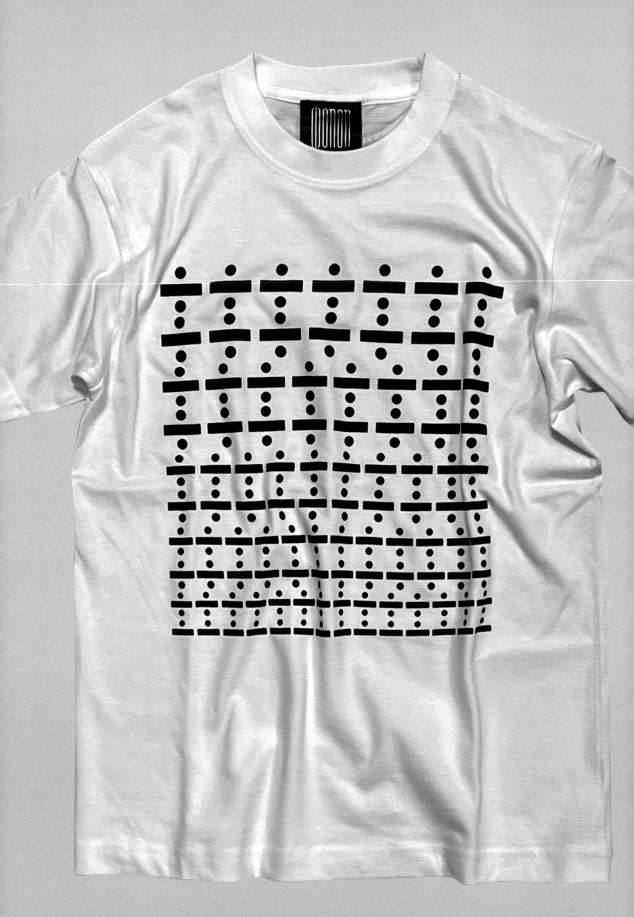

伝染音生命体

R.N.A-ORGANISM

PEAR GARDEN

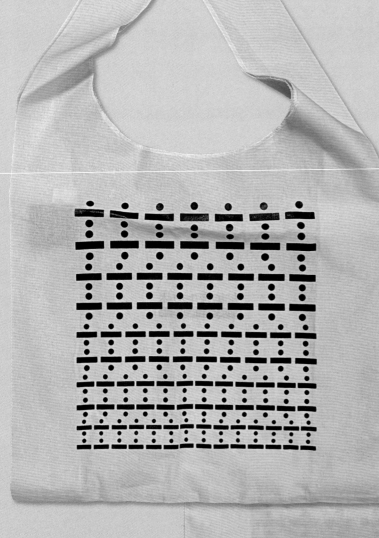

伝染音生命体

PEAR GARDEN

R.N.A-ORGANISM

SÔ-SI SUZUKI + JUN MORITA Vita Nova

SÔ-SI SUZUKI + JUN MORITA VITA NOVA

Incipit vita nova
（新しい生が始まる）

——————— *Dante*

組曲68年5月

1. 街道の下は浜辺……
2. 朝早くに
3. ノー・コンフェッション
4. スペクタクルはすでに打倒されていた
5. 汚れた左の岸辺 1
6. 我々はここにいる
———————————————
7. Dの歌
8. 5・21
9. 汚れた左の岸辺 2
10. 全ては消えるだろう
11. ウンザリ

Produced and written by Sô-si Suzuki, Jun Morita
Except Track 7 written by Werner R.Heymann, Sô-si Suzuki, Jun Morita
Track 10 written by J.S.Bach, A.Webern, Sô-si Suzuki, Jun Morita
Track 11 written by Caccini, Sô-si Suzuki, Jun Morita

Piano, Keyboard by Sô-si Suzuki
Electronics by Jun Morita
Voice by Vincent Jelen on Track 01, 02, 05
Voice by Emanuele Sferruzza Moszkowicz on Track 03
Voice by Hana Nikaido on Track 07
Voice by Kaoru Sato(EP-4) on Track 08
Voice by Meri Tanizawa on Track 09, 10, 11
Accordion by Miho Watanabe on Track 07

Text by Arthur Rimbaud "Mauvais sang" on Track 01
Text by Arthur Rimbaud "Aube" on Track 02
Text by Saint Augustine "Confessions" on Track 03
Text by Sô-si Suzuki Track 05, 07, 09

Mixed, Mastered, Art work by Jun Morita

Photo by Yoshiko Yamamoto: Sô-si Suzuki (Right side of back cover)
Photo by Bice La Potente: Jun Morita (Left side of back cover)
Package Designed by Studio Warp

Thanks to Yasuyuki Nakamura, Asato Yasui (Ministudio).
Norikazu Kuroda (Ministudio)
Album Supervised By Yasuyuki Nakamura
2023 Studio Worp, Shrine.jp

Vita Nova / Sô-si Suzuki+Jun Morita

Track 1   La plage sous la route···

Me voici sur la plage armoricaine. Que les villes s'allument dans le soir. Ma journée est faite ; je quitte l'Europe. L'air marin brûlera mes poumons ; les climats perdus me tanneront. Nager, broyer l'herbe, chasser, fumer surtout ; boire des liqueurs fortes comme du métal bouillant, — comme faisant ces chers ancêtres autour des feux.

Je reviendrai, avec des membres de fer, la peau sombre, l'œil furieux : sur mon masque, on me jugera d'une race forte. J'aurai de l'or : je serai oisif et brutal. Les femmes soignent ces féroces infirmes retour des pays chauds. Je serai mêlé aux affaires politiques. Sauvé.

Maintenant je suis maudit, j'ai horreur de la patrie. Le meilleur, c'est un sommeil bien ivre, sur la grève.

Arthur Rimbaud, Mauvais sang

ほら、俺はアルモリックの浜辺にいる。夕方になれば街々に火が灯るといい。俺の一日は終わった。俺はヨーロッパを去る。海の大気が俺の肺を焦がすだろう。僻地の気候が俺の肌を焼くだろう。泳ぎ、草を踏みしだき、狩りをし、とりわけ煙草を吸う。煮えたぎる金属のような強いリキュールを飲む――あれらの親愛なる祖先の人たちが焚き火を囲んでやっていたように。

鉄の四肢、黒ずんだ肌、怒った目をして、俺は舞い戻るだろう。俺の顔つきを見て、人は俺を強い人種の出身だと思うだろう。俺は黄金を手にするだろう。俺はぶらぶらし、粗暴になるだろう。女たちは熱い国から戻ったこれらの獰猛な不具者たちの世話をする。俺は政治的事件に巻き込まれるだろう。救われるのだ。

いまや俺は呪われているし、祖国なんか大嫌いだ。一番いいのは、砂浜で酔いつぶれて眠ってしまうことだ。

アルチュール・ランボー「悪い血」(『ある地獄の季節』)

Track 2 Au petit matin

J'ai embrassé l'aube d'été.

   Rien ne bougeait encore au front des palais. L'eau
était morte. Les camps d'ombres ne quittaient
pas la route du bois. J'ai marché, réveillant
les haleines vives et tièdes, et les pierreries
regardèrent, et les ailes se levèrent sans bruit.

Arthur Rimbaud, Aube

俺は夏の夜明けを抱きしめた。

宮殿の正面ではまだ何も動いてはいなかった。水
は死んでいた。影でできた野営地は森の道を立ち
去ってはいなかった。俺は歩いた、清々しく生暖かい
息を目覚めさせながら、すると宝石がじっと見つめ、
そして翼が音もなく舞い上がった。

アルチュール・ランボー「夜明け」
(『イリュミナシオン』)

Track 3　No Confession

Quid ego miser in te amavi, o furtum meum, o facinus illud meum nocturnum sexti decimi anni aetatis meae? non enim pulchrum eras, cum furtum esses. aut vero aliquid es, ut loquar ad te? pulchra erant poma illa quae furati sumus, quoniam creatura tua erat, pulcherrime omnium, creator omnium, deus bone, deus summum bonum et bonum verum meum. pulchra erant illa poma, sed non ipsa concupivit anima mea miserabilis. erat mihi enim meliorum copia, illa autem decerpsi tantum ut furarer. nam decerpta proieci, epulatus inde solam iniquitatem qua laetabar fruens. nam et si quid illorum pomorum intravit in os meum, condimentum ibi facinus erat. et nunc, domine deus meus, quaero quid me in furto delectaverit, et ecce species nulla est: non dico sicut in aequitate atque prudentia, sed neque sicut in mente hominis atque memoria et sensibus et vegetante vita, neque sicut speciosa sunt sidera et··· decora locis suis et terra et mare plena fetibus, qui succedunt nascendo decedentibus — non
saltem ut est quaedam defectiva species et umbratica
vitiis fallentibus.

Saint Augstine, Confessions

ああ、惨めな私はあなたの何を愛したのであろうか、何と、私の窃盗、ああ、私の16 歳の夜の悪事なのか。おまえが泥棒であったとき、美しくはなかった。それともおまえは、今私が語り合えるような者であるのか。私たちが盗んだリンゴは美しかった、なぜならそれはあなたの創造物であり、すべての中で最も美しく、創造者、善なる神、最高の善なる神よ、それは私の真の善だからである。あれらのリンゴは美しかったが、私の哀れな心はそれを欲したのではない。もっと良いものはたくさんあったのに、ただ盗むためにだけあの実をもぎとったからである。私はもぎとったものを捨てて、ただ不義だけを食べ、この不義を味わうことを喜んだからである。これらのリンゴのどれかが私の口に入っても、その果汁は奇跡であったからである。そして今、わが主よ、私は盗みにおいて何が私を幸せにしたのか尋ねるが、見よ、そこには何の外観もない。私の言う美しさは、人間の心や記憶、感覚、生命力のなかにある美しさではなく、星辰がその位置にあって輝けるものであるような美しさでもなく、大地や海が、滅びるものにかわって生まれ出る生物に満ち溢れるような美しさでもない――それどころか人を欺き、悪徳につきまとわれた一種の不完全な美しさでもない。

聖アウグスチヌス『告白』

Track 5, 9 The Dirty Left Bank

I remember you

Crazy love on the street !

Black blank wall girls without relief !

You run riot on the dirty left bank

You rip out an oath in the still river

Oh, red sounds of ripple !

I remember you

Be absent there

I don't go anywhere

That's the most I can do

Sô-si Suzuki, The dirty left bank

俺は君たちを覚えている

路上の狂った愛！

窓も扉もない黒い盲壁の少女たちよ！

君たちは汚れた左の岸辺で暴れまくる

君たちはじっと動かない河のなかで呪いの言葉を放っている

おお、さざなみの赤いざわめきよ！

俺は君たちを覚えている

そこには、いるな

俺はどこにも行かない

それ以上のことは俺にはできないのだから

鈴木創士「汚れた左の岸辺」

Track 7　Das Lied der D.

坂道を降りていた
頭の中はまっしろけ
イカれた光が見える
収容所のなかに坂道なんかなかった
暗黒の部屋
目の前が見えない
手で触ると穴だらけ

わたしのからだが浮いている
むかつく腐臭と糞便(ふんべん)の臭い
向こうの草むら
ぺんぺん草とでかい穴ぼこ
狼の遠吠えが聞こえた
死んだ人の声かも
プレゼントにもらった首は
はにかんでいるみたいだった

曲がった光が暗闇を照らしていた
愛が恐ろしかった
坂道なんかなかった
頭が割れる
わたしのからだが爆発する
どんな死体も仮面みたい
果てしない仮面
死が笑いかけ
狂った暗がりがわたしに襲いかかる

鈴木創士「Dの歌」

■森田潤との共作について ——————————————— 鈴木創士

ずいぶん前から私はCDを出すことに興味がなかった。音楽はライブだとずっと思っていたからである。しかし森田潤と一緒に何度かライブ演奏を重ねて気づいたことがあった。我々のライブ演奏はほぼ即興であるが、森田はその場で瞬時にその高い編集能力を発揮するのである。こんなことはめったにないことだ。私にはそれがわかった。その編集能力には高度の凶暴さと極度の繊細さがある。パスカルの言う「幾何学的精神」と「繊細の精神」を思い出した。昨今では見られないこれら通常の感覚を超える所与が森田のなかでは天才的にマッチしている。それなら音楽的時間ではなく、何らかの幾何学的「空間」を生み出すことができるかもしれない……。驚きと喜びはほぼ同時だった。森田はライブでこれほどの「演奏」ができるのだから、スタジオではなおさらではないか。私はそう思わざるを得なかった。

「音楽」には新しい「解釈」がいくらでも可能である。例えば、最近、ベートーヴェンの『ピアノ・ソナタ』ばかり聞いているが、演奏のレベルだけからしても、グレン・グールドによる演奏は他のベートーヴェン解釈とはまったく違う。しかしクラブ・ミュージック、ライブ・イベント、その他に観客として今まで接してきて、ここ何年もの間ずっと飽き足らないものを感じてきた。もちろん例外はあるが、音楽に対する「解釈」は失われてしまったようである。退屈のあまりそのような場所にもう足を踏み入れたくないと何度思っただろう。演奏における知的次元、感覚的次元、技巧的次元においてすらそうではないか。「解釈」は暴力を含むが、暴力それ自体ではない。それで我々はこのCD『Vita Nova』において「68年5月」革命を音楽的に「解釈」することにした。この雑誌で68年の特集をすると聞いたので、なおさら事宜を得たと思った。解釈にもタイミングがある。それがこのCDに収められた「68年5月組曲」である（5月革命に対する私の政治的立場は同じこの号の他のページで表明しているので繰り返さない）。

それとは別に、「ミュージシャン」として私の頭のなかには、20世紀の演劇の革命を行った詩人・演劇理論家・役者であるアントナン・アルトーによる「残酷の演劇」という考えの反響がずっと鳴り響いていた。私はアルトーの日本語翻訳者のひとりであるから、そのことを意識しないわけにはいかなかった。ところで、アルトーの言う「残酷」とはホラーではない。そうではなく、この「生」自体が残酷なのだ、

とアルトーは言っていた。このCDにも「残酷の演劇」が反映されているはずだと我々は自負している。アルトーは「残酷の演劇　宣言1、2」（『演劇とその分身』、河出文庫、所収）のなかで音あるいは「音楽」についてこんな指摘をしている。参考になるかもしれないので、それをピックアップしてみよう。

しかし表現のまったく東洋的な意味をもってすれば、この客観的で具体的な演劇の言語は諸器官を追いつめ、締めつけるのに役立つ。それは感受性のなかを駆けめぐる。言葉の西洋的利用を捨てるなら、それは呪文の語をつくりだす。それは声を発する。それは声の振動と特性を利用する。それは狂ったようにリズムを足踏みさせる。それは音を砕く。
（「第一宣言」）

あるいは、

加えて音楽についての具体的観念があり、音は登場人物のように介入し、ハーモニーは二つに断ち切られ、語の正確な介入のなかに消える。
（「第一宣言」）

あるいは、

さらに器官によって感受性に直接深く働きかける必要から、音響的観点からすれば、絶対につねならぬ音の特性と振動を、現在の楽器がもっていない特性、しかも古いか忘れられた楽器の使用を復活させるように駆り立てる特性を探し求めるか、それとも新しい楽器を創りだすべきである。それらの特性はまた、音楽とは別に、金属の特殊な溶解や新しくなった合金に基づいて、オクターヴの新しい音叉に達することができ、耐え難い、神経にさわる音や騒音を生み出すことができる道具と装置を探し求めるように駆り立てる。
（「第一宣言」）

あるいは、

もし、消化のためにある今日の演劇において、神経、要するにある種の生理学的感受性がわざと脇に置かれ、観客の個人的アナーキーに委ねられているとしても、残酷の演劇

は感受性を獲得する確かで魔術的な古い手段に立ち戻るつもりである。これらの手段は、色彩、光、あるいは音の強度のうちに存していて、振動、小刻みな揺れ、音楽的リズムにせよ、語られた文章にせよ、反復を利用しており、照明の色調や伝達の包み込みを介在させるのだが、不協和音の使用によってしかそれらの十全な効果を得ることはできない。
（第二宣言）

　アルトーは「音楽」についてまとまったことをもちろん書いていないので、「音」あるいは「音楽」についての指摘はこのくらいである。だがこれだけで私には十分だった。解説は必要ない。しかも何とアルトーはこれらの指摘をすでに1930年代に行っているのだ！　おまけにアルトーには20世紀の現代音楽家エドガー・ヴァレーズと一緒にオペラをつくる計画があった。ヴァレーズのほうがアルトーにオペラ台本を依頼したのである。しかし健康上の問題など諸々の事情でオペラは頓挫し、台本は未完となり、ヴァレーズ/アルトーのオペラは幻のオペラとなった（その後ヴァレーズはアメリカへ帰ってしまい、アルトーは精神病院に監禁される）。そしてずっと前からこの幻が私に取り憑いている。幻想は幻想のままで終わりそうにない。ことあるごとにそのことが強迫観念のように脳裏をよぎる。

　数ページだけ書かれたその台本「もう大空はない」の冒頭にはこんなことが記されていた。

　闇。この闇のなかの爆発音。ハーモニーがぷっつりと断ち切られる。生（なま）の音。音の響きの消去。
音楽は、遠くの大異変の印象を与え、目もくらむ高さから落ちてきてホールを包み込むだろう。和音が空で始まり、そして崩れ、極端から極端へと移行する。音がまるで高い所からのように落ちて来て、急に止まり、ほとばしるようにひろがり、ドームやパラソルを幾つも形づくる。音の階層。
（中略）
音と照明は、壮麗化したモールス信号のぎくしゃくした動きをともなって不規則に砕け散るが、それは、モールス信号とはいえ、マスネの『月の光』とバッハが聞いた天界の音楽の違いと同じようなものになるだろう。

　あるいは、

　これらの台詞は叫び、騒音、すべてを覆う音の竜巻の通過によって断ち切られる。そして、耳につくばかでかい声

が、意味のわからないことを告げる。

　あるいは、

しかし、ほどなく、舞台で見出されるべきあるリズムに従って、声、騒音、叫びは、奇妙に響きがなくなり、照明も変質する、まるで竜巻に巻き上げられて、いっさいが空に吸い込まれ、騒音も、明かりも、声も、天井の目もくらむ高みにあるみたいに。

　あるいは、

　それから、奇妙な太鼓の音がすべてを覆う、ほとんど人間がたてる物音のようで、始めは鋭く最後は鈍いが、しかもつねに同じ音。すると巨大な腹をした女が一人入ってくるのが見え、その腹を、二人の男がかわるがわる太鼓のバチで叩いている。

　あるいは、

　歌声が溶け、言葉を運び去り、叫び声がいっせいに起こるが、そこには飢え、寒さ、激しい怒りが感じられ、情熱、満たされない感情、そして悔恨の観念が伝わり、すすり泣き、家畜の喘ぎ、動物の呼び声が起こると、この合唱のなかで群衆が動き出し、舞台を去り、そして舞台は少しずつ声と照明と楽器の夜へ戻る。

　生涯にわたってアルトーは「残酷の演劇」の思想を「身体」との対比において鍛え上げた。演劇は身体的なものと切り離すことができないからであるが、これらの「教え」がミュージシャンとして我々のなかでどれほど消化され、結実しているかは自分たちでもわからない。しかし「音楽」が「身体」のひとつの表現であるとしても、それは「身体」的次元を本当にもつのだろうか。一見、音楽が「身体」を欠いていることを、我々の強みにすることはできないのだろうか。「身体」の非身体的表現があるはずであるし、我々にはその意味で非常に観念的で具体的な「音」のアイデアがある。

　我々は音楽としてのこの「残酷の演劇」を鈴木創士＋森田潤の第二弾として別の形で続行しようと思っているが、私に今できるのは以上のことをCD『Vita Nova』の予備知識として提出することだけである。それが嫌なら、踊ればいい。ボン・ソワール！

1968

破壊と修繕

——ピンチョンとディック

木澤佐登志

一九七三年に大長編小説『重力の虹』を刊行して以降、十余年の沈黙を続けていたトマス・ピンチョンは一九八四年、初期短編を自身の手でまとめた『スロー・ラーナー』を出版した。彼はその序文の中で、過去の自作品に対して「死にきちんと反対せよ」とアドバイスしている。

実際、一七年ぶりの新作長編となった一九九〇年刊行の『ヴァインランド』では、ヴェトナム戦争の死者や弾圧された先住民、さらには反体制運動の最中に凶弾に斃れた闘士といった、半生半死の亡霊的存在たち（作中ではサナトイドと呼ばれる）が重要な立ち回りを演じる。『ヴァインランド』の世界では生者と死者が共に入り混じって狂宴を繰り広げる。世界の彼方に天国は存在しないが、かといって地獄も存在しない。そこでは、人々はたとえ死んでもプロテスタントの教義に従順に従うまま天国や地獄に行くことを良しとせず、エントロピーの法則にすら逆らって生と死の領域が曖昧に混在する＜ゾーン＞へと移行するのだ。

それだけではない。『ヴァインランド』では過去も決して死なない。それは亡霊のように人々の記憶に不断に回帰し、取り憑く。過去の亡霊、それは六〇年代の亡霊に他ならない。

『ヴァインランド』は一九八四年の北カリフォルニアを舞台にしている。主人公のゾイドは、六八年に象徴される「闘争の季節」を、サーファデリック（サーフィン＋サイケデリック）サウンドを標榜するバンドマンとして過ごした元ヒッピーの中年男。娘のプレーリーと山奥で生活保護と半端仕事を当てに二人暮らしを送りながら毎日ジョイントを燻らせている。そんな彼のもとに、かつて自身を苦しめ、おまけに妻まで寝取った司法省所属の連邦検察官ヴォンドの影が「闘争の季節」の記憶とともに亡霊のように忍び寄る。突如住まいを差し押さえられ、大量の大麻も押収される。麻薬取締局（DEA）と司法省の魔の手から逃れながら漂白の身となったゾイドとプレーリーは、やがて記憶を巡る旅へと赴く。六〇年代の、失われた「革命」の記憶。

一九八四年。政権はニクソンからレーガンへと移り変わり、新自由主義政策が大手を振りながら貧富の格差を

ますます拡大させていく一方、権力と法の網の目はますます稠密になり人々を包囲し抑圧していく。「法と秩序」をスローガンに掲げるニクソン（彼は「学生運動やヒッピー」と大麻の表象を接合させドラッグ弾劾キャンペーンを推進した張本人のひとりである）が宣告した「ドラッグ戦争」を受け継いだ共和党のレーガン大統領は、大麻への厳罰化を推し進め、一九八四年に包括的犯罪規制法を、一九八六年に反薬物乱用法を制定。ドラッグによる逮捕者が急増する。一九八三年には Campaign Against Marijuana Planting (CAMP) というカリフォルニア州における違法な大麻栽培と密売を撲滅するために組織された大掛かりな法執行タスクフォースが形成され現在に至っているが、『ヴァインランド』の世界では同じ CAMP のイニシャルを持つ Campaign Against Marijuana Production なるタスクフォースがゾイドたちを追い詰めていく。ドラッグ戦争開始以後、大麻に限っても逮捕者はニクソン政権期の毎年四〇万人からピーク時のブッシュ政権期には八〇万人にまでのぼった。反動と新保守主義の時代。他方で、広告とメディアの双方向的かつグローバルな拡大は、ジョージ・オーウェルの『一九八四年』を想起させる監視網を張り巡らせる。誰もが TV に中毒し、ショッピングモールの有線は六〇年代のロックンロールをミューザックの流麗な調べにアレンジして消費者の聴覚をジャックする。

一九八四年はオーウェルのディストピア社会が設定された年だけでなく、間違いなくひとつの時代の終わりを示す象徴的な年でもあったはずだ。その時代とは、六〇年代後半に開始された「闘争の季節」に他ならない。

マーク・フィッシャーは、遺稿となった『アシッドコミュニズム』の序文の中で、「新自由主義と呼ばれるプロジェクトは、「自由でありうる世界の亡霊」（"spectre of a world which could be free"）を祓うことに関与する主体である」と述べている。フィッシャーによれば新自由主義は、六〇年代末から七〇年代初頭にかけての「闘争の季節」に盛んに行われた民主的社会主義やリバタリアンコミュニズムの実験、ひいては生産とケアと愉しみのための集団的能力を徹底的に妨害し破壊することを目的としたプ

ロジェクトとして理解される。

「闘争の季節」である一九六八年の亡霊、言い換えれば「自由でありうる世界の亡霊」を祓うプロジェクトとしての新自由主義。その帰結こそがフィッシャーが資本主義リアリズムと呼んだ状態だ。サッチャーの唱えたマントラ「これ以外にない」(There Is No Alternative)という末期的諦念がヘゲモニーを握った世界。この社会こそが唯一の現実であり、それ以外のどのようなオルタナティブな世界も想像しえない。だが、このような私たちの抱くニヒリズムは自然のものではなく、人工的に作り出されたものだ、としたら？　新自由主義は、どのようなオルタナティブな可能性も排除することを通して、結果として現状の資本主義を肯定するしかない支配的なニヒリズムを醸成することに成功した。

もちろん、新自由主義は「自由でありうる世界の亡霊」を祓うための数多くのプロジェクトのひとつに過ぎない。たとえば、アメリカ政府は第三世界の共産主義者に対する十字軍を冷戦期を通して実行することで、世界から共産主義者を根絶しようと試みた。その詳細はヴィンセント・ベヴィンス著『ジャカルタ・メソッド：反共産主義十字軍と世界をつくりかえた虐殺作戦』が詳らかにしているが、それは一九六五年のインドネシアのジャカルタで行われた、共産党員や共産党員と疑われた一〇〇万人を超える人々の大虐殺を端緒として、のちに第三世界の各地に展開された（当然、その背後には常に CIA がいた）。それはカンボジアで起きたポルポトによる虐殺にも匹敵する大規模な殺戮であったが、彼らの死は国際社会に黙殺され、すぐさま歴史の記憶からも忘却された。

「第三世界」、第二次世界大戦後に植民地のくびきを脱して独立を勝ち取り、あるいは独立を求めて戦う国々。アメリカはこれらの国々に介入し、共産主義者絶滅プログラムを施行した。そのひとつがインドネシアであったわけだが、結果この国はアメリカにとって都合のいい、ソ連と世界中の共産主義者に立ち向かうための同盟国に生まれ変わった。

「ジャカルタ」は虐殺を示す隠語となった。やがて、ブラジルやチリの街頭の壁や階段に「ジャカルタがやってくる」という落書きが現れるようになった。そして、実際にその通りになった。一九八〇年代には、レーガン政権がサンディニスタ左派政権が成立したニカラグアに軍事介入を断行、隣国ホンジュラスを基地としてニカラグアに侵入している反政府組織コントラに武器供与を行い左派政権の崩壊を画策した。『ヴァインランド』では、ニカラグアへの侵攻に反対する市民を、レーガン政権は民事 RICO 法を楯に、ニクソン時代に作られた過激派用大規模収容所にぶち込もうと企むくだりが出てくる（フィクションではなく史実である）。まるでピンチョンは、一九八四年のアメリカ

にオーウェルが幻視したディストピア社会を重ね合わせて見ることを読者に提案しているかのようだ。

虐殺と記憶の忘却は、ともに「自由でありうる世界の亡霊」を祓うプロセスとパラレルである。「これ以外にない」というイデオロギーは、他ならぬ暴力によって確立された。フィッシャーは資本主義リアリズムの起源を、アメリカの支援を受けたピノチェト将軍によるチリ・クーデターに求めているが、ピノチェト独裁下のチリは世界で最初の新自由主義の実験場となった。

こうした趨勢に抵抗し、「自由でありうる世界の亡霊」を再び回帰させ現代に取り憑かせること、それは果たして可能なのだろうか。

『ヴァインランド』とオーウェル『一九八四年』における現在に設定されたのと同じ年、すなわち一九八四年（ということは初期短編集『スロー・ラーナー』を刊行したのと同じ年でもある）に、ピンチョンは一編のエッセイを執筆している。その名も「ラッダイトをやってもいいのか？」。

周知のように、一般にはラッダイトとはイギリス産業革命期に機械を破壊して回った過激派分子のことを指す。エッセイの出だしは次のようにはじまる。

「今年はオーウェルゆかりの一九八四年だが、それだけじゃ物足りないとでも言うかのように、C・P・スノーが「科学革命と二つの文化」と題した有名なリード記念講演をやってから二五年目にもなっている。この講演は、西欧の知が「文科系」と「理科系」の二つの派閥に二極化する傾向を強めていて、いまにお互いに相手が何を言っているかわからなくなるぞと警告したことで知られている」（宮本陽一郎訳）。

スノーは、学問に二つの系統があるだけでなく、人間の性格にも二つのタイプがあることを指摘しようとした。曰く、「理科系の文化というものを忘れるなら、残りのインテリたちは産業革命を理解することはできなかっただろうし、また理解しようともしなかっただろう」。残りのインテリたち、すなわち文科系の人間は、スノーに言わせれば「生まれつきのラッダイト（機械破壊主義者）」ということになる。これに対してピンチョンは、「しかし「お前はラッダイトだ」などと言われると、ちょっとおかしな気分になる。そう言われると、いろいろ気になり始める。ものを読んだり考えたりするとラッダイトになってしまうとか、ラッダイトになりやすいとかいうことがあるのだろうか？　ラッダイトになってもいいのだろうか？　そう言えば、そもそもラッダイトとは何だろう？」と述べて本編に入っていく。

まずピンチョンは、産業革命は「革命」と称しているがアメリカの独立革命やフランス革命と同列に語ることはできないと指摘する。なぜなら、独立革命やフランス革命と異なり、産業革命は武力闘争を含まない、なだらかな流

れのもとに形成されてきた一連のプロセスの名でしかないからだ。ピンチョンによれば、「産業革命」は革命ではなく虚構性を含んだ歴史的なレトリックとして解釈すべきである。この点について、英米文学者の宮本陽一郎は論考「歴史とラッダイト的想像力」(一九八九)の中で次のように簡潔にまとめている。

　文字どおりの意味での革命とは言いがたい暫時的なテクノロジーの発展を敢えて「革命」と呼ぶことは、ひとつのメタファーを作り出す行為にほかならない。そしてそのメタファーによって、テクノロジーの進歩とブルジョワ民主主義とが結びつけられることになる。こうしたメタファーを生み出した主体は、西欧近代の産業社会を支配したイデオロギー、つまりテクノロジーの進歩と啓蒙思想と資本主義体制をひとつに結びつけるイデオロギーにほかならない。「産業革命」というレトリックは、そうしたイデオロギーを支え、そして正当化するための神話としての歴史を誕生させたと言える。

　だがそれだけではない。この「産業革命」というレトリックは、そのような西欧中心主義的産業神話のイデオロギーに対立するグループを、犯罪者・狂人・反革命分子・野蛮人等々の名のもとに排除する機能を果たすことになる。その一方で、産業神話に対立するラッダイト的想像力も醸成されてくる。「これによりラッダイト的想像力は、「理性の時代」に始まり西欧近代を支配したテクノポリティカルな体制に対するレジスタンスとして位置づけられることになる」。
　近代理性とテクノロジーの進歩を唯一の歴史とするパラダイムに代わる、オルタナティブとしての「もうひとつの歴史」。そのような観点に立ったとき、「この唯一の現実」とされた世界の亀裂から亡霊としての「もうひとつの世界」の徴が侵入してくる。言葉を奪われ、記憶から忘却された「もうひとつの世界」の徴が——。
　ピンチョンは、この世界における「もうひとつの世界」の侵入を端的に「奇跡」と呼んでみせている。たとえば、中編小説『競売ナンバー49 の叫び』の中で、ピンチョンはとあるアナキストに次のように言わせている。
　「あんた、奇跡って知ってる？　バクーニンが言ったアレじゃないよ。この世界に別の世界が入り込んでくることさ。普段ボクらは平和共存してる、しかし、たまに触れ合うことがあって、そうなると大騒乱だ。アナキストも、憎むべき教会と一緒で、もう一つの別な世界を信じているわけだよ」(佐藤良明訳)。
　もちろん、彼らの信じている「もう一つの別な世界」は教会の信じる天国や地獄とはまったく無縁だ。アナキストは、カルヴァンの予定説が説く機械仕掛けの宇宙を信じ

ない。ピューリタンにとって、世界とは巨大にして精緻な機械(！)なのであって、そこでは一切の偶然が慎重に排除されている。すべての因果の連鎖は予め神によって細部に至るまで決定されている。それに対して、ピンチョンのいう「奇跡」とは、そうした機械仕掛けの宇宙に絶対的な「偶然性」が侵入してくる事態にほかならない。そこでは因果の法則からも自由になり、原子同士が予測もつかない衝突を起こすかもしれない。「奇跡とは、この世界に別の世界が侵入してくること。奇跡とは、天空のビリヤード玉の触れ合い」(同上)。
　ラッダイト的想像力。それは、決定論的な進歩を言祝ぐ西欧近代的産業テクノクラシーの機械論的世界にランダムな「偶然性」を暴力的に導入することで、単線的な歴史を複数化し「もう一つの別な世界」の亡霊をこの世界に侵入させる(それは「奇跡」とも呼ばれる)プロジェクトと密接に関ってくるだろう。

　二〇世紀において、このラッダイト的想像力が爆発的な高まりを見せた時代が確かにあった。それは、言うまでもなく一九六〇年代の「闘争の季節」である。
　六〇年代に開花した反体制運動とカウンターカルチャーの要諦とは、まず何より西欧近代的理性のヘゲモニーに対する抵抗とそれに代わるオルタナティブの模索であり、またそれは取りも直さずラッダイト的想像力、すなわち機械に対する憤怒を伴うものでもあった。
　たとえば、当時におけるバークレーの学生運動家にとっての悪しき機械とは、IBM に象徴される巨大コンピュータであった。彼らは、大企業や大学の研究室に格納されたメインフレームの巨大コンピュータを、チャールズ・ライト・ミルズが提唱したパワーエリートが具現化した表象とみなした。ミルズはこの概念を通して、アメリカ社会における権力集中とエリート層の関係を批判するための視座を反体制運動家たちに提示したのである。政治、経済、軍事などの異なる分野で権力を持つエリートグループがトップダウンの権力構造を形成しており、それが民主主義の理念を脅かしている、と。
　カウンターカルチャーの担い手たちは、社会的変革や民主主義の理念を表す「Power to the People」(パワー・トゥ・ザ・ピープル)というスローガンを打ち出すことでパワーエリートに対抗しようとした。腐敗した官僚主義的な権力集中に代わる、人民に力を平等に行き渡らせるネットワーク的システム、それこそが六〇年代の「政治の季節」が夢想した社会構想に他ならなかった。現代のラッダイトたちにとって、塔のようにそびえ立つ IBM のメインフレームコンピュータは、パワーエリートの象徴に他ならなかった。神殿のように官僚機構の中心に鎮座する、データを集積させた威圧的で非人間的なコンピュータ。

官僚主義のもとでは人間もまた非人間化=機械化される。階層化された官僚機構は、個人を機械のような、予めプログラムされた動作をする歯車に還元するもの——恐るべき IBM 症候群を発症させる病原であるとみなされた。学生運動家のマリオ・サビオは、「カリフォルニアでは、あなたは IBM のパンチカードにすぎない」と語った。

学生運動の爆心地であったバークレーからほど近いシリコンバレーでは、ハッカーやエンジニアたちもまた独自のラッダイトを行おうとしていた。彼らも反体制運動家たちと同じく、官僚主義と IBM に対する敵意を燃やしていた。知られているように、スティーブン・レヴィは著書『ハッカーズ』の中で七つのハッカー倫理を挙げていたが、そのひとつが「権威を信用するな——反中央集権を進めよう」であった。

絶対に要らないものは官僚主義だ。会社であれ、政府であれ、大学であれ、官僚主義はシステムを駄目にする。真のハッカーの持つ冒険衝動を受け入れることができないという点で危険なのだ。

[…]官僚主義世界の典型は、インターナショナル・ビジネス・マシンズ、IBM という名の巨大会社に見ることができる。IBM コンピュータが、バッチ処理された「不恰好な巨人」ばかりだったのはなぜか。真空管技術のためだというのは理由のほんの一端にすぎない。真の理由は、IBM が、ハックしたいという衝動など理解できない、融通の利かぬ、馬鹿でかい会社だったからである。(松田信子、古橋芳恵訳)

シリコンバレーのエンジニアたちは IBM と真逆の、小さくて融通の効く会社、すなわちガレージ企業を次々と立ち上げていった。彼らの反骨精神溢れるハッカー倫理には、明らかにカウンターカルチャーからの影響が見られる。

たとえば、スティーブ・ジョブズは、青年時代に西海岸のカウンターカルチャーから受けた影響を晩年まで公言していた人物のひとりだ。当時、幻覚剤の導師ティモシー・リアリーに感化されていたジョブズは、LSD の「効用」をウォルター・アイザックソンによる伝記の中で嬉々として述べている。「LSD はすごい体験だった。人生でトップクラスというほど重要な体験だった。LSD を使うとコインには裏側がある、物事には別の見方があるとわかる。効果が切れたとき、覚えてはいないんだけど、でもわかるんだ。おかげで、僕にとって重要なことが確認できた。金儲けではなくすごいものを作ること、自分にできるかぎり、いろいろなものを歴史という流れに戻すこと、人の意識という流れに戻すこと。そうわかったのは LSD のおかげだ」(井口耕二訳)。

ジョブズは現代におけるラッダイトに独特のツイストを

効かせた張本人といえる。彼はメディアを駆使した。その上でコンピュータ=機械の意味合いまでも変えてしまった。それはある意味では完璧なラッダイト=機械破壊であった。しかし、そのことについて詳述するためには、再び一九八四年に戻らなくてはならない。Apple がマッキントッシュを発表した、一九八四年に——。

奇しくも(?)、前出のマーク・フィッシャーは生前最後の講義『ポスト資本主義の欲望』の中で、Apple が一九八四年にスーパーボウルで放映した CM に言及していた。その CM は意味深長に『一九八四』と題され、その映像で映し出される、灰色の制服を着て黙々と行進する無表情な人々は、オーウェル的な管理主義体制のもとで抑圧される民衆を想起させる。そこにハンマーを持ったアスリート風の女性が颯爽と現れ、指導者(ビッグ・ブラザー)らしき人物が映し出された巨大スクリーンに向かってハンマーを投げつける。そしてスクリーンの爆発とともに、次のようなメッセージが流れる。「一月二四日、アップル・コンピューターはマッキントッシュを世に出す。なぜ一九八四年が『一九八四年』にならないのか。その理由があなたにわかるだろう」。

フィッシャーは、この CM 映像を「ここ三五年でもっとも影響力をもった映像」であると指摘する。フィッシャーによれば、この CM は映像を通して、冷戦におけるソビエト連邦に付随していたイメージと、当時コンピュータの世界を支配していた IBM のような巨大企業にまつわるイメージを結合させた。その上で、「トップダウン」という考え方、加えて「官僚的な管理システムとネットワーク化された個々人の思考のダイナミズムとが対をなす」という考え方が、以後三五年に渡って人々の思考を規定し続けることになった。

ジョブズはこの CM を通して様々な二項対立を演出した。IBM とソビエトは同等であり、それに対して Apple は新しい世界=アメリカをリプリゼントしている。官僚主義の権化としての大型コンピュータと、それに対抗する、個人を解放しエンパワメントするためのメディアとしてのパーソナルコンピュータ(マッキントッシュ)。

ジョブズは、「Power to the People」というカウンターカルチャーの標語をコンピュータの世界に適用してみせたといえる。彼はマッキントッシュ=パーソナルコンピュータと、それらが織りなして形成する個人間のネットワークを、トップダウン型の官僚主義的管理からの解放を促すオルタナティブなメディアとして寿いだのだった。

それは確かに周到に仕組まれたラッダイトであったといえる。ジョブズはみずからをラッダイトとして演じてみせることで、IBM のヘゲモニーを終わらせ、代わりにパーソナルコンピュータという新たな市場を開拓したのである。

もちろん、このラッダイトの意味するところは両義的で

あった。たしかにジョブズは、Apple が官僚的機械による規律権力を破壊し、代わりに個人間の自由なネットワークを推進するというイメージを CM を通じて流布させることに成功した。他方で、この CM はラッダイトの意味を横滑りさせもした。すなわち、ラッダイトはテクノロジーと資本主義の内側で遂行可能であるという風に、ラッダイトの持つ意味合いそれ自体の位相を巧妙にズラしたのである。

しかし、果たして彼は予知できていたか。この CM が放映された翌年、一九八五年にはアトランティックシティのハラーズ・カジノが、会員カードを用いたプレイヤー行動追跡システムを導入することになる。毎回の賭け額、勝ち負け、プレイ時間、マシンのボタンを押すペース、いつ休憩したか、どんな食べ物を買ったか、等々の膨大な個人データがデータベースに蓄積されていく。

ギャンブラーのプレイ追跡システムの導入によって、ギャンブリング・マシンはスタンドアローンのスキナーボックスから、ネットワーク化された電子監視デバイスに変貌した。電子監視デバイスは、ユーザーの行動を逐一監視し、データを徴収し、特定個人に対して的確なフィードバックを返す。たとえばその人に最適化された広告などを。そう、ターゲティング広告は、すでにこの時代に現れていたのである。一九八四年、Apple がビッグブラザーという名の規律権力に奉仕する巨大機械を打ち倒し、自由なネットワークと資本主義を寿いだその時代に。不可視のアルゴリズムとニューラルネットワークの網の目が、新自由主義と結託しながら私たちの「自由」を繰り糸のように操り、他方でビッグデータは個人データを不断に吸収しながら際限なく肥大化していく。こうして、パーソナルコンピュータはテレスクリーンと化す。

これが私たちの現在だ。そして、Apple もそこに含まれる GAFA は、私たちに対して巨大な権力をたった今も行使している。だが、今や機械はほとんどが不可視の領域に移行している。私たちの行動を閾下で規定するネットワーク化したコード＝アルゴリズムは、私たちの目に見えない部分で人知れず作動し、環境管理型権力、すなわち「禁止」ではなく無意識的な「誘導」に基づくソフトな包摂的コントロールの権力をより強固なものとしている。出会い系アプリのアルゴリズムは私に充てがう次のパートナーを提案し、オンラインカジノではプレイヤーの手癖をアルゴリズムが逐一監視する。Meta Quest3 に代表される複合現実（MR）デバイスは現実空間にアルゴリズムの空間を重ね合わせる。かくして、生活、仕事、娯楽、消費のすべてがアルゴリズムの網に絡め取られる。かつて、サイバースペースは「もう一つの別の世界」を表していた。しかし、私たちの生活を覆い尽くすネットは、今や「ここではないどこか」ではなく私たちを他ならぬ「ここ」に留め置くための見えない牢獄と化した。かくして、すべてを計算し予測するアルゴリズムの理が機械のそれに取って代わったのである。

ラッダイトは勝利した。だが、それは敵が消えたことを意味しない。敵は消えたのではなく、単に見えなくなったのである。これが、六〇年代に端を発するカウンターカルチャーにおけるラッダイト運動、その最終的な帰結である。

パーソナルコンピュータの時代に至って、ラッダイトの存在意義は消滅した、といえるのだろうか。ピンチョンは前出のエッセイ「ラッダイトをやってもいいのか？」には、次のような予言的な一節が含まれている。

しかし時はもはやコンピュータ時代——ということになっている。これからラッダイト的な感性はどうなっていくのだろう？ かつて編み機を目の敵にしたように、コンピューターを目の敵にするのだろうか？ とてもそうは思えない。この頃では、ありとあらゆる作家たちが、ワープロを手に入れようと列を作るありさまだ。機械がすっかりユーザー・フレンドリーになってしまったので、昔気質のラッダイトさえ機械を壊す手をちょっと休めて、コンピューターのキーボードを叩いてみたりする。こうなるとひとつのコンセンサスが生まれてくるだろう。つまり、知識というのは確かに力であり、また金と情報のあいだには単純明快な交換ルートが存在し、きちんとしたプログラムさえ開発すれば、奇跡も可能になるということだ。（宮本陽一郎訳）

こういったコンセンサスにたどり着いたところで、ラッダイトたちは仇敵であるスノー一派と同じ地盤に立つことになるという。すなわち、あの「骨の髄まで未来の詰まった」明るいテクノクラートたちと同じ基盤に。私たちの文脈でいえば、彼らこそがジョブズであり Apple であり、あるいは GAFA であるのかもしれない。

旧来型のラッダイトの失効が決定づけられている現在、「もう一つの別の世界」を志向するラッダイト的想像力とは一体どのようなものでありうるか。そもそもラッダイトは果たして存続可能なのか。

ここで、ピンチョンと同じく「もう一つの別の世界」を幻視した作家、フィリップ・K・ディックを召還してみよう。ディックは一九七七年の講演「この世界が悪いとわかれば、他の世界を見るべきだ」の中で、現時点で現実化されている世界とは異なる別の現在、潜在する並行世界についての記憶を「思い出す」ことに対して、熱を込めてオーディエンスに向けて語っている。「私がこう言っても、きっと諸君は信じないか、私がいいかげんなことを言っていると思うでしょう。でも、それは真実なのです。私はあの別の世

界についての記憶を持ち続けているからです」（飯田隆昭訳）。

SF作家のブルース・スターリングは、アンソロジー『ミラーシェード』の序文、そのサイバーパンク運動のマニフェストとも言える文章の中で、サイバーパンクの先祖としてディックとピンチョンを挙げていた。ディックとピンチョンも共に「別の世界」を志向した。ただ、ピンチョンはこの世界に「別の世界」が侵入してくる事態を、世界という機械を狂わせる「奇跡」と表現したのに対し、ディックは（存在するはずのない）記憶の「想起」を持ち出してくるのである。「想起」はピンチョン的なラッダイト——現に存在するものを破壊する——とは真逆のプロセス、言い換えれば「今は存在しないもの（あるいは一度も存在しなかったもの？）を回復させる」プロセスに関わってくるだろう。

ドゥルーズの愛弟子ダヴィッド・ラプシャードは、フィリップ・K・ディック論『壊れゆく世界の哲学』の中で、ディックの物語の多くは壊れたあとの世界＝ポストアポカリプスで始まる、と指摘している。戦争、疫病、天変地異といったカタストロフィがディックの世界を壊滅させる。そして、物語はそれ以後に始まる。つまり、ディックにおける世界という機械はその始めから壊れているのである。ラッダイトたちは、いかにして世界という機械の調子を狂わせるかを考えていた。しかし、ディックの世界では機械はすでに機能していない。因果律は狂い、調子を狂わせた機械は偽物とシミュラクラを大量に生産する。

一方、壊滅をくぐり抜けたディックの作中人物はサバイバーとなる。そうした状況の中に現れるのが、ブリコラージュする人々である。

［ディック小説の］主役はレコード屋、修理士、陶工、職人、会社員などであり、たとえば『フロリクス8から来た友人』の有名な「タイヤの溝掘り職人」のように、器用仕事で生計を立てている。無人の惑星、争いによって荒廃した惑星では、あちこちに転がる残骸のなかから見つけたものを、ブリコラージュし修繕する以外に選択肢はない。ブリコラージュする人こそ、どこにでもいるディック的な主人公であって、エンジニアやアンドロイドの人間＝機械とは対照的な人物像だ。「世の中でいちばん重要なのは、何でも屋の修理士だ」（堀千晶訳）。

ブリコラージュはレヴィ・ストロースが定義したように、計画を事前に持たない。彼らはエンジニア（ジョブズ！）とは異なり、ありあわせの道具と素材を使って組み立てていくしかない。だが、そうした制約の中で、自分の手持ちの材料の潜在的な使用可能性が浮上してくる。

ラプシャードは、ブリコラージュする人は、手持ちの素材の中で前もって決められている要素を逸脱させる力を持

つと指摘している。「なぜならそれらの要素を、当初の目的とは別の用途でもちいるからだ」。ブリコラージュは目的を捨て去って、変容や派生や交錯へと繋がる「逸脱」のプロセスへと身を開く。

ブリコラージュする人、それはこの壊れた機械＝世界を修繕する人である。

まさにこの意味で、ブリコラージュする人は以後の時代の人間である。破壊以後に到来するのだ。核爆発と心の内破によって半ば破壊された世界で、人びとは何をするのか。破片をふたたび拾い集め、世界の断片をつくろい修繕するほかに選択肢はない。ただし以前の世界を復元するためではない。なぜなら以前の世界は生きづらく、破壊をもたらすものだったのだから。修繕はむしろ、生存可能な新たな諸世界が交わる場をいくつも創造すること、共感の循環を後押ししながら、活気に満ちた連続体のかたちを創造することのためにある。

修繕することは復元することを意味しない。むしろ真逆である。ブリコラージュはその無責任な「逸脱」の力でもって、世界に〈外〉を創造するのだ。「生存可能な新たな諸世界が交わる場」、それは〈外〉である。

その意味では、ブリコラージュにもラッダイト的な要素は含まれている。というのも、ラッダイトは機械の調子を狂わせるのだが、ブリコラージュにおける「目的からの逸脱」も機械に未知の変数を加えるからだ。その未知の変数は、因果律からも逃れた絶対的な偶然性であるかも知れず、だとすればそれを「奇跡」と呼ぶこともできるだろう。

こうして見てくると、ラッダイトとブリコラージュは対立的というよりむしろ相補的といえないか。つまり、ラッダイトは少なからずブリコラージュ的要素を含んでいるし、逆もまた然り、というわけだ。

ディックは、「潜在する並行世界についての記憶を「思い出す」こと」が「もう一つの別の世界」へ至る道であると語っていた。記憶の修繕もブリコラージュの領域だ。脳の中に散らばった、ありあわせの記憶の断片や脳の外にある素材（思い出の品）を組み合わせて新たな記憶を創造（捏造？）すること。その記憶は組み上げられるまでは存在していなかった。とすれば、その記憶は未来に属していたことになるのだろうか。

私たちのもとに回帰してくる記憶の亡霊をもとに、一九六八年をブリコラージュして組み立ててみること。そこにはどのような「目的からの逸脱」が、「未知の変数」が加わるのだろうか。破壊しながら修繕すること。修繕しながら破壊すること。生と死、死と生。忘却と想起、想起と忘却。それら曖昧な境界の〈ゾーン〉に「もう一つの別の世界」が宿るのだとしたら。

1968年、音楽

鈴木創士

1968 年 5 月。革命。たしかに決定的だった。全面的に変質したものがあった。言うまでもなくそれは非物質的次元にまで及んでいる。後になって蓮實重彦氏のように「1968 年 5 月」が革命ではなくただの騒乱だったと宣う人は、レーニン的組織論を云々するのでもなければ、断言してもいい、状況内の自分自身の居場所を考えれば考えるほど、どうしていいかわからず、ただ怖かっただけである。ああ、とにかく生身の精神と肉体があったのだろう。しかし結局は「器官なき身体」がいたるところにあるのだということを理解しなければならない。大爆発だった。何しろそれは社会を徹底的に破壊するために世界中で同時に起こったのだから。それを肯定した人間と否定したいと思った人間がいただけだ。出来事自体は消えた。だが見える。何かが見える。何が起こっていたのかはもうどうでもいい。つまり象徴的な意味で 68 年 5 月「以前」と「以降」がある。もちろん作家や芸術家にとっても同じことが言えた。

加えて「以前」と「以降」には目には見えないはざまがあった。したがってそこには「群集」がいただけでなく、火星人のように荒地に立つ「五月人」がいたのである。そして当然のことながら「音楽」にも下部と上部の構造があるのだし、それぞれの「音」自体が背景としてもつ思考における抽象的とも言える通奏低音・高音があるのだから、はざまにあった「出来事」、それを聞いた耳が、何らかの形で「音楽」に介入することは自然なことである。絶対的事件の音声的署名がある。今にして思えば、「68 年 5 月」はかろうじて到来する「音」をかすかに奏でることになるだけでなく、それ自体がある種の音楽的帰結をともなっていたと考えることができる。天界の音、その階層、つまり歴史の感覚的与件が揺さぶられたはずである。

幻想のなかでさえ、何かが実っていた。しかしこの果実は「作品」ではなく「作品の不在」と言ってもいい何かに近

かった。暴動の夜であれ、夜通しの投石と放水の後のひと気のない静かな朝であれ、通りには奇妙な果実がぶら下がっていた。誰もが道に詳しいと自負していたが、歩き回り、果実をほおばりながら我々にはわかったのだ、ローマへと続くすべての道はハレーションのさなかにあって、頭のなかがまっ白っけになったことが。その場にいながら世界をぐるっと廻って、言ってみれば道を味わった。そこで何かを捨てたり拾ったりした。すべての里程標は吹っ飛ばされた。これは若干の歴史的感触をともなっていただけではなく、歴史的観念それ自体である。と同時に「歴史」なんかなかった。ローマへと続くすべての道は燃え盛る太陽によって白日のもとに暴かれた。そこにはアウグストゥスの里程標があったじゃないか、だって？　いや、ローマ皇帝など歴史から消えてしまったのだ。

世界は眠っていたはずなのに、ゆるやかな坂道を下っていくと、盲目の光が……。イカれた光。偶然だったのか。いや、偶然だけではない。階級闘争。騒音、怒号、静寂、音楽……。何という素晴らしい断絶！　ダンス、ダンス、ダンス、ダンス！　と 19 世紀にアルチュール・ランボーは言っていた（村上春樹ではない）。暴力だけでなく、微妙なギクシャクした動きがあった。いたるところで何かが断ち切られた。そいつがアリアドネの糸だったとしても、結局は細い一本の糸だったのだ。持続の琴線は絶たれ、持続の観念とそれに連動しようとする動きは停止した。どのくらいの間？　それが一瞬にすぎなかったとしても何の問題もない。

私はランボーの詩集をはじめて読んだばかりだった。「ある地獄の季節」。それは 14 世紀にダンテが描いた『神曲』の「地獄」それ自体だったのか。いや、たぶんそうではない。正確に翻訳しなければならない。あくまでそれは「ある」地獄の季節である。ひとつの季節。地獄における、ある季節だ。日々、若い私は少年らしく怒りにかられていた。そこにもひとつの季節があった。君たちと同じように私は青春が好きではなかった。しかし私よりちょうど 100 歳年上の少年ランボーにも言いたいことがあったのだから、彼のみずみずしい苛立ちと希望、激怒だけでなくその冷徹な観察、そのリズムを受け入れた。おお季節よ、おお城よ、俺は救われるのだ、とランボーは言っている。幸福についての魔術的研究が行われた。かくして「68 年」に「我々」は救われた。大いなる喜び。絶望より歓喜がまさっていた。たしかにまだ私は早熟なだけで無知な 14 歳だったが、早熟と無知は今この歳になるまで変わることはなかった。それなら同時にポール・ニザンに倣ってこう言わねばならないだろう。「俺は 14 歳だった。それが人生で一番美しい年齢だなどとは誰にも言わせまい」。

1 THE VELVET UNDERGROUND
WHITE LIGHT / WHITE HEAT

69 年頃だったか、まだ日本版の『バナナ』は出ていなかった。ウォーホルやそのファクトリー、モデルのイーディ・セジウィックや動きのないエンパイヤー・ステイト・ビル映像のことは知っていた。当然、ヴェルヴェット・アンダーグラウンドのことも。実際には、何もわかっちゃいなかったし、全部一緒くただった。レコードを探したがなかった。ところがある日、ぶらっと立ち寄った中古レコード屋（神戸三宮のワルツ堂だったと思う、一応、中古クラッシック専門店だったろうか）でこの輸入盤アルバムを見つけた。どうしてこんな小さな店にヴェルヴェット・アンダーグラウンドのレコードがあるのかびっくりしたが、とにかく買った。つまりこれが自分にとって最初のヴェルヴェット・アンダーグラウンドのアルバムである。ロックンロールなのにすごく「下手くそ」な演奏だと思ったが、これらの真性リフレーンとリトゥルネロは幻覚的な作用を及ぼすていのものだということ

がわかった。これが最初のノイズ体験だったが、私はそれを別の形で今の今まで引きずることになる。今にして思えば、ヴェルヴェット・アンダーグラウンドのこのアルバムの演奏は、ブラック・マウンテン・カレッジの教室からマンハッタンのクラブ CBGB の汚い便所までを一望させるのではないかと思う。すでにアメリカ五人組の一人、現代音楽作曲家ヘンリー・カウエルはピストルズのように監獄のなかでバンドを結成したことがあったくらいだ。イギリスではなく、アメリカ。アメリカ式生活様式の夢を破綻させたアメリカ。ヴェトナム戦争のアメリカを心底軽蔑し、観念的にはヴェトナム戦争の悲惨を回避させたかもしれないアメリカがあった。さらに微妙なニュアンスがある。細い点（？）をあえて指摘すれば、ヴェルヴェット・アンダーグラウンドは都市的ビートニクの後衛であって（ケルアック、バロウズ、コーソたちであってギンズバーグではない）、ヒッピーに分類できないと私は考えている。

---

2 THE MOTHERS OF INVENTION
WE'RE ONLY IN IT FOR THE MONEY

ジャケットからすると、ビートルズの『サージェント・ペッパーズ』のパロディなのだから、フランク・ザッパの音楽としては平凡なアルバムかもしれない。身も蓋もないが、タイトルにあるとおりマザーズ・オブ・インヴェンション特有の「金儲け」だったのかもしれない。サイケデリックを標榜していたとしても、マザーズがよくやるミクスチャー・ミュージックの遊びといった感が拭えない。それよりも特筆すべきことがある。マザーズは 1969 年に解散するが、1968 年にザッパはヴァンクーヴァーのライブでエドガー・ヴァレーズの「Octandre」を演奏している。素晴らしい演奏だ。エドガー・ヴァレーズはアントン・ヴェーベルンと同い年のフランス出身の作曲家であるが、アメリカに移住した。1932 年頃、一時期フランスへ戻ったとき、フランスの詩人アントナン・アルトーとともにオペラを構想するが、完成することはなかった。アルトーの台本「もう大空はない」も未完

に終わる。その後アルトーはアイルランドへ渡り、そこを強制送還になって、法的措置としてフランスの精神病院に 9 年間にわたって監禁される。こうしてヴァレーズ／アルトーのオペラは幻となったが、この幻はいまでも私に取り憑いている。ヴェーベルンを極点とするヨーロッパの現代音楽家たちと比べるなら、エドガー・ヴァレーズの特徴は何よりも「アメリカ」的だということである。電子音楽やノイズの先駆であるだけでなく、打楽器の多用など、ジャズやブルースのアメリカ的背景を感じさせるところがあるように思われる。ザッパはヴァレーズに影響を受けたことを告白している。

3 THE DOORS
WAITING FOR THE SUN

ドアーズのロック・ミュージックの基盤はブルース、クラッシック、フラメンコ、ジャズであることがわかるが、私にとってはそれに加えてどこか「アメリカ・インディアン」的と思わせるものがある。そういう音楽が確固としてあるのかどうか知らないが、ジャック・ケルアックの小説にあるような赤茶けた広大な大地を車でぶっ飛ばすイメージがあるし、「My Wild Love」なんかを聞くと、インディアンたちの焚き火が見えるようだ。ジム・モリソンの性的スキャンダルや放埓な生活にも「詩の破綻」めいたところがあったが、ジム・モリソンの詩がロック・ミュージックの歌詞のなかで飛び抜けて優れたものであるのは周知のことだ。このアルバムでも同じことが言えるだろう。ところで、笑い話になるが、私は 10 代の終わり頃バーやキャバレーでピアノ弾きのバイトをやっていたことがある。大阪のかなり庶民的なさるクラブでピアノを弾いていたとき、間がもたなくなり（客からのリクエストは昭和演歌ばかりでリクエストに応えることがほとんどできなかった）、中島らもにギターの助っ人を頼んだ。我々はこのアルバムの一曲「Summer's Almost Gone」をよく演奏した。「もう夏が行ってしまう。もう行ってしまう。夏が行ってしまったら、俺たちはどこにいればいいんだ？」を延々とやって、酔っ払い客に頭からビールをぶっかけられたこともあった。

4 NICO
CHELSEA GIRL

このアルバムはフレンチ・ポップス的な歌手だったり、フェリーニの映画『甘い生活』に出演していた頃のニコを思い出させるが、つまりまだ「健康的」な余韻のあるニコだったが、このアルバム自体は完全に作られた歌わされたもので、ニコの音楽ではないと思う。私がもうこのアルバムを聞き返すことはないだろう。同じ時期のウォーホルのファクトリーでの実写映像で見ることができるが、ニコが子供連れでヴェルベット・アンダーグラウンドと一緒に演奏しているのは悪くなかったのだが……

5 NICO
THE MARBLE INDEX

1969 年のアルバムだが、『CHELSEA GIRL』とは違って、この早い時期にサウンド的にとてもよく出来ていると思うし、後のニコ特有の音の世界がすでにほとんど詰まっているのではないだろうか。ここでのニコは「音楽的」である。声自体はまだそれほど低くはなっていないようだが、ニコは集中してアルバム作りに神経をとがらせることができたようだ。1970年代の中頃、私はニコのコンサートに行ったことがあった。そこは下町にあるパリの古い劇場で、階段席の底がステージになっていた。劇場全体がすり鉢状のような造りだったと思う。ニコ自身がハモンドオルガンを弾いていたのかどうか。ああ、もう細部が思い出せない。だが、ハモンドオルガンの繰り返されるリフはバロックの通奏低音のようにまだ私の耳に残っている。客は半分が年上のヒッピーで、もう半分は登場したばかりのフランス風パンクスだった。パンクのよれよれのレインコートのポケットにはニーチェの文庫本が入っていたはずだし、近くの席にいた一人が、ニコはバーダー・マインホフ・グループ（ドイツ赤軍）の葬儀のためにベルリンの墓地にいたと話していた。コンサートはほとんど眠りの儀式。半睡半醒のイベント。いずれにしても観客（聴衆?）は催眠術にかかっていた。ニコはずいぶん遠くにいるように見えたし、奈落の底でアンプの上に腰かけてマイクを握っていたと思う。彼女は歌っていたのだろうか。あれは歌だったのだろうか。まるで蒼ざめた古代ギリシア彫刻のようだと思った。すべてがそのまま遠ざかっていくみたいだった。

6 THE BEATLES
THE BEATLES

1966 年の日本武道館とフィリピン公演はビートルズにとって最悪だった。ビートルズの分裂が始まる。実のところ、ロック伝説はすでにぶっ壊されていた。コンサートはやめだ。「抱きしめたい」の頃にはもう戻れない。だから彼らもまたスタジオに閉じこもった。その結果、1967 年に生まれたのが最も野心的なアルバムである傑作『サージェント・ペッパーズ・ロンリー・ハーツ・クラブ・バンド』だった。それに比べて、8 トラックを使ったりしたとはいえ、こちらの『ホワイト・アルバム』の楽曲のほうは、メンバーそれぞれの主張と好みが並置されているだけで、全体として平凡だと言える (Sexy Sadie や Helter Skelter、Revolution 9 は今でもいい曲だと思っているが……)。それでも「ビートルズ」としてのハーモニーはまだ完璧に維持されている。それ以降のビートルズ名義のアルバムの楽曲はそれぞれがばらばらに作った感があるし、メンバーがソロ活動を行った後のそれぞれの音楽、曲の出来と比べてみれば明らかだ。結局、ビートルズは「バンド」なのである。声の混成、独特のハーモニーとコード進行、作曲や録音の場面での互いによる触発、音程やリズムの微妙なズレ、ギターのチープな音色……、それがビートルズというバンドの特徴だったように思われる。その点からすれば、これはザ・ビートルズ最後のアルバムだったのかもしれない。グッド・ナイト!

7 THE ROLLING STONES
BEGGARS BANQUET

1968 年のジャン＝リュック・ゴダール監督の映画『ワン・プラス・ワン』にはこのアルバムの曲「Sympathy for the Devil」（「悪魔を憐れむ歌」という日本題は明らかに誤訳である）の録音風景が延々と映し出されていた。みんなが驚いた。ストーンズのリーダーだったブライアン・ジョーンズはいったい何をしているのか。ろくにギターも弾けないほどラリっていて、おまけに片隅に追いやられたこの見るからに弱々しいブライアンを、ストーンズの他のメンバーたちは無視しているみたいだった。いじめ？　ゴダールにしてからが、この映画でいったい何を撮りたかったのだろう。しかしこのアルバムはブライアンの真骨頂、ストーンズのなかで最もブルースっぽいアルバムじゃないか。一年後にブライアンがモロッコで現地の音楽『ジャジューカ』を録音した頃でさえ、ブライアン自身はブルースに回帰すると言っていたはずだ。そしてブライアンはその直後にあっさり死んでしまう。事故なのか自殺なのか殺人なのかいまだに判然としない。私はビートルズの足跡を辿るような一年前のアルバム『サタニック・マジェスティーズ』も嫌いではないが、音もコンセプトもこの『ベカーズ・バンケット』とはまったく異なっていた。何たる変わり身の早さ！　むしろブライアンのほうがそんなミックやキースに嫌気がさしていたに違いない。とはいえ、このアルバムの内ジャケの写真がとてもいい。ベガーズ・バンケット、まさに「乞食」の饗宴なのだ。音楽を食い散らかす乞食！　ストーンズ・ファンには『メイン・ストリートのならず者』なんかのノリのいいやつのほうがいいのだろうが、私はこのアルバムがストーンズのなかで一番好きである。

Two Virgins.

Unfinished Music No. I. Two Virgins. Yoko Ono/John Lennon.

GENESIS CHAPTER 2

21 And the LORD God caused a deep sleep to fall upon Adam, and he slept: and he took one of his ribs, and closed up the flesh instead thereof;

22 And the rib, which the LORD God had taken from man, made he a woman, and brought her unto the man.

23 And Adam said, This *is* now bone of my bones, and flesh of my flesh: she shall be called Woman, because she was taken out of man.

24 Therefore shall a man leave his father and his mother, and shall cleave unto his wife: and they shall be one flesh.

25 And they were both naked, the man and his wife, and were not ashamed.

"When two great Saints meet it is a humbling experience. The long battles to prove he was a Saint."--Paul McCartney

Unfinished Music No. 1. Two Virgins. Yoko Ono/John Lennon.

Apple Records, 🍎 in association with Tetragrammaton Records. ℗ T-5001 May 1968. Made in Merrie England.

TWO VIRGINS

Composers: Lennon-Ono

SIDE 1

STEREO
T-5001

Mfg. in U.S.A., Distributed by
Tetragrammaton Records

JOHN LENNON AND YOKO ONO

(Sections 1, 3, 4, 5 & 6 Published
by Maclen Music, Inc. - BMI)

TWO VIRGINS

Composers: Lennon-Ono

SIDE 2

STEREO
T-5001

Mfg. in U.S.A., Distributed by
Tetragrammaton Records

JOHN LENNON AND YOKO ONO
Published by Apple Publishing Co.

HIP HOP IV

はじめに

In God We Trust、One Nation Under God を掲げるアメリカにおいて、黒人は際立って宗教的な人種だと言われており、アメリカにおける宗教性の調査では、黒人の未信者は約1%だと言われている。教会への出席率、祈りや宗教教義の重要性などの観点においても他人種のアメリカ人を大幅に上回る結果が得られている。[1]

黒人コミュニティの連帯と進歩の背後には、変化を求める運動−奴隷解放運動にしても公民権運動にしても−には、常に宗教とスピリチュアリティが備わっていた。つまり " 社会正義と黒人宗教は不可分であるように思われる。"[2]

またアメリカでは神を信じてさえいれば宗教的におよそ寛容であるが、仮に無神論者であることを公言すれば、それは政治的、社会的自殺であると言われる。

実際に 2017 年時点で無神論者であると特定された国会議員や知事は 1 人もおらず、歴代全ての大統領はキリスト教徒であると公言している。さらにアメリカのビジョンを共有できるかという問い、道徳性に関する問い、国会議員候補者や結婚相手の性質など、様々な人種、宗教、アイデンティティの中で無神論者のグループは最も忌避されるべき不道徳なグループとして理解されている。(無神論者自身でさえそう理解する。)[3]

ヒップホップ無神論

～神学的基礎づけに抗して～
久世

それゆえに、黒人が無神論者であることをカミングアウトすることは、アメリカにおいて黒人である、無神論者である、黒人コミュニティにおいて無神論者であるという三重のスティグマを負うことになる。

ゆえにヒップホップを巡る主流な言説は宗教性や神概念と絡められており、この人種性と宗教性という交差点を、文化的な軸から眺めていくことが本論の主な方法である。

また宗教的アイデンティティをほとんど共有しながらも、その立場が対極にある日本人と黒人無神論者であるが、その黒人無神論者の言葉に偏見なく接しうるのも私たち日本人なのではないだろうか。

そもそも信仰は理性的に獲得出来るものではない。その選択はあらゆる意味で強制的である。漱石は「門」の主人公、宗助を " 彼は門を通る人ではなかった。また通らずに済む人でもなかった。要するに、彼は門の下に立ちすくんで、日の暮れるのを待つべき不幸な人であった。" と評する。[4] つまり不信と懐疑によって信仰に達せえぬ者、ジッドの狭き門をくぐれぬ者、それが私たち日本人のほとんどだろう。

しかし、西欧の無神論は反権威主義や反人種主義、また共産主義やヒューマニズムの勃興において重要なものであり、非常に動的な歴史を持つ。

同一性を与える神学的解釈とヒップホップ

かつて奴隷であったアメリカ黒人の間では、宗教的懐疑論が浸透しており、それは奴隷主によって常に問題視されていた。しかし、キリスト教の黒人間での再解釈が進むと、多くの黒人たちはそれを受け入れるようになった。そこでキリスト教の、イエスの正統性を巡って解放運動が立ち上がってくる。教権的な、白人化したキリスト教から真のキリスト教を奪還する動きが高まってくるのである。

黒人神学者のジェイムズ・H・コーンは、" 黒人神学の始点は、黒人の苦しみと黒人の生きている状況である。なぜならそここそ、イエスの出来事が起こった場所であるのだから。黒人の痛みの中に、黒人の苦悩の中に、神の啓示があるのだ。それならば黒人の苦しみとは、究極の宗教的権威であって、すべての神学的主張

に対して最終的な権限を持つのである "、" 白人教会はアンチキリストである " と述べた。[5] 確かに宗教的イデオロギーをその実践によって打ち破ったイエスを白人化、権威化すること、つまり今日に至るまでのキリスト教、教会はブラックジーザスより明らかに冒瀆的だろう。

ゆえに黒人神学が乗り越えなければならなかったものは、抑圧者の使うキリスト教であり、もっと言えばなぜ神はこの不正義を許しているのかという問い、神義論であった。これに対してコーンは端的に " わからない " と述べた。彼は誠実に信仰が非理性的であることを認めていた。

それでもコーンはキングとカーマイケルの統合、つまりブラック・パワー運動を神学的に捉えようとして黒人神学を打ち立てたのである。そしてそれは、解放運動に決定的な神学的意味を与えるのと同時に、根本的な理神論的、無神論的ヒューマニズムの働きを不可視化してしまった。

コーンは、" 超越的なものへと開かれることなしには生きることなどできない。人は混沌の中では生きられないのだ。超越的なものとの接触がなくなったとき、この世界に存在することも不可能になる " とするルーマニアの宗教学者、ミルチャ・エリアーデの言葉を引いている。また " ニグロが正気でいられたのは神がいたからです " といった言葉も引いているが、[6] 黒人自由思想家や無神論者たちの解放運動への貢献を鑑みれば、それは端的に言って間違っている。

アメリカのそれと同様に、神学者は往々にして宗教的言語によってあらゆるものを内部に取り込もうとする。リチャード・ドーキンスは "現実の世界政治についての意見の不一致のゆえに、他の人間が死に値する敵というレッテルを貼るのは確かに悪いことだ。(中略) 妄想の世界についての意見の不一致によって同じことをするのは、どうしようもなく馬鹿馬鹿しい悲劇である。"[7] と、宗教が区別において最も危険かつ不必要なレッテルであると主張した。

しかし、今日の宗教的寛容をほぼ実現しているアメリカにおいてはむしろ、ある私的な区別（この場合神への信仰）を共同体にまで敷衍することによって、つまり「アメリカ人である＝神への信仰を持つ人間である」という国民的アイデンティティを創造し、そのレッテルを貼ることによって多民族社会の危険を回避しようとした。神学的解釈はどうしようもなくこの種の、普遍 / 本質主義の危険を孕んでいる。黒人神学とブラックパンサー党との根本的な相容れなさはそこにある。コーンは全てに神学的意義を見出そうとしていた。マルクス主義さえ神学的に理解しようとしていた。

それと同様に、ブルースに、ついにヒップホップに宗教的言語を与えることは、そうでない側面を見逃してしまうことになりかねない。先述のようにヒップホップを神学的、キリスト教的に理解するという仕方は、ヒップホップ研究においておよそ一般的である。例えば国内では山下壮起「ヒップホップ・レザレクション」があり、アメリカでは、Daniel White Hodge「The Soul of Hip Hop: Rims, Timbs and a Cultural Theology」、Michael Eric Dyson「Between God and Gangsta Rap: Bearing Witness to Black Culture」、Efrem Smith「The Hip-Hop Church: Connecting with the Movement Shaping Our Culture」、Ayanna Gallow「God & Hip Hop: 21 Day Biblical Devotional Inspired By Hip Hop」、Alejandro Nava「Street Scriptures: Between God and Hip-Hop」といった研究書や数多くの論文に加え、プレイヤー側から独自の神学的解釈を試みた KRS・ワン「The Gospel of Hip Hop」など、そのアプローチは多岐に渡る。

しかし、ごく少数の研究者が解放運動においてヒューマニスト達が大きな役割を果たしていたことを明らかにするのと同様に、ヒップホップが決して霊的な音楽に終わらない可能性を提示しているということを明らかにする必要があるだろう。(もちろん文化の側面を提示することによって主流の言説を退けるような行儀の悪さ、潔癖症には反しながら。)

そしてそこから、言説のヘゲモニーを握らせないようにすることから、つまり二重に革命的なヒップホップにおける無神論から、民主主義と動的な中庸を演繹することこそが最も実現可能な、つまりラディカルな生への意思であると私は信じている。

黒人無神論、自由思想の系譜

前章で説明した通り、黒人であって反宗教的である、もしくは不可知論者／無神論者であるということは、黒人の進歩の歴史を尊重していないと見られることになる。その時、キングやマルコム X、黒人教会の影に、W・E・B・デュボイスやジェイムズ・フォアマン、ストークリー・カーマイケル、ヒューイ・P・ニュートンなど数多くの黒人自由思想家の働きは隠れてしまうか、宗教的言語によって一元化されてしまう。そこで、まず彼らの働きをフラットに見ていこう。

19 世紀の終わり、公民権運動の父、フレデリック・ダグラスと不可知論者であるロバート・インガーソルの邂逅は、黒人自由思想史において決定的な出来事であった。そこから白人であるインガーソルを祝福するようにして、黒人自由思想は支配的な宗教権威や人種主義に抗していったのである。
そこから 20〜30 年代の黒人自由思想家の出した答えは、宗教よりもマルクス主義の方が優れているという点にほとんど収斂する。コーンのようにイエスをマルクス主義の最高の実践者として冠することもあったが、一般に宗教はマルクス主義とは相容れない。
ただ、この時に彼らが心惹かれたマルクス主義の唯物史観が論理的な実現可能性を提示していたことを別とすれば、それが抑圧の感情を解放するという点において、マルクス主義は宗教と機能を同じくしている。またマルクス主義が要求する急進性とある種の完璧性は、ローティが指摘するように、"マルクス主義は社会変化をもたらすための世俗主義的プログラムというよりは宗教だった"[8]し、マルクス主義こそが知識人のアヘンだと非難する者は数多く存在する。(それでもマルクス主義を宗教的言語によって同一化することには抗していたい。)

そうしてあらゆる意味で宗教の代替物となったマルクス主義と黒人無神論の結びつきは、ほとんどすべての解放運動に見られる。
グレース・P・キャンベルを初めとした共産党へ参加した黒人女性たちは、人種、性別、階級という三重の抑圧に抗するマルクス主義 (ここに無神論者に対する抑圧に抗する意味を内包している。) を標榜した。
W・E・B・デュボイスも教会や宗教教義が進歩にとって弊害であること (黒人教会の貢献は認めつつも)、教育の場で宗教的真実を教えることに反対し、論理と科学、マルクス主義によって人種主義に抗することを強く主張していた。[9]
ただ 40 年代の終わりには「The God that Failed」と題した、かつてマルクス主義者であったアンドレ・ジッドらの反マルクス主義的なエッセイ集に、「ブラックパワー」という語を生み出した黒人作家、リチャード・ライトも寄稿している。

そして 60 年代、公民権運動において大きな役割を果たした学生非暴力調整委員会 (SNCC) の事務局長であるジェイムズ・フォアマンは、ルーズベルト大学の哲学科での学びを、"神は遂に私の意識の中で死んだ。(中略) 私がこの場所から学んだ最も重要なことは、神が存在するという神話を反証する多くの知的な議論です。" と語っている。[10]
彼はいずれ来る審判の時、イエスの復活、天国への期待といった観念、神と宗教を抑圧の道具、または黒人の変革を停滞させるものとし、教会などの宗教機関に 5 億ドルから 30 億ドルの賠償金を要求するなど、ほとんど完全に反宗教的な、無神論的ヒューマニズムを打ち立てたのであった。それによってあらゆる解放運動と黒人の権利向上のための経済支援、つまり上からのイニシアティブを自ら獲得することを目標としていた。
そうした要求が白人社会によって黙殺されると、彼はブラックパワーを掲げ、数多くの急進的な解放運動を後押ししていった。

そこから後に SNCC の議長となるストークリー・カーマイケルは、ジェイムズ・フォアマンと同様に、ブロンクス

科学高等学校での学びによって宗教から遠ざかっていった。しかし、彼はそれを捨て去ったわけではなく、"マルクス主義的な無神論によって同胞から疎外されたくなかった。"[11] と語りながら、信教的な黒人と黒人自由思想家の仲を取り持つようにしてブラックパワー運動を推し進めていくことになる。

その裏でブラックパンサー党を組織した、牧師を父に持つヒューイ・P・ニュートンも、オークランド・シティ大学の哲学科で学んだことによって、信仰と宗教に対して疑念を抱くようになっていった。

そして "私は人間以外の神を持たない。私は人間が最高次の存在、もしくは最高善であると固く信じている。" と語った。そこからマルクス主義の唯物史観を取り入れ、"資本主義を打倒することが人種差別を破壊することになるとは確信していなかった。しかし、私はその経済的な基盤を消し去ることなしに人種差別を破壊することは出来ないと感じていた。"[12] とも語りながら、各国の革命家に倣いながら社会主義国家を設立することを主眼に活動していく。そのために NOI やファイヴ・パーセント・ネーションのような宗教団体にある性差別と同性愛差別に対処する動きもあった。(この点において、マルクス主義は宗教一般よりも優れている。)

また今日の Black Lives Matter は宗教右派や時に白人無神論者からも強く非難されている。急進的な反人種主義の運動をしてそれが(キリスト教／リベラリズムにとって)危険な新宗教であるという論調もあれば、マルクス主義的であるという論調もある。福音派と一部リベラリストはその過程は違えど、ほとんど同様の結論を導いているのである。(少なくとも傾聴に値するのは後者である。反人種差別の立場からポストリベラリズムとしての反人種主義の方法を批判することは可能だろう。)

確かに多くの参加者が語るように、その中心には霊性が備わっている。しかしそれと同時に、BLM は福音派が強く攻撃するように、特定の組織的宗教性から離れた世俗的で実践的な運動であることも間違いないだろう。

これらの事実をして、解放運動を霊的な運動であると主張することは少々断定的であり、自らの宗教性に取り込むような態度でありうることが分かるだろうし、例えば宗教性なしでは黒人は生きていけないだとか、神の下での平等といったいわば平等の究極根拠や従うべき教義を持たない無神論者が不道徳であるとか、(多くの神学者がそうしてきたような)哀れみの対象でないことを根拠立てている。

ヒップホップと宗教、無神論

解放運動において彼ら自由思想家たちの活躍もあったが、ヒップホップがその成り立ちから関わっていたのはやはり NOI やファイヴ・パーセント・ネーションであった。NOI やファイヴ・パーセント・ネーションはその教義において人種主義と男性優位という点で他全ての宗教教義と同様に褒められたものではないが、良くも悪くもヒップホップには決定的な影響を及ぼしている。

ファイヴ・パーセント・ネーションは黒人男性を神とする。それは自己疎外されながらも内在的な神という矛盾した教義なのであるが、それはヒップホップ的な自己崇拝と強く共鳴、もしくはそれを創造した。これはイスラム教はもちろん、一神教や超越者を据える宗教一般とは異なる態度であるため、先述のヒューイ・ニュートンの言葉を極限化した霊的なヒューマニズムとも言えるだろう。

例えばアフリカン・バンバータは白人の宗教であるキリスト教を捨て、NOI やファイヴ・パーセント・ネーションの教えに影響されたギャング集団ブラック・スペーズにアフリカの神学を組み込んだヒップホップグループ、ズールー・ネイションを打ち立て、多くのラッパーに影響を与えたのである。

またキリスト教に宗教的ルーツを持つラッパーたちは、黒人神学的に自身の苦境をイエスになぞらえたり、ごく信教的に神が与えた試練だと解したり、神議論のような叫びをライムしながらも、彼岸での救いを求めるリリックが多く見られる。

もちろんカーマイケルやヒューイ・ニュートンの影響も多くの楽曲中に現れているが、マルクス主義や反宗教

的な側面はほとんど取捨されている。

ナズ

そんな中、誰が最初に冒涜したのか、もしくは自由思想的なヒューマニズム、共産主義を打ち立てたのかは定かではないが、ナズは間違いなくその一人だろう。

バプティストの家庭に生まれたデビュー前のナズは、メイン・ソース「Live At The Barbeque」に客演として参加し、"俺が12歳の時、イエスをぶん殴って地獄に行った"とラップした。

またデビューシングル「Halftime」において、"時が来たら、俺は44口径を持って神を待つ"といった反神論的なリリックも見られる。さらにデビューアルバム「Illmatic」中の楽曲「Represent」においても、"神について考えることさえしない。俺はそんなものは信じてない。お前の真実は遅れている"とラップする。そこからバースを締めくくる"ナズはストリートの反逆者だ"という言葉は、信教的なラッパーが口にするそれよりも決定的な正統性を帯びている。「The World Is Yours」を高らかに宣言したナズは後に当時を振り返って、ファイヴ・パーセント・ネーションを肯定的に引き合い、"人間より上にいるような全ての神に疑念を持っていた"と語っている。[13]

ここで重要なのは、ナズが "神について考えることさえしない" とラップしている点である。ナズは反神論を標榜したアナーキズムの父、プルードンと同様に、神が実在するか否かという問いを、どうでも良いものとして扱っている。神がいるかいないかはどうでも良く、"時が来たら、俺は44口径を持って神を待つ"のである。つまりナズの態度は、"存在するとしても、神は敵である"という決定的なものを(仮定を用いることによって)決定的に否定するプルードンの態度と重なるのである。もちろんここからヒューマニズムを導くナズと、そのように人間にある種の神性を持ち出すことさえ批判するプルードンとの間には大きな差異が見られるが、このレトリック、態度が後述するラッパーたちにも引き継がれていくこととなるのである。(こういった態度、つまり神の実在に対する問いに意味を与えないことは、例えば信教者であるレヴィナスにおいても見られる。この場合、神概念が有意味でかつ味方であるがゆえに存在させるのである。)

ビッグ・L

またナズがその才能を恐れながら、24歳の若さでこの世を去ったニューヨーク・ハーレムのラッパー、ビッグ・Lは、"俺は盗賊団と一緒に行動しているが、その誰も神を信じていない"(「Danger Zone」)とラップしつつ、自身を悪魔の息子とするサタニズムを標榜した。

(無神論的)サタニズムは宗教に対する反動的な、つまり解放的なヒューマニズムのレトリックとしてある。ビッグ・Lそれを極大化し、ホラーコアという方法のパイオニアとなったことを自身も認めていた。[14]

先述のように自らを神とする自己崇拝はヒップホップにおいてよく見られる形式であるが、ビッグ・Lはナズのアンチキリスト的なリリックをサンプリングしながら、"Lはよりハイレベルな反逆者だ。シャベルを取りに行け"とラップする。(「Devil's Son」)

つまりビッグ・Lは自己を単なる無神論者ではなく、悪魔の息子と定義することによって、自己を救いの神とし、神の創造物としての世界を攻撃するグノーシス的なナズを超える反逆者となった。ゆえにビッグ・Lの楽曲には通常の意味での救いは放棄されている。ビッグ・Lはこの世界でも天国でもなく、シャベルで自ら地獄を選びとるのである。

こうしたヒップホップ的「告白」、いわば日本近代文学における「告白」という救済の過大化も重要な点である。主体の束縛を開き直ること、押し付けられた生を我がものにすること、露骨な生き方を場に馴染ませること、過大化された場に過大化された自己を置くこと、"自らのアイデンティティを攻撃的に世界につきつけていく形"[15] は、ヒップホップという芸術形式における土着性の根拠の一つでもあるだろう。

そしてこの劇的なオーセンシティは、産業として生産された本物性であると同時に、少なくとも人間以外に

超越性を見出さないヒューマニスティックな方法でもある。

ジェイ・Z

そしてナズと敵対し、ビッグ・Lと影響を及ぼしあったジェイ・Zも宗教や神概念に対して数多くの疑念をラップしてきた。

ジェイ・Zはその代表的な楽曲である「Empire State of Mind」において、"ジーザスはお前を救えない。人生は教会が終わる時に始まる"とラップする。このコントロヴァーシャルなラインは、時に信教的なメッセージとさえ解釈されてきた。

しかし、そうした解釈はほとんど疑いようの無く誤りだろう。ジェイ・Zは自らの立場を"神は信じているが、宗教的ではない。"と説明してきた。またジェイ・Zは牧師であった祖父がその娘、つまり彼の叔母を性的に虐待していたことを、神義論を彷彿とさせる言葉を添えながら「Spiritual」という楽曲で告白した。（聖職者による児童への性的虐待は今日まで大きな問題となっている。）

そこからジェイ・Zは宗教への嫌悪感があったことを公表しつつも、"俺は（その出来事によって）イスラム教、仏教、キリスト教について学んだ。俺は彼から逃げていた。彼は俺に知恵を与えた。宇宙がどうやって動いているか分かるか？それは俺の痛みを和らげて、自分をより理解することができた。それは祝福でもあり、呪いでもあった"とアイロニカルな態度を示している。

また「Where I'm From」でも"俺は教会が最も当てにならない場所から来た。黒人たちはあまりに長い間神に祈っていたから、無神論者になってしまった。"ともラップする。ジェイ・Zにとって教会は組織的宗教における欺瞞の象徴であり、後に"荒野に教会は無い"と高らかに宣言するのである。

さらにそれら聖性への観念を大きく取り扱った「Heaven」では、"宗教を疑え。そのすべてを疑え。疑問が解決されるまで疑問は存在している"と懐疑主義的な立場を取りつつ、"俺は俗人だ。お前らの宗教は分断を生む"ともラップしている。（今日でこそジェイ・Zはイスラム教への傾倒が見られるが。）

繰り返すが、私の主張の大きな一つは、こうした態度を既存の宗教的言語によって、もしくは神の名の元に一元化することを、宗教的な、言語的な保守性を唾棄しなければならないということだ。とりわけ広く霊的言語は、批判的な検討無しにヘゲモニーを握ることが出来るほとんど唯一のボキャブラリー、アイロニーである。（テルトゥリアヌスの言葉（非合理ゆえに我信ず）に応答することは不可能だからだ。）

究極的に言えば、例えばベトナム戦争といったアメリカ的な試み、もしくは大東亜共栄圏という日帝的な試みを拒絶しなければならないということだ。

そして彼らニューヨークのラッパーたちの反宗教的なライムは、その地下にも響いていた。

エル・P/ ラン・ザ・ジュエルズ

"バイブルベルトにおけるダーウィニズムのように、お前の神学を滅茶苦茶にする"（「Legends」）白人ラッパー、エル・Pは、キャリアを通してあらゆる権力構造（政治、警察、商業覇権、宗教…）に批判的なラップ、プロダクションを追求してきたが、カンパニー・フロウでの活動を終えた翌年リリースされたソロデビュー作「Fantastic Damage」から反宗教、もしくは無神論的な側面を色濃くしていく。

例えば「Accidents Don't Happen」では、"聖性は難しく、神の財産がかかる。奴はそれを得るために副業で警察をやっている。俺はそんな自己実現的予言に加担するのは御免だ"と神の国アメリカがその実現のために行使する下劣な権力の働きとその正当化を非難している。

そこからエル・Pはアトランタ出身のラッパー、キラー・マイクと手を組み、ラン・ザ・ジュエルズとして活動していく。ラン・ザ・ジュエルズは信仰を持ち、独自の宗教を体系化しようと試みながら、"神々に祈る人々、しかし神々は聞く耳さえ持たない"（「Sea Legs」）ともラップするキラー・マイクが加わったことにより、組織的宗

197

教にさらなる攻撃が加えられることとなる。

そのデビュー作「Run the Jewels」中の楽曲「A?Christmas Fucking Miracle」でエル・P は
"夢想家は磁器の中に閉じ込められた雄牛だ。神々に跪いて馬糞を手に入れる"と投資の失敗（ブルトラップ）にかけて聖職者とその構造を冒涜する。（先述の「Accidents Don't Happen」でもそうであったように、エル・P において神とは様々な権力のメタファーでもある。）
また同楽曲中でキラー・マイクも"権力者たちは跪いていれば俺たちを殺さないと言ったが、奴らは王と女王、偶像崇拝者や物事の信奉者にそれ（権力）を与えることが出来る"とエル・P に応答する。アメリカには広義の殉教者たちを列聖し、人間性を骨抜きにし、その全てを無謬なものにする霊的な権力構造が存在するのである。

エル・P は"擬似クリスチャン共、お前らは無関心だ。子供が刑務所にいるのは罪じゃないのか？イエスの教えが一片でも通じていれば、お前らの感じ方も違うだろうに。存在を捨てるなんて一体どういうやり方なんだ、理解できない"（「walking in the snow」）とイエスを超越的存在とする宗教と化したキリスト教を非難する俗人であり、キラー・マイク"俺の代わりに説教する聖職者は必要無い。俺の傲慢なケツに教えられる奴は存在しない"（「Oh My Darling Don't Cry」）、"教皇は詐欺師、教会は嘘つき"、"聖職者はただお前に宗教を売りつけるだけ"（「Angel Duster」）、"神には仕事など必要ないとベルゼバブに伝えてくれ"（「the ground below」）と特異な神概念を形成するヒューマニストであり、ラン・ザ・ジュエルズは"にやけながら銃を持って聖職者に挨拶するタイプ"（「Close Your Eyes and Meow to Fluff」）なのである。

またエル・P のエクスペリメンタルなサウンド・プロダクションは後継のプロデューサーに大きな影響を与え、例えばジェイペグマフィア、LA ではデス・グリップス、クリッピングなどがさらなる進化を遂げている。
ここで、彼らのメッセージに目を向けると、不思議なほどエル・P に近いものを感じることが出来る。

ジェイペグマフィア / ダニー・ブラウン

まずはジェイペグマフィアの「祈り」について触れておきたい。反リベラリズム、（現状のアメリカにおいての）反民主主義、反警察、反教会を掲げ、無政府共産主義者を自称するデビューミックステープ「Communist Slow Jams」をリリースしたジェイペグマフィアだが、デビューからしばらく神概念や宗教性を題材にラップすることはほとんどなかった。
ただサードアルバム「All My Heroes Are Cornballs」は、「Jesus Forgive Me, I Am A Thot」という皮肉めいた楽曲で幕を開ける。
ここでは「祈れ」と脅迫的に繰り返され、神に対し"預言者が行くべき場所を教えてください"と尋ねる傲慢な信仰が打ち明けられる。それに対し、"あなたは真剣にあなたの祝福を数えた方が良い"と返され、"アーメン"と応える。
ジェイペグマフィア自身が説明するように、彼にとって祈りとは慰めを与えるものではなく、ほとんど脅迫めいた命令なのであり、不可避なものである。彼はそれを"シニカルな祈り"と表現している。[16]
例えばこの"シニカルな祈り"を無神論者エル・P は「Flyentology」という楽曲の中でラップしている。そこでは飛行機の墜落という極限状態においてぎこちない信仰に立ち帰るという自嘲気味でコミカルなストーリーが展開されるのである。

シモーヌ・ヴェーユは"どこにおもむくかは知らずに、祈る"[17]、"存在しない神に祈る"[18] ことが、無神論者の祈りが、つまり"シニカルな祈り"が最も正当な祈りであることを知っていた。また"マルクスが宗教に与えた民衆の阿片という言葉は、宗教が自らを裏切っている間は適当なものだったかも知れない。けれども本質的には革命にこそふさわしいものだ。革命の希望は常に麻薬なのだ"[19] と語っているように、革命、共産

主義が成就しないことをほとんど認めていた。

この世の諸矛盾を超越するための矛盾した態度こそがヴェーユが見出した神への道、能動性の発露である。「祈り」は、神学にも形而上学にも、救いにも堕落してはならないのである。

ただ、ジェイペグマフィアは "黒人が黒人の問題について話すことがいつエッジーなことだったんだ?" と語っているように、[20] 人種差別や貧困といった極限状態がいつまでも続いている状況に対して正当な怒りをライムするのである。そしてその怒りに呼応する急進的な変革が訪れることがありえないと半ば知りながら、神の応答がないと知りながら、ラップし、祈るのである。

近年そのコラボレーターであるデトロイトのラッパー、ダニー・ブラウンも "俺の吐き出すクソでキリスト教徒が宗教を失う" (「Broadcaster」) とラップした瞬間から、その方法が結実したとも言える「God Loves You」の冒瀆的なワンバースに至るまで、いわば聖性を堕落させることに執心している。

デス・グリップス / クリッピング

デス・グリップスはジェイペグマフィアをして "実験的なことをやろうとする黒人は皆デス・グリップスと比較されるから、多くの音楽には評価が与えられていないと思う" とシーンにおける彼らの絶大な人気を皮肉気味に語られるほどのラップ・グループである。

彼らはデビューミックステープ「Exmilitary」のオープニングトラックに徹底的に反宗教的な楽曲「Beware」を据える。

そこでは "明日なんて無いような戦争を起こせ。地獄なんて存在しないのだから。闘争を否定する全ての人のために、勝者はお前らを打ち負かす" と宣言され、サタニズムや反創造論、ドラッグ中毒をテーマに据えながら、宗教に盲目的な人々には "ビッチの鎖に繋がれた乞食。クズは救いを求めて必死になっている" と強烈な言葉を投げかけ、"祈ることは敗北を受け入れることだ" と宗教的な祈りを唾棄している。

それらは全て "神は見ている" というバックコーラスと共に吐き出される言葉であり、その神をも恐れぬ態度が自らの無神論の決定的な根拠となりつつ、最後は "私が歩く道は一人きりで、飢えが腹の中で燃え上がる。私の骨が塵と化す中、(神は見ている)" と締め括られることによって神の善性が否定される。

ここでは宗教的な救いが死という救済と対比されており、極限状態においてさえ死を選び取るような (エル・P のゆるい無神論とは異なる) 厳格な無神論が語られている。

そこからデビューアルバム「The Money Store」の最後の楽曲「Hacker」は、MC ライドによる "ポストクリスチャンのクソ、ポスト鶏が先か卵が先か論争中毒のクソ" というデス・グリップスという存在を決定づける一言でバースが始まる。

前述のように戦闘的無神論者である MC ライドは、"ポストクリスチャンのクソ" であることは間違いない。その上で、"鶏が先か卵が先か論争中毒"、つまり神学的、形而上学的議論、基礎づけを超越しているのである。

ゆえに彼らの錯綜したサウンド・プロダクションとリリシズムを容易に定義づけ、安心することは許されない。それゆえ彼らは反神学的、反形而上学的、つまり徹底的に政治的なグループなのである。

また同じく LA のラップグループ、クリッピングも、そのデビューから反宗教的なテーマを扱ってきた。

デス・グリップスよりさらにノイズに振り切ったようなスタイルを見せたデビューアルバム「CLPPNG」、その日本版ボーナストラック「God Given Tongue」では、ドラッグの服用によって変化する自画像を描き続けていたことで有名なアーティスト、ブライアン・ルイス・サンダースを客演に、あるホームレスの男とキリスト教 (もしくはその分派) との関わりを主軸としたストーリーを紡いでいく。

それを受けて MC、ダヴィード・ディグスは、"イエスが歩いている。聖痕が感染している。(中略) ドルを奪って

それをコレクションと呼ぶ。コレクト（祈祷）で罰の現場から神を呼ぶ。” などと聖痕や聖餐、教会における資金繰りを冒涜的に描写しながら、“環境に支配される中、インビクタス（屈服しない）のままでいる” とその男の俗人としての気高さをライムする。

そこから医療（科学）に頼らぬ聖職者に対し、“ワインに酔って、彼のデザインは決して揺るがない”、“ノアの方舟を探すのはやめろ” と聖餐や聖書にかけて狂信者を皮肉る。

クリッピングは “メロディーを異質なものにし”、ディグスは “天与の舌” で “主の光を語れ、それは呪いのように聞こえるはずだ。”、“お前の脳は動いてないのか？聖書を読む時、細部まで学ばないのか？ただ螺旋と煙の中で神を探し続けていればいい。”、成功に値するものは全て、実際には祝福されていないことを埋め合わせる以上のものではないように感じる。“、準備が整うまで、お前の性器をイエスのために弄ぶ” などと禍々しく冒涜的な言葉を吐き続けるのであった。（これが日本語版限定のボーナストラックであることも頷ける。）

その態度は現在に至るまで貫かれており、四枚目のアルバム「There Existed An Addiction To Blood」収録の楽曲「Nothing is Safe」でも、“安全なものは何もない。神聖なものは何もない。祈るべきものも何もない “ と静かに呟いている。

デス・グリップスとクリッピングはインダストリアル・ヒップホップとも形容され、アンチ・ポップな発展を遂げてきた。そんな彼らが皆、反宗教、反聖性をラップするという事実は、確かにヒップホップの中心に聖性が備わっていることを明らかにするものなのかもしれない。

また例えばエル・P は、「Poisenville Kids No Wins / Reprise」の冒頭、埃っぽさと電子音楽が融合したビートの上で “これはあなたが必要としないものが、まだ真実であることの音だ。これはあなたが望まないものが、まだあなたの中にある音だ” と告げる。

このように、インダストリアルなサウンドの中心にあるノイズは意味付けされる以前の非音楽的要素として、時として存在論的に真実性を浮かび上がらせるものだと理解される。そういった純粋芸術への志向と機械産業への皮肉めいた従属が反文化産業の音として機能してきたのである。

しかし、この種の越境性は、サウンド・プロダクションにおける反逆は、現行シーンではレイジやハイパーポップの台頭によってまさに神話化していると言っていいだろう。

このことをヒースはもちろん、アドルノもこういった異なる芸術が止揚すること、つまり文化産業に取り込まれることを否定的に論じている。ただこのことをヒップホップ的な事態として肯定的な意味を与えることもできるが、少なくとも文化産業に対する反逆の試みとしては、既に挫折している。例えばパンクがそうであるのと同様に、実験性とはむしろ産業に従属するものでありうるのである。

それを打破するための方法として（ジェイペグマフィアのサウンド、リリック、またプロモーションに顕著なように）、その文化産業の悪辣さをシニカルに引き受け、開き直って顕示することで音楽的反逆の体裁を保ってきた。

Dos Monos

ここで付しておきたいのは、ジェイペグマフィア、デス・グリップス、クリッピングも所属する Deathbomb Arc との契約を果たした日本のエクスペリメンタルなジャズヒップホップグループ、Dos Monos についてである。日本ほど聖性が多元化した環境において（今日においてはむしろアメリカのそれが異質であると言う方が正確だが）、いかにしてオルタナティブでありうるかという問いに、時に非意味、ナンセンスの仕方で向き合っている。

アドルノは文化産業が意味も無意味も許容しない性質を帯びていること、つまり物語のうちにモラルを秘匿し、操作し、かつ “変幻自在な連想や幸せに満ちた無意味さに安んじて身を委ねる” [21] ことをも許さない

と主張した。(もちろんその物語が例えばマイノリティの地位向上に資すこともありうる。)

ゆえに文化産業において、自由な意味も無意味も認められないのであり、そもそも"詩人は常に何らかの道徳の召使だった"[22] のだ。

例えば"ゲームチェンジャー待望する人々に製作者が対応するようじゃまた同じことじゃん"(「劇場 D」)、"いみじくも意図通り憤り生きようとし、意気揚々と都市で標榜した理想掴むため消耗、存在論的投企から遠く離れてサイレントマジョリティの仲間入り"(「暗渠」)といったラインは、端的にその文化産業や消費主義の大きさを物語っている。

それら文化産業や消費主義、そしてそれに従属する物語は、エル・P に倣えば日本にも通底する神の似姿だろう。

そうした中、ジャズとヒップホップという正当な合致を根底に保ちつつ、クリッピングにも見られるような多人数で一人称を排した仕方は、人格の同一性を二重に拒絶し、物語を自壊させ、その上衒学的かつ通俗的な言葉たちはアモラルに響く。それが彼らの戦略、つまり"モラルがないということ自体がモラルであると同じように、救いがないということ自体が救い"[23] である。"Don't be afraid of nonsense、Our choice is cool よりも fool、それが Dos Monos の anthem"(「in 20XX」)

そんなアプローチでなされたデビューアルバム「Dos City」は、非時間的なシティ・ポップのノスタルジーとは全く相反した無頼のオーセンシティ、突き放されたふるさとなのである。

そしてここにあり / ここにはないもの、理想化された過去=ノスタルジーが持つ虚構性と、この私 / この場所を決定せしめるもの、現前する可能世界=並行世界が持つ虚構性との差異は、固有名の使用にある。

ノスタルジーにおける現存する固有名の使用は、この種の欺瞞的な理想をそのまま過去の現実として閉じた消費を可能にするが、並行世界における現存する固有名の使用は、現実と虚構との間に結ばれる鎖として、テクストの、音の外に聴衆者を誘う。「Dos City」に姿を変えられた東京は、私たちに「今ここ」の変容を迫るのである。

オッド・フューチャー

さらにオルタナティブな仕方でシーンを侵略した LA のヒップホップ・コレクティヴ、オッド・フューチャーも、その多くのメンバーがホラーコアの方法を伴って反宗教と無神論についてラップしてきた。

例えばその創立メンバーであるタイラー・ザ・クリエイターは、オッド・フューチャーのデビューミックステープ「The Odd Future Tape」で、"イエスより大切なドクター・スース"(「The Tape Intro」)、誕生日にパパが挨拶してくれるのを待っているんだ。ジーザスは礼拝の日にさえ友達にもなれないから"(「Commercial」)などとラップし、続くセカンドミックステープ「Radical」では、"無神論者だと告白したら、悪魔に取り憑かれていると言われた"(「Splatter」)と無神論者であることとそのスティグマを公にしている。

またタイラーはビッグ・L の方法をなぞるようにサタニズムについて頻繁にラップするが、(おそらくビック・Lもそうであったように)"俺はサタンを崇拝していない。ただ宗教が嫌いなんだ"とそれが単なる反宗教的なレトリックであることを明かしている。[24]

ソロデビューを果たしてからもその態度は貫かれており、"ジーザスから電話があって、奴はディスにうんざりしていると言った。俺は愚痴を言うなと言った。これはホットラインじゃないんだ"(「Yonkers」)などとコミカルにラップしている。

同じく創立メンバーであるホッジーも、タイラー・ザ・クリエイターのデビューアルバム「Goblin」に参加し、"教会なんてクソ。歌うだけで何の役にも立たない(中略)お前は神が答えだと言った。神頼みしても何の答えもない。だから神は癌なんだ"(「Sandwitches」)と率直にラップしている。

またレフト・ブレインとのラップ・デュオ、メロウハイプとしてリリースされるアルバムのカバーアートは常に逆さ十字を据え、冒涜的なライムを繰り返している。

アール・スウェットシャツ

その中でもアール・スウェットシャツは特異な存在だろう。アールはほとんど政治的主張を行わないが、彼もまたそのデビューから"彼女の体は神殿だ。俺は無神論者だからどうでもいい"(「Drop」)や、ヘルズ・エンジェルス、キリストの顔を十字に割ってしまえ。それを消し去ってベースドゴッド(リル・B)で代用しろ(「Kill」)などと、無神論者で反宗教的であることをラップした。

アールの作品は極めて個人主義的なリリックと黒人音楽を丸め込んだサウンドで構成されている。その方法によって西洋の他者化によるラベルが人種的な同一性によって融解し、人種的な同一性がロマン主義的な個体性によって融解する。またこの回路は可逆的であり、ロマン主義的な個体性を打破するための政治性として人種的な同一性が現れるのである。
つまりアールはリリックとサウンドの相補関係において、私的=ロマン主義芸術的かつ共同体的=ヒップホップ的な表現を可能にしたのである。

ヴィンス・ステイプルズ

またキャリアの初期からオッド・フューチャー、特にアール・スウェットシャツとの親交が深いコンプトン出身のラッパー、ヴィンス・ステイプルズも、宗教や神概念に強烈なディスを飛ばしている。
"俺たちは孤独で、天井からぶら下がって死ぬ運命だったんだ。赦しを求めて祈ってみたが、神は俺に黙れと言った"(「Taxi」)というラインで締め括られるデビューミックステープ「Shyne Coldchain Vol. 1」、"頭が固くて希望がない、神が俺たちを受け入れてくれることを願っている"と皮肉めいたラインを残した「Elimination Chamber」のワンバース、"彼女はただ優しい主イエスに祈りなさいと言った。しかし、あなたが血を流した時、彼は何も出来ない。(中略)ドアの前に黒人がいる時には神は来てくれない"題して「LORD」。
加えてアール・スウェットシャツの紹介で出会ったマック・ミラーの全面プロデュースのもとリリースされたミックステープ「Stolen Youth」では、神や宗教について多くの言葉を残している。"なぜ聖書は俺に嘘をついたのか、神に問いたい。権力闘争に明け暮れ、罪のない黒人を放置しているだけだ。宗教的な文書を偽造したのは偽預言者なのか?"、"天国なんて問題外だけど、それは価値がある"、"もし俺の運命が苦悩なら、俺を送り込んだ救世主は何だったんだ。彼は生き残るためにこのクソをやっただけだと知っていた"(「Stuck in My Ways」)など、ヴィンスの作品はキャリア初期から神議論的なリリックと一定の諦念に満ちている。

そのように次々と神を打ち立て、神の無力を、非情を浮き彫りにさせるヴィンスの方法は、ニーチェ「ツァラトゥストラ」を彷彿とさせる能動的な無神論である。これは意図せずとも、無神論それ自体を信仰の裏返しとさせない徹底的な態度になりうる。(ここを敷衍すれば、神は常に挫折しているのだから、それを克明に描き続けるヒップホップそれ自体がニーチェ的な無神論的営みであるとさえ言えるのではないだろうか。神が役目を果たしているのなら、私たちは神について考えることさえする必要がないのである。)
ゆえに最新作「RAMONA PARK BROKE MY HEART」で、"神が許してくれるまで待っている"としながら、"待ちきれない、もし今夜俺が家に帰らなかったら、俺のために祈ってくれ"(「THE BLUES」)と吐き捨てるヴィンスには、これまで以上の悲痛が見てとれる。

グレイドン・スクエア

ヴィンスと同じくコンプトン出身のグレイドン・スクエアはほぼ全ての作品の主題を無神論にしている特異なラッパーだ。

グレイドンが "私は脅威だ。新たなヒューイ・ニュートンだ。"(「The Compton Effect」)と言う時、他のラッパーと一線を画した意味を持つ。また「2013 Atheist Dreadnought」では、無神論者のラッパーを6人集結させ、神に対して激しく攻撃を試みている。"彼らはヒップホップのアーティストがどこに行ったのか不思議に思っている。ケニー・ロフトンのヒットよりソフトなスピットが多いからだ。"

先述のようにグレイドンのほぼ全ての作品に登場する反宗教的、反神論的リリックを訳出することは困難だが、無神論者のラッパー、それもそのこと自体を活動の根拠にしているラッパーは彼の他数少ないだろう。

ビリー・ウッズ

そして NY ベースで活動しながら D.C.? ともつかない匿名性を持ったラッパー、ビリー・ウッズは、マルクス主義とアナーキズムを標榜しながら活動することにおいて、宗教や神概念と深く対立してきた。ウッズは "全てを捧げても、針は未だ動かない。神々に祈るか呪うかだ"(「Strawman」)という問いに、後者を選び取る。

その意味でウッズの作品を見ていくと、それはまさに 2022 年リリースの二作品、「Aethiopes」と「Church」に結実している。

「Aethiopes」では一人称、メッセージ、つまり主体を埋葬することでアナーキズムを実現させているが、人格の出現によってアナーキズムが挫折し、マルクス主義の非アイロニカルな性格の元に革命さえ挫折する悲劇、つまり「Remorseless」のうちにその全てが瓦解する。また明らかに反宗教を主題とした「Church」では、宗教や神を介さないポスト近代宗教的な祈りを空へぶつけるのである。

おわりに

昨年、ケンドリック・ラマーは個の救済を求めてスピリチュアルに傾倒した。私たちはこの事態、ケンドリック・ラマーが安易で非合理かつ共同体的でない救いに手を伸ばしたことを、私たちの出来事として真面目に向き合う必要がある。共同体のために徳を成した人間が幸福を手にする(最高善)ために要請される神に私たちが代わること、誰が私の隣人かを考えるのではなく、私が常に隣人となる必要がある。

ヒップホップが私たちに要求することは、少なくとも神との合一や宗教的救済などではなく、皆飯が食えること、残酷さを避けることである。"もし人間の魂の救済などと言うことがありうるとしたら、それは、世界中みんなが同じように豊かに食えるようになる社会関係をどのように作り出すか、という過程の中にしか存在しない。" 25

そんなリベラルな主体を創造することの出来る方法が経済発展以外に存在するとすれば、例えば共同体的であるヒップホップ、あるいは文化一般の神学的な基礎づけと私事化への試みに抗して、世俗的な政治性と社会目標を救い出すことである。歴史性と偶然性に身を投じて、絶対的なものを絶対的に否定することである。また一般に無神論は今やヒューマニズムから離れ、苦痛ある存在全てに倫理的な態度を取ることを要求しているが、その実現のためにもやはり人間存在に対する信頼と世俗的救済がまず達成されなければならないだろう。

そして私は、ついに人種やアイデンティティ、イデオロギーといった芸術における外的な要素を語らずに済むことを望む。

"もしラン・ザ・ジュエルズがただナンセンスな無駄話をするだけの奴らだったり、俺たちが現実から完全にかけ離れた二人の馬鹿野郎だったら、それはこの世界に起こりうる最高のことだ。" [26]

注釈

----

1   https://www.pewforum.org/2009/01/30/a-religious-portrait-of-african-americans/
     https://news.gallup.com/poll/183713/socialist-presidential-candidates-least-appealing.
     aspx

2   Daniel Swann「A Qualitative Study of Black Atheists: "Don't Tell Me You're One of Those!"」
     Lexington Books 2020 年

3   https://thesocietypages.org/socimages/2012/03/27/atheist-intolerance-and-the-new-
     salience-of-religiosity/

4   夏目漱石「門」新潮文庫 1950 年

5   ジェイムズ・H. コーン著　榎本空訳「誰にも言わないと言ったけれど (「黒人の炎」を受け継ぐた
     めに ── 黒人神学の泰斗、その人生のすべて)」新教出版社 2020 年

6   同上

7   リチャード・ドーキンス著　垂水雄二訳「悪魔に仕える牧師」早川書房 2004 年

8   リチャード・ローティ著　小澤照彦訳「アメリカ未完のプロジェクト─ 20 世紀アメリカにおける左
     翼思想」晃洋書房　2017 年

9   Christopher Cameron「Black Freethinkers: A History of African American Secularism
     (Critical Insurgencies)?」Northwestern University Press 2019 年

10   同上

11   Stokely Carmichael「Ready for Revolution: The Life and Struggles of Stokely Carmichael
     (Kwame Ture)」Scribner 2005 年

12   Huey P. Newton「Revolutionary Suicide」Penguin Classics 2009 年

13   https://www.youtube.com/watch?v=dllAst4Trn8

14   Remix magazine 1995 年 12 月号

15   ネルソン・ジョージ著　高見展訳「ヒップホップ・アメリカ」ロッキング・オン　2002 年

16   https://www.youtube.com/watch?v=JQCHzpEcSSI

17   シモーヌ・ヴェーユ著 冨原眞弓訳「重力と恩寵」岩波文庫　2017 年

18   田川健三「批判的主体の形成 [増補改訂版]」洋泉社 MC 新書　2009 年

19   17 と同じく

20   https://www.theguardian.com/music/2019/oct/04/jpegmafia-i-want-to-create-a-space-
     for-invisible-black-people

21   上野成利、高幣秀知、細見和之「『啓蒙の弁証法』を読む」岩波書店　2023 年

22   フリードリッヒ・ニーチェ著　村井則夫著「喜ばしき知恵」河出文庫　2012 年

23   坂口安吾「堕落論・日本文化私観 他 22 篇」岩波文庫　2008 年

24   COOL 'EH magazine (サイトは閉鎖中)

25   田川健三「宗教批判をめぐる─宗教とは何か〈上〉」洋泉社 MC 新書　2006 年

26   https://www.theguardian.com/music/2020/jun/01/run-the-jewels-i-want-the-oppressors-
     to-know-that-they-havent-created-complete-hopelessness

AGI 6 / MERZBOW Ⅳ

初版発行：2023年11月15日
監　　修：中村 泰之
著：秋田昌美、川崎弘二、佐藤薫、モーリー・ロバートソン、鈴木創士、
　　森田潤、市田良彦、野田努、よろすず、久世、木澤佐登志
デザイン：株式会社スタジオワープ
編　　集：中村 泰之
制　　作：中村 泰之　中村 真理子
発 行 者：中村 泰之
発 行 元：きょうレコーズ
発 売 元：株式会社スタジオワープ
　　　　　〒530-0041 大阪市北区天神橋3丁目10-30 コープ野村扇町107
　　　　　TEL.06-6882-3367　FAX.06-6882-3368
印刷・製本：株式会社グラフィック
Ｉ Ｓ Ｂ Ｎ：978-4-86400-047-5

「AGI」Back Number

バックナンバーはお近くの書店、アマゾンにてご注文下さい。

創刊準備号

タイトル：vanity records
監修：中村 泰之
著：嘉ノ海 幹彦、東瀬戸 悟、よろすず、平山 悠、能勢 伊勢雄
価格：¥3,850（税込）
ISBN：978-4-86400-040-6
発売日：2021年7月23日
版型：B5（257×182×24.5mm）
ページ数：本文392ページ（カラー 90ページ）
製本：並製
初版特典：CD2枚組
発行元：きょうレコーズ
発売元：株式会社スタジオワープ

創刊号

タイトル：AGI
監修：中村 泰之
著：嘉ノ海 幹彦、椹木 野衣、平山 悠
価格：¥4,950（税込）
ISBN：978-4-86400-041-3
発売日：2022年2月28日
版型：B5（257×182×54mm）
『AGI』『rock magazine 復刻版』2分冊
ページ数：本文208+592ページ 計800ページ
BOX 仕様：2冊の本とCD4枚は豪華ボックス
　　　　　　　（266×191×54mm）に封入
製本：並製
初版特典：CD4枚組
発行元：きょうレコーズ
発売元：株式会社スタジオワープ

「AGI」Back Number

バックナンバーはお近くの書店、アマゾンにてご注文下さい。

創刊2号

タイトル：AGI 2 / ENO
監修：中村 泰之
著：藤本 由紀夫、東瀬戸 悟、嘉ノ海 幹彦、平山 悠、よろすず
価格：¥3,850（税込）
ISBN：978-4-86400-042-0
発売日：2022年6月30日
版型：B5（257×182×20mm）
ページ数：本文304ページ（カラー16ページ）
製本：並製
初版特典：CD1枚組
発行元：きょうレコーズ
発売元：株式会社スタジオワープ

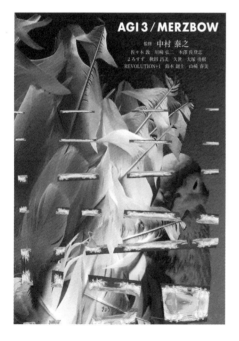

創刊3号

タイトル：AGI 3 / MERZBOW
監修：中村 泰之
著：佐々木 敦、川崎 弘二、木澤 佐登志、よろすず、秋田 昌美
久世、大塚 勇樹、REVOLUTION+1、鈴木 創士、山﨑 春美
価格：¥3,850（税込）
ISBN：978-4-86400-043-7
発売日：2022 年12月15日
ページ数：本文304 ページ（カラー 64 ページ）
製本：並製
発行元：きょうレコーズ
発売元：株式会社スタジオワープ

「AGI」Back Number

バックナンバーはお近くの書店、アマゾンにてご注文下さい。

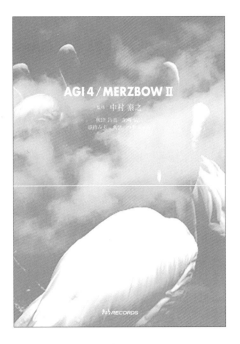

AGI 4 ／ MERZBOW II

タイトル：AGI 4 ／ MERZBOW II
監修：中村 泰之
著：秋田 昌美、川崎 弘二、韻踏み夫、久世、つやちゃん
価格：¥2,750（税込）
ISBN：978-4-86400-044-4
発売日：2023年3月30日
版型：B5 判（182×257×9mm）
ページ数：本文144ページ（カラー16ページ）
製本：並製
発行元：きょうレコーズ
発売元：株式会社スタジオワープ

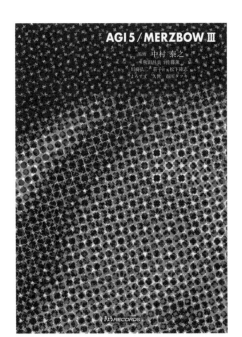

AGI 5 ／ MERZBOW III

タイトル：AGI 5 ／ MERZBOW III
監修：中村 泰之
著：秋田昌美、佐藤薫、川崎弘二、荘子it、
松下隆志、よろすず、久世、市川タツキ
価格：¥2,860（税込）
ISBN：978-4-86400-046-8
発売日：2023年6月30日
ページ数：本文192ページ（カラー16ページ）
製本：並製
発行元：きょうレコーズ
発売元：株式会社スタジオワープ